本书获贵州师范大学马克思主义理论学科建设经费资助出版

贵州师范大学马克思主义理论学科建设丛书

《实践论》《矛盾论》
及其哲学价值研究

ON PRACTICE, ON
CONTRADICTION AND THEIR
PHILOSOPHICAL VALUES

余满晖　唐圆梦 — 著

社会科学文献出版社
SOCIAL SCIENCES ACADEMIC PRESS (CHINA)

序

2019 年 7 月，贵州师范大学马克思主义学院成功入选第三批全国重点马克思主义学院。为进一步推进教学科研工作，学院拟资助出版一批学术著作。本人和唐圆梦博士的相关成果有幸获批入选，以专著的形式与读者见面。

迄今为止，围绕毛泽东的《实践论》和《矛盾论》（学界也称"两论"），诸多学者研精钩深，多有创获。但是有关"两论"的理论内涵、言说方式及其哲学价值等，尚存在不同学术意见，对于"两论"的创新特质，学界也暂未有比较系统的阐述。这就为拙著"站在他者肩膀上接着说"提供了努力的方向。

日本学者松村一人提出，《矛盾论》和《实践论》"既是两篇著作，同时又不是两篇著作，而是为了实现同一目的的缺一不可的不可分割的统一的一篇著作。一般说来，可以说这两篇著作一起构成了辩证唯物论的整体"。① 与此相关，本书分为上下两篇。上篇有六章，集中论述《实践论》；下篇有五章，主要研究《矛盾论》。其中，上篇结合马克思主义哲学中国化，较为系统地阐述了《实践论》的基本内涵、言说方式、创新特质与哲学价值；下篇在毛泽东辩证法思想与中国哲学、西方哲学、马克思

---

① 广州地区高等院校哲学教研组编印《日本学者论〈实践论〉、〈矛盾论〉》，王乐夫译，1981，第 66 页。

主义哲学相关思想的比较中,全面深入地论述了《矛盾论》的内在内容、哲学创新及其在国内外的哲学影响。在阐释过程中,对《实践论》的研究重点关注其对现代中国知识分子、非知识分子知行观的影响;对《矛盾论》的研究,则重点分析了其对马克思主义唯物辩证法的推进与发展等。这也是拙著的主要创新之处。

当然,实践无止境,理论也无止境。鉴于时间仓促和水平有限,拙著肯定有诸多不妥之处,恳请学界同人批评指正,同时期盼拙著能够抛砖引玉,进一步推动《实践论》和《矛盾论》的相关研究。

余满晖

2021 年 11 月于贵州师范大学吟峰苑

下 篇

上　篇

引　言

在马克思主义理论体系中，实践、实践论、实践精神始终处在一个基础的位置，而毛泽东1937年7月在延安写成的《实践论》也因其"是马克思主义哲学史上对马克思主义的实践观所作的最系统、深入的阐述"[①] 而一直倍受关注。

在国内，较早全面、系统地对《实践论》进行认真考察的学者是李达。1951年，他写了《〈实践论〉解说》一书，依据理论与现实相结合、历史与逻辑相统一的原则，详细解读了《实践论》全文。他总结性地指出："毛泽东同志的《实践论》，是马克思列宁主义实践理论的发展，是毛泽东思想的一个基础，是辩证唯物论的基本原理与中国革命的具体实践的结合。它是中国革命行动的理论，是毛泽东的思想方法与工作方法的科学总结。"[②] 毛泽东看完了李达寄给自己的《〈实践论〉解说》部分底稿后专门给李达回信说："两次来信及附来《〈实践论〉解说》第二部分，均收到了，谢谢您！《解说》的第一部分也在刊物上看到了。这个《解说》极好，对于用通俗的言语宣传唯物论有很大的作用。""关于辩证唯物论的通俗宣传，过去做得太少，而这是广大工作干部和青年学生的迫切需要，希望你多多

---

① 王金福：《马克思的哲学在理解中的命运》，苏州大学出版社，2003，第272页。
② 李达：《〈实践论〉解说》，生活·读书·新知三联书店，1978，第1页。

写些文章。"① 并且，毛泽东还对收到的《〈实践论〉解说》第二部分作了几处修改：

（一）在《解说》谈到中国人民对列强作排外主义的自发斗争的地方，加写："中国人民那时还不知道应当把外国的政府和人民、资本家和工人、地主和农民加以区别，我们应当反对侵略中国的外国地主资本家和政府官员，他们是帝国主义者，而在宣传上争取外国的人民，并不是一切外国人都是坏人，都要排斥。"（二）在《解说》谈到孙中山当年倡导的民族主义完全以清政府为对象，从未提起过反帝国主义的地方，加写："虽然辛亥革命实际上起了反对帝国主义的作用，因为推翻了帝国主义的走狗——满清政府，当然就带着反帝的作用，因而引起了帝国主义对于辛亥革命的不满，不帮助孙中山而帮助袁世凯；但是当时的革命党人的主观上并没有认识这一点。"（三）把《解说》中的一句话"唯物论的'唯理论'是今日教条主义来源，唯物论的'经验论'是今日经验主义的来源"，修改为："唯物论的'唯理论'与今日教条主义相像，唯物论的'经验论'则与今日经验主义相像。"②

毛泽东对李达《〈实践论〉解说》的充分肯定，在《实践论》研究界引起了很大反响。此后，《〈实践论〉解说》被推荐为从事《实践论》研究者的必读之书。从 20 世纪 50 年代到 70

---

① 中共中央文献研究室编《毛泽东年谱（一九四九～一九七六）》第 1 卷，中央文献出版社，2013，第 318 页。

② 同上。

年代中期的国内学者主要在李达确立的范围、方法和基调的基础上展开对《实践论》的研究。他们在研究领域选择等方面虽然呈现差异，但探讨《实践论》和马克思主义中国化、实践和认识的辩证关系、认识的辩证过程、检验真理的标准、认识运动的总过程和总规律、《实践论》的意义等，却一直是他们研究的重点。

党的十一届三中全会以后，《实践论》研究进入了最富有生气、成果最为丰硕的时期。研究者们从单一的、封闭或半封闭式的研究开始转向开放式的、多层次和多方面的研究，开拓了"《实践论》与苏联20世纪30年代哲学的关系""《实践论》与现代科学的关系""《实践论》与思想方法工作方法的关系""《实践论》与改革开放和现代化建设的关系"等一系列新的研究领域。仅专著就有几十本。从论文来看，以"实践论"为篇名在中国知网进行检索，结果显示有1000余篇。当前，有关《实践论》的研究仍然是一个为诸多论者关注的热点。具体来看，学界的相关论述大致可以归为如下几类。

第一，主要针对《实践论》的内容。例如，《毛泽东〈实践论〉的新时代解读》在分析《实践论》发表的时代背景及其理论要点的过程中指出："毛泽东同志于1937年7月所著的《实践论》是系统地继承和发展马克思主义哲学的重要著作，也是总结马克思主义中国化的历史经验、深化实事求是思想路线的里程碑式著作。"① 《基于创新实践视角重新解读〈实践论〉》一文，则从创新实践的视角重新解读了毛泽东的《实践论》，提出："结合新时代的历史背景，'依据症候阅读'重读毛泽东《实践论》，能够发现《实践论》中隐含的深层结构含义，即

---

① 刘书林：《毛泽东〈实践论〉的新时代解读》，《党建》2020年第10期。

《实践论》所论述的实践其本质上是创新实践，只有创新实践才能有力地推动认识的发展和社会的进步。"①

第二，聚焦《实践论》的形式方面。例如，《毛泽东怎样修改〈实践论〉》一文指出："毛泽东的修改，既有行文上的技术处理、字句的增删，更有结构上的调整和观点的完善。《实践论》修改后其结构更严谨，理论观点更完善，行文更流畅。"②《风格、成因和启示：〈实践论〉话语特色的三重考量》紧扣《实践论》的话语形式，以中国特色话语体系建构为宏观考量视角，从理论阐释和语言艺术中讨论分析了《实践论》"接地气""表真情""产共鸣"的话语风格，得出"《实践论》是中国特色话语建构的成功范例"③的结论。《〈实践论〉中毛泽东的理解观——基于伽达默尔诠释学视角的分析》一文则着眼于《实践论》的理解方式，从哲学诠释学的视角提出："在毛泽东的意识里，理解是在观念上、思想上对事物'逐渐地了解'的初步阶段，是对事物做出的一个前提性的概念界定、判断推理；正确的理解需要在完全把握理解对象的基础上运用实践的方式厘清理解何以可能，并紧紧抓住理解何种内容等核心内容；理解具有前瞻性、历史性、发展性等显著特征。"④

第三，围绕《实践论》与马克思主义中国化这两个相互紧密缠绕的主题。例如，《〈实践论〉对推进马克思主义中国化的几点启示》一文认为："《实践论》是马克思主义中国化的典范。

---

① 胡敏中等：《基于创新实践视角重新解读〈实践论〉》，《湖南科技大学学报》（社会科学版）2021年第2期。
② 胡为雄：《毛泽东怎样修改〈实践论〉》，《理论视野》2013年第12期。
③ 郭清等：《风格、成因和启示：〈实践论〉话语特色的三重考量》，《理论导刊》2020年第6期。
④ 孙宜芳：《〈实践论〉中毛泽东的理解观——基于伽达默尔诠释学视角的分析》，《求索》2015年第5期。

毛泽东在抗日烽火中从事哲学研究，写作《实践论》，体现了对理论与实践关系的深刻洞见。《实践论》比较完整地回答了'如何认识世界'的问题，这是因为当时中国实践的发展迫切需要从哲学理论思维的高度回答如何认识中国的问题。《实践论》是中国社会历史条件的必然产物，它之所以出自毛泽东笔下，是因为经历了长期革命实践和理论研究的毛泽东兼有革命实干家和理论家的优秀品质，'只写文章、没有实际经验的书生'是写不出来的。"① 《从〈反对本本主义〉和〈实践论〉看马克思主义中国化的发生逻辑》一文则集中在马克思主义中国化的质性内涵及内在规律的论域，指出："毛泽东在《反对本本主义》中首次使用'思想路线'的新科学概念，明确提出中国共产党理论联系实际、实事求是、一切从实际出发'思想路线'的基本内涵。后来的《实践论》继承了《反对本本主义》形成的思想基础，并使分析阐述进一步系统化、科学化。"②

第四，主要阐述《实践论》的创新与发展。例如，《从文本到方法：〈实践论〉话语创新及其当代启示》一文指出："结合20世纪30年代马克思主义创新的历史语境可知，《实践论》文本话语是对苏联话语的延续与超越。《实践论》开启了知行观的中国话语新叙事，在认识论上实现了对能力之知的突破与创新。"③ 而《毛泽东哲学：在辩证唯物主义和实践唯物主义之间——基于〈实践论〉和〈关于费尔巴哈的提纲〉的比较研究》一文则着眼于《实践论》对辩证唯物主义的坚持与拓展，认为

① 田心铭：《〈实践论〉对推进马克思主义中国化的几点启示》，《毛泽东思想研究》2012年第2期。
② 徐浩然：《从〈反对本本主义〉和〈实践论〉看马克思主义中国化的发生逻辑》，《科学社会主义》2018年第5期。
③ 陈红娟：《从文本到方法：〈实践论〉话语创新及其当代启示》，《广西社会科学》2020年第1期。

在《实践论》和《关于费尔巴哈的提纲》的比较中可以看出："毛泽东对马克思主义哲学的理解属于辩证唯物主义的理解方式，辩证唯物主义是他哲学思想的总貌……毛泽东对马克思主义哲学的理解，是在辩证唯物主义理解方式内向马克思实践唯物主义的一次返回、接近，实践唯物主义是毛泽东哲学的重要维度。毛泽东哲学是介于辩证唯物主义和实践唯物主义之间的哲学理论，将毛泽东哲学看作单一的辩证唯物主义或单一的实践唯物主义是不符合实际的。"[①]

第五，着眼于《实践论》与《矛盾论》的内在逻辑关系。例如，《〈实践论〉〈矛盾论〉：实践唯物主义辩证法与认识论》一文指出："《实践论》从实践出发，阐述认识的矛盾运动，揭示认识运动的辩证规律，其目的是正确指导实践以'改变世界'。《矛盾论》则以实践的观点阐述客观事物的矛盾运动，揭示唯物辩证法的思维方式，其目的同样是探求'改变世界'的正确路径。由此可见，毛泽东的《实践论》《矛盾论》就是实践唯物主义的辩证法与认识论，是辩证法与认识论相统一的实践唯物主义。"[②]《〈实践论〉与〈矛盾论〉的内在关联及时代价值》一文也认为："作为毛泽东哲学思想成熟的标志，《实践论》与《矛盾论》以唯物史观为指导，并结合中国实际丰富和发展了马克思主义哲学的认识论与辩证法，《实践论》主要讨论实践与认识的相互作用，《矛盾论》则主要阐述唯物辩证法的对立统一规律，两者各有侧重但又相互联系，都是世界观与历史观、

---

① 桑明旭：《毛泽东哲学：在辩证唯物主义和实践唯物主义之间——基于〈实践论〉和〈关于费尔巴哈的提纲〉的比较研究》，《毛泽东思想研究》2016 年第 1 期。

② 罗朝远：《〈实践论〉〈矛盾论〉：实践唯物主义辩证法与认识论》，《学术探索》2017 年第 2 期。

认识论与辩证法的统一。"①

第六，研究《实践论》的价值意义。例如，《毛泽东"实践论"的创立与 20 世纪上半叶中国认识论的开展》一文提出："20 世纪 30 年代，毛泽东把中国马克思主义哲学的兴奋点由本体论移至认识论，创立了'实践论'哲学体系。从中国哲学史坐标系看，'实践论'的创立是 20 世纪上半叶中国认识论开展的重要成果，从认识论路向深化了中国知行观的现代开展，以实践为基础推进了中国现代认识论的体系建构，作为方法论发展出一整套中国马克思主义理论，对中国哲学的现代转型和传统更新作出了重要贡献。"②《〈实践论〉及其版本研究的当代价值——深化对真理标准的认识》一文也认为："《实践论》是毛泽东思想确立的重要标志，在毛泽东思想以及毛泽东思想形成过程中占有举足轻重的地位。实践的观点在 1978 年关于真理标准问题的大讨论中再次发挥了重要作用，对于完成思想路线的拨乱反正和党的工作重心转移产生了巨大的推动力。'湖南为客动经春，燕子衔泥两度新'，实践的观点在这两次大的理论创新中都达到了反对教条主义的效果，为马克思主义中国化起到了不可磨灭的作用。《实践论》和实践的观点极大地丰富和发展了马克思主义的认识论。与此同时，我们也应看到，反对教条主义，不仅要从实践层面釜底抽薪，还要从认识层面加以克服，否则，旧的教条主义去了，新的教条主义还会产生。"③

---

① 赵士发等：《〈实践论〉与〈矛盾论〉的内在关联及时代价值》，《江西社会科学》2017 年第 7 期。
② 李维武：《毛泽东"实践论"的创立与 20 世纪上半叶中国认识论的开展》，《武汉大学学报》（哲学社会科学版）2020 年第 4 期。
③ 桁林：《〈实践论〉及其版本研究的当代价值——深化对真理标准的认识》，《学术界》2020 年第 12 期。

　　在国外，早期研究《实践论》的学者大体可从地域方面划分为苏联与东欧、西方国家两大群体。苏联学者最早向世界介绍和宣传了毛泽东的《实践论》。他们的学术观点以 20 世纪 60 年代为分界，呈现出两种截然不同的论断。在 60 年代以前，苏联学者对《实践论》多持肯定看法。他们大多从《实践论》阐发的马克思主义唯物论和辩证法起手，揭示《实践论》对教条主义和经验主义的批判、对马克思主义哲学发展的推动、对中国共产党思想教育的加强。不过，从 60 年代开始，苏联与东欧理论界对《实践论》的态度发生了变化，毫无根据地歪曲《实践论》总体上是经验论。

　　西方国家学者对《实践论》的研究主要集中在它的内容和价值意义方面。例如，日本学者新岛淳良指出："《实践论》是抗日军政大学的教科书，其任务是如何把上述的知行关系的论述同马克思、恩格斯、列宁、斯大林的'马克思主义'结合起来，大胆一点说，是如何超过它的问题。"① 法国学者茱莉亚·克里斯蒂娃（Julia Kristeva）提出："毛泽东在他的文章《实践论》中……强调个人的和直接的经验是实践的重要物质特性……只有在社会实践的客观连续性中不断重复的现象才有可能产生可观的飞跃，即出现建立内在联系的概念。毛泽东强调了实践的两个方面，它须是'个人的'并且是'直接经验'。"②

　　综观既有成果，国内以李达等为代表的研究者在唯物主义和辩证法的维度着手致思，他们关于《实践论》和马克思主义中国化、实践和认识的辩证关系、认识辩证过程、真理的标准、

---

① 赵永茂等：《毛泽东哲学思想研究在国外》，中共中央党校出版社，1993，第 102 页。
② 〔法〕茱莉亚·克里斯蒂娃：《诗性语言的革命》，张颖、王小姣译，四川大学出版社，2016，第 152 页。

认识的总过程和总规律、《实践论》的意义等的论述，为本书的撰写提供了极为重要的参考。国外学者有关《实践论》的探讨和《实践论》与马克思、恩格斯、列宁相关理论的关系的思考，以及他们紧密结合自己的理论视域对《实践论》的探究等，也很有借鉴价值。不过，"理论总是灰色的"，对学界研究现状的回顾，也显示国内外学者在《实践论》研究中存在一些亟须提高的地方。首先，相对于恩格斯、列宁等的相关观点，关于《实践论》中对实践的阐发到底有何创造性特质，以及对马克思关于实践的自我意识的敏锐把握等少有提及，这使有关《实践论》在马克思主义科学实践观构建过程中的突出贡献在诸多论述中含混不清。其次，对《实践论》的各个研究领域，研究者使用的力量很不平衡。从李达一直到社会主义建设新时期的学者，对《实践论》的形式结构方面投入的精力总的来说不多，特别是关于《实践论》的语言表现形态等方面的问题，在《实践论》问世后很长时间内学者们重视程度不够，近年来相关成果也并不多见。最后，在研究视域拓展上做得不够。研究者们多在传统的马克思主义视域之中运思，对西方马克思主义有关实践的看法和《实践论》中实践观关系的探讨尚需进一步展开。

　　从国外来看，苏联、东欧学者对《实践论》的研究虽然不乏客观正确的评价，但总体上并不能令人满意。例如，赵永茂等就指出，苏联、东欧理论界研究《实践论》，在研究方法上教条主义盛行，在研究内容上缺乏深度和广度。[①] 从实际来看，这种评价并不过分。这一学者群体多在固有的模式（辩证唯物主义）内千篇一律地唱着同样的"调子"。

---

① 参见赵永茂等《毛泽东哲学思想研究在国外》，中共中央党校出版社，1993，第81~84页。

　　日本和欧美学者突破了苏联、东欧学者"同声合奏"的局限，他们立足于毛泽东《实践论》的文本，按照自己的研究兴趣进行了多方面的研究。特别是日本学者，他们对《实践论》的阐发在研究内容上较有借鉴价值。他们之中有不少学者较为翔实地指出了《实践论》的性质、作用、地位、意义，较充分地阐述了《实践论》的内容，在一定程度上强调了实践的基础地位，从而其研究既有一定的深度，也在形式上呈现多样化的概貌。但是，他们的研究同样存在不足之处：一方面，他们大多疏离中国内容丰富的实践，因此占有材料一般不太充分。这导致他们在研究过程中得出的结论大多是在自己的书斋中凭空设想出来的。另一方面，他们虽然在一定程度上矫正了苏联、东欧学者研究的固有模式，却存在矫枉过正的现象。他们之中有不少学者在研究《实践论》的立场和方法论上走到了另一个极端，即难以自觉地坚持辩证唯物主义并接受其指导。因此，他们在研究中往往会出现简单化倾向，不能真正揭示毛泽东《实践论》的特质和革命精神。尤其是他们对《实践论》和列宁等人相关理论关系的主观判断，更显现出他们的研究对《实践论》本真内涵的偏离。

　　综上所述，国内外学者对毛泽东《实践论》的研究还存在一些亟须改进的地方，需要后来者进一步挖掘和填补；也还有一些存在争议的地方，需要我们去梳理和澄清。因此，在当下，很有必要紧密联系《实践论》的研究现实，把有关《实践论》的研究继续推向前进。本书的研究主要体现出以下几个特点：一是立足于《实践论》依附的国际、国内背景，阐明《实践论》写作的缘由、目的等相关问题。二是紧密联系毛泽东《实践论》文本，从其具体行文中提炼《实践论》的理论精髓和创新内涵。

三是结合毛泽东阐述有关实践的自我意识的其他著作，以及不同视域中的其他实践观，在它们的相互碰撞中揭示出毛泽东在《实践观》中阐发的科学实践观。四是对接中国新民主主义革命的史实，集中阐发《实践论》对新民主主义革命中知识分子和非知识分子的影响，并联系《实践论》的哲学思想地位与其哲学思想的创造性，介绍《实践论》在国际上的学术影响。

第一章 《实践论》的写作背景

《实践论》不是"云霄中的独立王国",它的产生是 20 世纪 30 年代风云变幻的国际形势和中国新民主主义革命相互碰撞的结果。

第一节 国际背景

20 世纪 30 年代,以 1929 年 10 月 24 日美国华尔街证券交易所股票行市大暴跌为起始,一场经济危机很快席卷了整个资本主义世界。这次资本主义发展过程中爆发的生产过剩危机空前严重。第一,危机持续的时间特别长,生产下降幅度特别大。过去发生的经济危机最长时期不超过 2 年,此次危机从 1929 年开始到 1933 年结束,前后达 5 个年头。从前历次经济危机时期生产下降最高不超过 15%,这次危机则使资本主义国家的工业生产下降了 37.2%。这次危机使整个资本主义世界工业生产水平倒退了 20 年(美国)甚至 30 年(德国)。第二,大批企业破产倒闭,失业人数激增,空前严重地破坏了社会生产力。第三,农业危机、货币信用危机与工业危机相互交织、互相激荡,使这次经济危机无论在深度上还是在广度上均超过了历次危机,这也是这次危机延续时间长的重要原因之一。这次生产过剩危机，使大量产品滞销，物价猛跌。在工业危机的严重打击下，农产品价格也普遍地大幅度下降。因此，农业收入急剧缩减，大批农户破产。农业中也出现了生产力遭到严重破坏和生产倒退的现象。垄断资本家为了摆脱农业危机以维持垄断价格，竟然在千百万劳动人民饥寒交迫之际，大规模地销毁农产品，包括原料和食品，屠宰或饿死牲畜，砍伐果树等。由于农产品价格下降幅度大大超过工业品，农民对工业品的购买力进一步降低了。这样，农业危机又导致工业危机尖锐化，两者互相作用，增加了经济复苏的困难。危机期间，资本主义国际贸易额急速减少。各国为了尽快改善本国状况，以维护资本家的利益，展开了激烈的关税战和贸易战，严重破坏了世界经济联系。1931~1933 年，各国先后都发生了深刻而广泛的货币信用危机，整个资本主义信用制度濒于崩溃，各国货币贬值，相继废止了金本位。① 经济危机使各个主要资本主义国家的经济受到巨大冲击，德国、意大利和日本等国出现了令人不安的趋势：主张法西斯主义的政党上台执政，掌握国家政权，使资本主义民主制国家形式演变为公开实行恐怖专政的独裁制的国家形式。1933 年，德国的法西斯主义者希特勒上台后，"解散国会，取消除纳粹党以外的一切政党，残酷迫害和屠杀一切进步人士和犹太人，积极扩军备战，恢复和加强海、陆、空军，把全国变成法西斯军营"②，标志着欧洲最危险的战争策源地形成。几乎同时，日本鼓吹法西斯主义的东条英机等也掌握了日本的政权，建立了由军队、官僚和财阀直接控制的法西斯独裁统治，形成了第二次世界大战在亚洲的策源地。德国、意大利、日本等国的穷兵黩

---

① 参见夏景才等编《世界现代史》，吉林文史出版社，1985，第 397~398 页。
② 黄修荣：《共产国际与中国革命关系史》下，中共中央党史出版社，1989，第 155 页。

武，必然损害当时其他发达资本主义国家的利益。以日本和英美之间为例，仅 1936 年 4 月，英美货物的进口额就减少了 2/5。相反，同年 5 月走私日货就达 5 万吨以上，超过日货海关进口额的 4 倍，在日本走私贸易的打击下，英美与日本的矛盾扩大了。① 这类矛盾的扩大和激化，使中国人民在争取民族解放和独立自主的斗争中有可能与某些发达资本主义国家结成暂时的联盟，以服务于解决本民族的生死存亡问题。

在 20 世纪 30 年代以前的较长一段时间内，马克思主义的分析方法被一些不顾各国、各党和各个组织的特点的"共同说法"和"提纲"所代替。这种忽视各国不同实际、各个历史阶段不同特点的做法，制造了马克思主义教条化的温床。它表现在认识论方面，就是人们不从自己的实际情况出发，不唯实，只唯书、只唯上，无意识或有意识地放弃了自己的精神主动，把被动地仿效、坚决地执行来自最高层的指示当成最重要的任务。而他们在做这些事的时候，并不知道自己把实际情况撇开到了一边，事实上背离了马克思主义的分析方法。这种局面在 30 年代发生了改变，当时美国、英国和其他资本主义国家的统治集团把德国法西斯看成反苏的突击队，对它寄予厚望。他们百般地纵容法西斯，尽力帮助它武装起来，千方百计地将希特勒集团的侵略锋芒引向苏联。由于法西斯德国的侵略行动，武装进攻苏联的威胁变得更加严重了。② 鉴于战争一触即发的态势，苏联对长期奉行的战略、策略进行了调整，把其主要战略目标确立为建立反法西斯主义统一战线，以保卫和平。与苏联改变战略、

---

① 参见方连庆《现代国际关系史》，北京大学出版社，1987，第 299 页。
② 参见〔苏〕安·安·格列奇科《苏维埃国家的武装力量》，厦门大学外语系俄语专业 1972 级工农兵学员译，上海人民出版社，1976，第 55 页。

策略相联系，在 1935 年举行的共产国际第七次代表大会通过了《关于共产国际执行委员会工作的决议》，指出在解决一切问题时要根据每个国家的具体情况和特点，不要用呆板的格式和笼统的公式去替代具体的马克思主义的分析。

具体的马克思主义的分析，就是根据具体的、特殊的情况，一切从实际出发的分析，就是建立在实践基础上的分析。它要求不唯书、不唯上，只唯实，坚持立足于现实去寻找解决问题的办法，从群众的生活实践出发提炼观点。当时，以苏联为代表的社会主义国家在宏观认识方向上摒弃了呆板的格式和笼统的公式，采用具体的马克思主义的分析主张。这无疑是一场推动无产阶级在认识和实践、知与行关系上变革的"及时雨"，它对毛泽东写作《实践论》产生了非常积极的影响，让他在自己长期的调查研究中形成的有关认识的观念意识能与世界社会主义运动的具体的马克思主义的分析方法无缝对接，促使他头脑中科学的实践观不断走向成熟。

第二节　国内背景

"1931 年 9 月 18 日深夜，日本关东军按照预定计划，自行炸毁沈阳北郊柳条湖附近南满铁路的一段路轨，反诬中国军队所为，以此为借口，突然袭击中国军队驻地北大营和沈阳城。第二天，日军便占领沈阳。至 1932 年 2 月，在短短 4 个多月内，辽宁、吉林、黑龙江三省 100 多万平方公里的大好河山，沦为日本的占领地。"① 在这种情况下，"从 9 月 20 日起，北平、上海、

① 中共中央党史研究室：《中国共产党的九十年：新民主主义革命时期》，中共党史出版社、党建读物出版社，2016，第 142 页。

南京、广州、武汉等地的学生、工人和市民相继举行游行示威、罢工、罢课、发表通电，要求抗日"。① 同时，居于统治地位的阶级中的一部分人也要求抗日。1932年1月28日，日本在上海制造了"一·二八"事变，上海驻军十九路军领导人蔡廷锴、蒋光鼐进行了坚决的反击。特别是1936年12月12日，张学良、杨虎城在古城西安发动了震惊中外的西安事变，逼迫蒋介石抗日。另外，在日本发动"九一八事变"后，英国、美国政府对中国的态度也有所转变，比较积极地支持南京政府中的亲英美派。这样，"九一八"事变后，在中国，"不但工人、农民、城市小资产阶级、富农和小地主，甚至一部分军阀，也有采取同情中立以至参加反日反汉奸卖国贼的可能。即使在地主买办阶级营垒中间，也不是完全统一的"。②

毛泽东在准确分析当时国内外形势的基础上指出："中日战争不是任何别的战争，乃是半殖民地半封建的中国和帝国主义的日本之间在二十世纪三十年代进行的一个决死的战争。全部问题的根据就在这里。分别地说来，战争的双方有如下互相反对的许多特点……日本的军力、经济力和政治组织力是强的，但其战争是退步的、野蛮的，人力、物力又不充足，国际形势又处于不利。中国反是，军力、经济力和政治组织力是比较地弱的，然而正处于进步的时代，其战争是进步的和正义的，又有大国这个条件足以支持持久战，世界的多数国家是会要援助中国的。——这些，就是中日战争互相矛盾着的基本特点。"③根据这些特点，要取得抗日战争的胜利，中国人民就必须从实

---

① 刘吉等：《中国共产党七十年》，上海人民出版社，1991，第241页。

② 同上书，第244~245页。

③ 《毛泽东选集》第2卷，人民出版社，1991，第447~450页。

际情况出发，结成最广泛的抗日统一战线。但是，当时有一部分人在认识上只知道"生吞活剥马克思主义书籍中的只言片语"①，在知行观上不能做到一切从实际出发。这使他们不承认"九一八"事变是日本帝国主义妄图灭亡中国的一个极其重要的步骤②，没有在新的形势下高举抗日民族统一战线的旗帜③，从而使自己在群众中孤立了起来。这种认识产生的主要理论根源是教条主义。由于教条主义者迷信书本，把它们教条化，这就造成了一些人开口闭口讲"本本"，并且让这种"本本化"的思维方式完全占据了自己的显意识和潜意识层面，使自己彻底地放弃了面向实际的态度。这样一来，他们总是静止地看待一切，看不到事物、现象中的变化，因而对事物、现象也只能达到片面的而非全面的认识。在中华民族处于生死存亡的时刻，这些教条主义者完全脱离了实际情况，"看不到中间派因要求抗日而产生的积极变化，也看不到国民党内部正在发生的分化和破裂"。④ 因此，要建立抗日民族统一战线，取得抗日战争的胜利，就必须克服教条主义的影响。

可以说，自第一次国内革命战争以来，以毛泽东为代表的坚持一切从实际出发的中国共产党人，就和主观主义者特别是教条主义者展开了长期的斗争。随着中国工农红军踏上艰苦卓绝的长征之路，中国共产党及其所领导的红军面对众多敌军的围追堵截，在极为艰难险恶的环境中，采取各种方法，充分发挥了"长征是宣言书，长征是宣传队，长征是播种机"⑤的作

① 《毛泽东选集》第1卷，人民出版社，1991，第282页。
② 李勇等：《抗日民族统一战线大事记》，中国经济出版社，1988，第5页。
③ 参见中共中央党史研究室《中国共产党的九十年：新民主主义革命时期》，中共党史出版社、党建读物出版社，2016，第147页。
④ 同上。
⑤ 《毛泽东选集》第1卷，人民出版社，1991，第150页。

用，引导群众不断摆脱教条主义的思想束缚。由于在认识上由主观主义转向实事求是，1935 年 12 月，中共中央政治局在瓦窑堡召开会议，确定了建立抗日民族统一战线的方针。到 1937 年 2 月，全国抗日民族统一战线已初步形成。不过，虽然中国共产党内对主观主义特别是教条主义进行了批判，但是这一时期并未来得及从理论上、思想上对它们进行系统的清算。教条主义者仍然拒绝中国革命的经验，否认"马克思主义不是教条而是行动的指南"① 这个真理，经验主义者仍在固守自身的片面经验，看不见革命的全局，盲目地工作。要扩大和巩固抗日民族统一战线，发展已出现的良好革命形势，就必须从认识上彻底清算主观主义的错误，用马克思主义教育、武装广大党员和干部。"毛泽东的《实践论》，是为着用马克思主义的认识论观点去揭露党内的教条主义和经验主义——特别是教条主义这些主观主义的错误而写的。因为重点是揭露看轻实践的教条主义这种主观主义，故题为《实践论》。"② 毛泽东开始从哲学的高度总结中国新民主主义革命的历史经验和教训，揭露和批判主观主义，阐述一切从实际出发、实事求是的要求。

---

① 《毛泽东选集》第 1 卷，人民出版社，1991，第 282 页。
② 同上。

第二章 《实践论》的基本内容

毛泽东的《实践论》，针对教条主义和经验主义的主观主义错误，围绕认识和实践、知和行的关系展开了多个方面的论述。

第一节 实践的规定

人从来就是生活在一定时代、阶级中的人，总是受到所在的时代、阶级的限制。在中国传统哲学发展史上，哲学先辈们提出了形形色色的关于实践的观点。然而，时代、阶级的局限一直束缚着他们的思维、他们的活动，使他们对实践的理解一直不能发生质的飞跃，甚至有时候还发生扭曲和颠倒。在他们的理解中，实践要么总是在个人的伦理道德或应事接物中打圈子，忽视了社会的物质生产和社会变革活动的意义；要么干脆把实践活动精神化。例如，王阳明所说"正要人晓得，一念发动处，便即是行了"①，就完全颠倒了对实践的认识。这是因为，他们对实践进行的是观念化的、非物质性的解读，所以科学的实践观从总体来看一直处在他们的视域以外。

在马克思主义产生以前的西方学者也是如此，他们在实践

---

① 《传习录》。

的理解方面犯了同样的错误。例如，费尔巴哈就认为："在实践上，最高的和首要的基础，也必须是人对人的爱。"① 马克思批判了黑格尔的说法："和唯物主义相反，唯心主义却把能动的方面抽象地发展了，当然，唯心主义是不知道现实的、感性的活动本身的。费尔巴哈想要研究跟思想客体确实不同的感性客体，但是他没有把人的活动本身理解为对象性的……活动。因此，他在《基督教的本质》中仅仅把理论的活动看做是真正人的活动，而对于实践则只是从它的卑污的犹太人的表现形式去理解和确定。因此，他不了解'革命的'、'实践批判的'活动的意义。"② 黑格尔所说的实践，也只是绝对精神发展中的一个环节。在他看来，实践"是实现善的冲力，亦即意志或理念的实践活动"。③ 在黑格尔那里，实践本质上是精神、意志或理念领域的活动，它不具有客观的、物质的属性。

随着马克思主义的产生，在经典马克思主义作家的视域中，有关实践的理解终于彻底地从人的精神领域提升了出来。在《关于费尔巴哈的提纲》中，马克思说："环境的改变和人的活动或自我改变的一致，只能被看做是并合理地理解为革命的实践。"④ 实践是人的活动，使环境发生改变的人的活动，是"人的感性活动""客观的活动"，体现了人的活动的"革命的""能动方面"。"全部社会生活在本质上是实践的。"⑤ 恩格斯在肯定"实践，即实验和工业"⑥ 的同时，指出："根据唯物史观，

---

① 《费尔巴哈哲学著作选集》上，荣震华等译，生活·读书·新知三联书店，1962，第316页。

② 《马克思恩格斯文集》第1卷，人民出版社，2009，第499页。

③ 〔德〕黑格尔：《小逻辑》，贺麟译，生活·读书·新知三联书店，1954，第411页。

④ 《马克思恩格斯文集》第1卷，人民出版社，2009，第500页。

⑤ 同上书，第501页。

⑥ 《马克思恩格斯文集》第4卷，人民出版社，2009，第279页。

历史过程中的决定性因素归根到底是现实生活的生产和再生产。"对历史斗争的进程发生影响并且在许多情况下主要是决定着这一斗争的形式的，还有上层建筑的各种因素：阶级斗争的各种政治形式及其成果。"① 列宁认为，实践是人们"以自己的行动来改变世界"② 的活动，并指出："交错点＝人的和人类历史的实践。"③

毛泽东在《实践论》中则提出："人的社会实践，不限于生产活动一种形式，还有多种其他的形式，阶级斗争，政治生活，科学和艺术的活动，总之社会实际生活的一切领域都是社会的人所参加的。"④ 也就是说，社会实际生活的一切领域的活动都是实践，实践是社会实际生活的一切领域的活动。这样，在中国社会生活的范围内，与以前的具有唯物主义倾向或唯心主义倾向的哲学家们不同，毛泽东在中国哲学史上明确、深刻、具体地说明了什么活动才是实践，使实践以它的本真面目展现在了广大民众面前。从此，注重实践的思想越来越成为人们生活中的重要方面。另外，在马克思主义范围里，"《实践论》则是马克思主义哲学史上对马克思主义的实践观所作的最系统、深入的阐述"。⑤ 毫无疑问，马克思、恩格斯、列宁等正确地概括了实践的本质，但是他们并没有专门以实践为对象进行系统的讨论。他们关于实践的认识散见于其各种著作当中，总的来说还是零散的。毛泽东则把马克思、恩格斯、列宁对实践的论述总结起来，并且以他们的分析为基础，使自己对实践的研究进

---

① 《马克思恩格斯文集》第 10 卷，人民出版社，2009，第 591 页。
② 《列宁专题文集：论辩证唯物主义和历史唯物主义》，人民出版社，2009，第 138 页。
③ 同上书，第 144 页。
④ 《毛泽东选集》第 1 卷，人民出版社，1991，第 283 页。
⑤ 王金福：《马克思的哲学在理解中的命运》，苏州大学出版社，2003，第 272 页。

一步走向系统化:"列举了实践的一些主要形式如生产活动、阶级斗争、政治生活、科学和艺术等,对实践的具体形式作出了分类,这在马克思主义哲学史上是第一次。"① 因此,《实践论》对马克思主义哲学特别是对认识论作出了重大贡献。

第二节　实践和认识的辩证关系

毛泽东指出:"人的认识,主要地依赖于物质的生产活动,逐渐地了解自然的现象、自然的性质、自然的规律性、人和自然的关系;而且经过生产活动,也在各种不同程度上逐渐地认识了人和人的一定的相互关系。"② 在这里,毛泽东阐明了一个重要的观点:实践是认识的来源。

自人类产生以来,关于人的认识的来源,有一种观点认为是神。"上帝在耶稣基督中的恩宠是认识的基础。"③ 这种观点认为,无所不能的上帝给予了人类知识。因此,人们应该"感谢神灵,崇敬上帝"。任何对上帝的不敬都是有罪的行为。另一种观点提出,人天生具有良知良能,本身就有知识。这种看法把对认识泉源的讨论从天国引导到了人间,从对上帝的赞美、肯定转变为对人的赞美、对人的肯定,有一定的积极意义。不过,它和前一种观点一样,都是在唯心主义的范围里打转,都没有正确揭示认识的泉源。

也有一部分具有唯物主义倾向的哲学家天才地猜测到了认识来源于实践。例如,伏尔泰(Voltaire)就认为:"我们的观念

---

① 王金福:《马克思的哲学在理解中的命运》,苏州大学出版社,2003,第274页。
② 《毛泽东选集》第1卷,人民出版社,1991,第282~283页。
③ 〔瑞士〕K. 巴特等:《教会教义学》,何亚将、朱雁冰译,(香港)三联书店公司,1996,第205页。

都是通过感官得来的。"① 但是，由于并没有真正解决什么是实践的问题，因此，他也没有真正说清楚认识来源于实践。

与伏尔泰等人不同，毛泽东在坚持唯物主义的同时也真正理解了实践。所以，毛泽东认为，只有通过实践人才能认识，从而真正解决了人的认识到底从哪里来这个问题。"马克思主义者认为人类社会的生产活动，是一步又一步地由低级向高级发展，因此，人们的认识，不论对于自然界方面，对于社会方面，也都是一步又一步地由低级向高级发展，即由浅入深，由片面到更多的方面。"② 因此，实践还是认识发展的动力。不是别的，正是实践推动了人的认识一步又一步地前进发展。按照"神赋论"和人自身就是认识的源泉的说法，人的认识要发展，只能采用两种方式：一是仁慈的上帝不断恩赐给人知识，使人的知识不断增加，认识不断发展；二是人不断通过各种努力，不断清楚地认识到本来就存在于人体内的知识。在第一种方式下，认识的发展没有任何主动性可言，完全取决于不可预知的某种外在的神秘力量，实际上是要求人们沉浸于宗教的虚幻世界中，放弃任何主观努力，永远做上帝和教会的奴隶。第二种方式又是怎样的呢？采用这种方式的人，肯定是一个"世外超人"，他不需要接触任何现实，仅凭自己的思考就能获得无穷无尽的知识。就像民间传说中的谛听一样，想知道什么就会知道什么。这两种方式都把实践置于自身的视野之外，把信仰或理性当成自己的最后推动力。毛泽东批判了这两种错误观点，正确揭示了认识发展的动力。实践还是认识的目的，也就是说："理论的

---

① 北京大学哲学系外国哲学史教研室编译《十八世纪法国哲学》，商务印书馆，1979，第 74 页。

② 《毛泽东选集》第 1 卷，人民出版社，1991，第 283 页。

基础是实践，又转过来为实践服务。"① 关于人为什么要认识，马克思主义哲学诞生以前的哲学家并未提出非常有说服力的看法。毛泽东肯定地指出，理论要为实践服务："拿了这种对于客观规律性的认识去能动地改造世界。"② 这是对理论提出的最现实、最崇高的要求，科学地解决了人为什么要认识的问题。

实践决定认识，对认识具有基础性作用。实践是认识的源泉、动力、目的，实践是检验认识的标准。但是，实践又是活生生的人的实践。人不是消极被动的对象，在任何时候人都是积极能动的主体。人的实践活动不是盲目进行的，人总是用过去的经验、过去的认识，指导着自己的各种活动。因此，毛泽东说："'没有革命的理论，就不会有革命的运动。'然而马克思主义看重理论，正是，也仅仅是，因为它能够指导行动。"③ 认识和实践是相互依赖、相互联系的。通过实践，人类获得了对客观世界正确的认识，掌握了客观世界更多的必然性；在正确认识的指导下，人类的实践活动也不断深化，不断取得对外部世界改造的成功，从而一步步挣脱必然性的奴役，从必然王国走向自由王国。这既体现了深邃的辩证法思想，也预示了人类社会的未来走向和人类自身的远大前景。不过，认识和实践的相互依赖是一种不同性质的依赖，其中实践具有归根结底的决定性作用。认识的作用再大，也是一种方向性的、指导性的作用，是能动的、积极的反作用。正如列宁所说："生活、实践的观点，应该是认识论的首要的和基本的观点。"④

---

① 《毛泽东选集》第1卷，人民出版社，1991，第284页。
② 同上书，第292页。
③ 同上。
④ 《列宁专题文集：论辩证唯物主义和历史唯物主义》，人民出版社，2009，第49页。

第三节　实践在真理认识过程中的意义

在哲学发展史上，有很多哲学家讨论了真理的标准问题。古希腊的巴门尼德（Parmenides of Elea）认为，不要"让习惯用经验的力量把你逼上这条路，只是以茫然的眼睛、轰鸣的耳朵或舌头为准绳，而要用你的理智来解决纷争的辩论"。① 巴门尼德断定，判断是非的准绳不是感官，真理的内容只能由理性来把握，这在认识论发展史上有一定的启发意义，但由于他完全否认感觉、经验在认识中的作用，也就走向了先验主义。

普罗泰戈拉（Protagoras）提出："人是万物的尺度。"② 这体现了他对人的重视，焕发出浓郁的人本主义气息。不过，"人是万物的尺度"也体现了一切以人为转移的相对主义倾向。由于其忽视了认识的绝对性、客观性，因而也是错误的。

伊壁鸠鲁（Epicurus）说，感觉是判定是非的标准："如果你排斥一切感觉，你就连你所能指称的标准也不会剩下，这样，你就会没有可以用来判定你所斥责的错误判断的东西了。"③ 应该看到，在伊壁鸠鲁所处的时代，流行的是贬低感性、抬高理性的唯心主义思潮。当伊壁鸠鲁认为检验真理的标准是感觉时，实际上是反驳了当时流行的观点，体现了一定的唯物主义精神，但他片面夸大感觉的作用，把感觉当成真理的标准，显然是不正确的。

---

① 北京大学哲学系外国哲学史教研室编译《西方哲学原著选读》上，商务印书馆，1981，第 31 页。
② 同上书，第 54 页。
③ 北京大学哲学系外国哲学史教研室编译《古希腊罗马哲学》，生活·读书·新知三联书店，1957，第 345～346 页。

斯多葛派主张真理的标准是客观外物，是"来自真实的对象"①，具有唯物主义倾向。然而，其成员克吕西普（Chrysippus）等又说，感觉和预想是仅有的标准，这说明在真理的标准问题上他们又陷入了唯心主义。

弗朗西斯·培根（Francis Bacon）指出，"果实和工作正好像是哲学真理的保证"②，在一定程度上说明了实践是检验真理的标准。不过，培根所理解的实践主要是自然科学中的实验，而不是以人民群众为主体的改造自然、改造社会的实践活动。因此，对检验真理的标准，培根的理解还是狭隘的、片面的。

约翰·洛克（John Locke）认为："我们的知识所以为真，只是因为在我们观念和事物的真相之间有一种契合。"③ 这显示出他赞成符合论的真理观，具有若干真理性。但是，他同时认为，一般的抽象知识的真理性只是对任何观念之间的一致或不一致的一种认识，这就把真理本身和真理的逻辑标准混为一谈了。

斯宾诺莎（Spinoza）提出："真观念必定符合它的对象。"④ 这说明，他在真理问题上坚持的是唯物主义的符合论。不过，应当指出的是，斯宾诺莎的符合论的基础不是反映论，而是心物平行论。另外，由于他同时认为"真理即是真理自身的标准"⑤，表明他在真理标准问题上还具有主观主义和唯心主义的倾向。

---

① 北京大学哲学系外国哲学史教研室编译《古希腊罗马哲学》，生活·读书·新知三联书店，1957，第373页。
② 〔英〕培根：《新工具》，许宝骙译，商务印书馆，1986，第70页。
③ 北京大学哲学系外国哲学史教研室编译《十六～十八世纪西欧各国哲学》，商务印书馆，1975，第437页。
④ 北京大学哲学系外国哲学史教研室编译《西方哲学原著选读》上，商务印书馆，1981，第416页。
⑤ 〔荷兰〕斯宾诺莎：《伦理学》，贺麟译，商务印书馆，1985，第175页。

德尼·狄德罗（Denis Diderot）把实验当成真理的标准，指出："除了实验以外，没有别的办法可以识别错误。"[1] 可以看出，狄德罗已初步认识到了实践在认识中的作用。但是，他也没有形成科学的、实践的观点，他所理解的实验仅仅是在实验室内进行的科学实验活动。由此可见，在真理标准问题上他仍然是消极的、直观的。

黑格尔由于把实践引入了认识论，事实上提出了行动的结果是对主观认识的检验和真实存在着的客观性的标准。然而，黑格尔所说的实践，仅仅是绝对理念发展过程中的一个环节，是一种精神性的劳作，而不是真正的感性物质活动。所以，黑格尔也没有真正解决真理的标准问题。

费尔巴哈说："只有那通过感性直观而确定自身，而修正自身的思维，才是……具有客观真理性的思维。"[2] 在他看来，感性是检验理性的真理性的标准。作为对康德、黑格尔从理性自身中寻找真理标准的主观主义的反驳，费尔巴哈的观点在当时的历史条件下还是有一定的积极意义的。但是，虽然费尔巴哈把感性直观视为真理的标准，但他仍然不能摆脱主观主义，因为他没有认识到只有社会实践才是检验真理的客观标准。

总的来说，这些真理标准问题的讨论者，或者是在感性或者是在理性的范围内兜圈子，其中有些人虽然也认识到了实践是检验真理的标准，但他们对实践的理解都没有上升到"真正的实证科学"[3] 的高度，所以他们都没有解决真理的标准问题。不过，由于他们研究的成果一代又一代地在人们心中积淀，形

---

[1] 〔法〕狄德罗：《狄德罗哲学选集》，商务印书馆，1959，第 182 页。

[2] 《费尔巴哈哲学著作选集》上，荣震华等译，生活·读书·新知三联书店，1959，170 页。

[3] 《马克思恩格斯文集》第 1 卷，人民出版社，2009，第 526 页。

成了一种传统。马克思主义关于真理标准的科学认识就是在批判、继承这种传统的基础上进行创新的成果。

毛泽东在《实践论》中指出："人们要想得到工作的胜利即得到预想的结果，一定要使自己的思想合于客观外界的规律性。"① 这表明，毛泽东在真理方面是赞成符合论的。他的真理观是"思想合于客观外界的规律性"的符合论真理观。由于坚持符合论，毛泽东必须回答这样一个问题：什么才能证实思想合于客观外界的规律性，也就是说，真理的标准是什么呢？毛泽东提出："马克思主义者认为，只有人们的社会实践，才是人们对于外界认识的真理性的标准。实际的情形是这样的。"② 这句话包含以下两层意思。

第一，毛泽东是按照马克思主义的观点，而不是按照非马克思主义的观点来看待真理标准问题的。

第二，在认识结果判断问题上，毛泽东认为存在一个客观标准，即社会实践，只有通过这个标准，才可以断定认识结果是真还是假："判定认识或理论之是否真理，不是依主观上觉得如何而定，而是依客观上社会实践的结果如何而定。"③

毛泽东按照马克思主义的观点得出的这种看法是正确的。首先，只有按照马克思主义的观点才能真正理解实践，才能把实践看成人民群众改造自然、改造社会的物质活动。这是彻底解决真理标准问题的前提。其次，正因为真正理解了实践，马克思才说："人的思维是否具有客观的……真理性，这不是一个理论的问题，而是一个实践的问题。人应该在实践中证明自

---

① 《毛泽东选集》第 1 卷，人民出版社，1991，第 284 页。
② 同上。
③ 同上。

己思维的真理性。"① 毛泽东关于真理标准的看法是对马克思的观点的继承。最后，如果人们的思想和客观外界的规律性不合，就会在实践中失败。"只有在社会实践过程中（物质生产过程中，阶级斗争过程中，科学实验过程中），人们达到了思想中所预想的结果时，人们的认识才被证实了。"② 因此，实践是检验真理的标准，在对真理的认识中具有基础性的意义。

在《实践论》中，毛泽东还讨论了相对真理和绝对真理的问题。对这个领域的探讨，在马克思主义哲学诞生以前很早就有人涉足。古希腊哲学家赫拉克利特（Herakleitus）曾说"驴子宁愿要草料而不要黄金"③，讨论的就是真理的相对性问题。这说明，真理总是相对于一定的条件，因而是具体的、相对的。恩格斯指出："人的思维又是在完全有限地思维着的个人中实现的。这个矛盾只有在无限的前进过程中，在至少对我们来说实际上是无止境的人类世代更迭中才能得到解决。"④ 列宁说："人类思维按其本性是能够给我们提供并且正在提供由相对真理的总和所构成的绝对真理的。""相对真理和绝对真理之间没有不可逾越的鸿沟。"⑤ 毛泽东继承了恩格斯和列宁的观点，提出了自己对相对真理和绝对真理的看法。他认为，一方面，相对真理和绝对真理是对立的："在绝对的总的宇宙发展过程中，各个具体过程的发展都是相对的，因而在绝对真理的长河中，人们对于在各个一定发展阶段上的具体过程的认识只具有相对的真

① 《马克思恩格斯文集》第 1 卷，人民出版社，2009，第 500 页。
② 《毛泽东选集》第 1 卷，人民出版社，1991，第 284 页。
③ 北京大学哲学系外国哲学史教研室编译《古希腊罗马哲学》，生活·读书·新知三联书店，1957，第 19 页。
④ 《马克思恩格斯文集》第 9 卷，人民出版社，2009，第 92 页。
⑤ 《列宁专题文集：论辩证唯物主义和历史唯物主义》，人民出版社，2009，第 41~42 页。

理性。"① 另一方面，它们又是统一的："无数相对的真理之总和，就是绝对的真理。"② 同时，毛泽东还认为："根据于一定的思想、理论、计划、方案以从事于变革客观现实的实践，一次又一次地向前，人们对于客观现实的认识也就一次又一次地深化。"③ 这实际上肯定了实践是相对真理和绝对真理统一的基础，这在 20 世纪 30 年代的中国有很强的现实意义。既然对真理的认识不能一蹴而就，要在实践中经过一个由相对真理到绝对真理的长期过程，那么人们就不能教条化地事事照搬马克思主义而不顾中国国情。这是因为，"马克思列宁主义并没有结束真理，而是在实践中不断地开辟认识真理的道路"。④ 同时，相对真理在实践中总是一步步向绝对真理趋近。只要从实践出发，人们就能够一步步认识 30 年代的中国社会的客观规律，从而根据认识的客观规律制定正确的方针、政策，进而取得革命的胜利。

第四节　认识的辩证过程

"原来人在实践过程中，开始只是看到过程中各个事物的现象方面，看到各个事物的片面，看到各个事物之间的外部联系。""这叫做认识的感性阶段，就是感觉和印象的阶段。"⑤ 毛泽东认为，这个"感觉和印象的阶段"是认识发展过程的第一阶段，也可称为感性认识阶段。在这一阶段，人们"看到了延安的地形、街道、屋宇，接触了许多的人，参加了宴会、晚

---

① 《毛泽东选集》第 1 卷，人民出版社，1991，第 295 页。
② 同上。
③ 同上书，第 295~296 页。
④ 同上书，第 296 页。
⑤ 同上书，第 284~285 页。

会和群众大会，听到了各种说话，看到了各种文件"①，认识到了事物的表面现象。但是，毛泽东进一步指出："认识的真正任务在于经过感觉而到达于思维，到达于逐步了解客观事物的内部矛盾，了解它的规律性，了解这一过程和那一过程间的内部联系。"② 因此，人们在认识事物时，不能停留在仅仅认识其现象的水平，还需要进一步深入，达到"概念、判断和推理的阶段，在人们对于一个事物的整个认识过程中是更重要的阶段，也就是理性认识的阶段"③，这就是认识发展过程中的第二阶段。在认识过程中的感性阶段和理性阶段，毛泽东都特别重视实践的作用。他认为："无论何人要认识什么事物，除了同那个事物接触，即生活于（实践于）那个事物的环境中，是没有法子解决的。"④ 正是实践的继续，才使人们在实践中引起感觉和印象的东西反复了多次，最终发生了突变，从感性认识阶段飞跃到了理性认识阶段。因此，虽然感性认识和理性认识是认识发展过程的不同阶段，但它们不是毫无联系的。它们都建立在实践的基础上，并在这个基础上统一起来。一方面，理性认识依赖于感性认识，没有感性认识就没有理性认识。"从认识过程的秩序说来，感觉经验是第一的东西，我们强调社会实践在认识过程中的意义，就在于只有社会实践才能使人的认识开始发生。"⑤ 另一方面，"感性认识有待于发展到理性认识"。⑥ 在分析感性认识和理性认识的联系之后，毛泽东进一步指出："认识运动至此

---

① 《毛泽东选集》第 1 卷，人民出版社，1991，第 285 页。
② 同上书，第 286 页。
③ 同上书，第 285~286 页。
④ 同上书，第 286~287 页。
⑤ 同上书，第 290 页。
⑥ 同上书，第 291 页。

还没有完结。辩证唯物论的认识运动，如果只到理性认识为止，那末还只说到问题的一半。而且对于马克思主义的哲学说来，还只说到非十分重要的那一半。""认识的能动作用，不但表现于从感性的认识到理性的认识之能动的飞跃，更重要的还须表现于从理性的认识到革命的实践这一个飞跃。"① 这是因为，"如果有了正确的理论，只是把它空谈一阵，束之高阁，并不实行，那末，这种理论再好也是没有意义的"②，所以认识的过程还应当继续下去，"更重要的还须表现于从理性的认识到革命的实践这一个飞跃"。③ 这一飞跃是理论在具体的实践活动中受到检验的过程。在活生生的实践面前，一切错误都会暴露出它们的本来面目，而一切真理也会因其正确性而发挥出它们的巨大威力。对于迫切需要正确理论指导的无产阶级来说，实践对理论的这种检验尤为重要。这是因为，错误的、不合实际的理论只会造成思想混乱，削弱无产阶级的战斗力。而正确的、与实践相结合的理论，才能真正使无产阶级拥有最锐利的思想武器。经过"感性认识跃进到理性认识"④ 和 "从理性认识而能动地指导革命实践"⑤ 的两次飞跃，认识运动"是完成了，又没有完成"。⑥按照毛泽东的理解，如果"将预定的思想、理论、计划、方案在该同一过程的实践中变为事实，或者大体上变为事实，那末，对于这一具体过程的认识运动算是完成了"。⑦ 但是，"对于过程

---

① 《毛泽东选集》第 1 卷，人民出版社，1991，第 292 页。
② 同上。
③ 同上。
④ 同上书，第 291 页。
⑤ 同上书，第 296 页。
⑥ 同上书，第 293 页。
⑦ 同上。

的推移而言，人们的认识运动是没有完成的"。① 这是因为，任何过程"都是向前推移向前发展的，人们的认识运动也应跟着推移和发展"。② 因此，一次正确的认识必须经过多次去粗取精、去伪存真，由此及彼、由表及里的过程。

毋庸讳言，马克思、恩格斯虽然在研究政治经济学和一般科学的研究方法时实际上谈到了认识的辩证发展过程，但是他们并没有专门展开性地讨论这个问题。列宁则直接阐述了认识的辩证发展过程："从生动的直观到抽象的思维，并从抽象的思维到实践，这就是认识真理、认识客观实在的辩证途径。"③ 不过，列宁也并没有深入、具体地研究这个问题，他对认识辩证发展过程的探讨总的来说只是一种简单性概括。因此，毛泽东详尽、具体地论述认识的辩证发展过程，肯定在这个过程中存在"两个飞跃"（从感性认识到理性认识的飞跃、从理性认识到实践的飞跃），丰富和发展了马克思主义哲学的认识论。

第五节　认识运动的总过程和总规律

毛泽东说："社会的发展到了今天的时代，正确地认识世界和改造世界的责任，已经历史地落在无产阶级及其政党的肩上。"④ 要正确地认识世界和改造世界，如果仅凭一时的冲动、一时的热情，不仅什么都做不成，甚至会对无产阶级及其为之奋斗的事业造成极大的损害。

毛泽东指出："只有在认识必然的基础上，人们才有自由

① 《毛泽东选集》第 1 卷，人民出版社，1991，第 294 页。
② 同上。
③ 《列宁专题文集：论辩证唯物主义和历史唯物主义》，人民出版社，2009，第 135 页。
④ 《毛泽东选集》第 1 卷，人民出版社，1991，第 296 页。

的活动。"① 也就是说，人们只有正确地认识了客观世界，才能对客观世界进行正确、有效的改造。而要正确地认识世界，就必须对认识发展的总过程和总规律有比较全面深入的了解。否则，人们就不能自由地驾驭认识运动，使认识沿着正确的方向前进。在《实践论》中，毛泽东正确揭示了认识运动的总过程和总规律。他说："通过实践而发现真理，又通过实践而证实真理和发展真理。从感性认识而能动地发展到理性认识，又从理性认识而能动地指导革命实践，改造主观世界和客观世界。实践、认识、再实践、再认识，这种形式，循环往复以至无穷，而实践和认识之每一循环的内容，都比较地进到了高一级的程度。这就是辩证唯物论的全部认识论，这就是辩证唯物论的知行统一观。"②

这是一种在哲学眼光审视下对认识发展过程的总体性的把握。一方面，认识运动的总过程和总规律在深刻认识共产主义的基础上，向无产阶级和广大劳动人民指明了一条通向共产主义的道路。"世界到了全人类都自觉地改造自己和改造世界的时候，那就是世界的共产主义时代。"③ 因此，人们只有"通过实践而发现真理，又通过实践而证实真理和发展真理"④，坚持"辩证唯物论的知行统一观"，不断地在改造客观世界的过程中改造自己的主观世界，才能使自己日益成为更加积极、能动的主体，最终成为各方面全面发展的人。只有到了那时，全人类才会自觉地改造自己和自觉地改造世界；也只有到了那时，全人类才会进入共产主义社会。

---

① 《毛泽东文集》第 8 卷，人民出版社，1999，第 306 页。
② 《毛泽东选集》第 1 卷，人民出版社，1991，第 296~297 页。
③ 同上书，第 296 页。
④ 同上。

另一方面，认识运动的总过程和总规律又说明了世界的可知性。不可知论者存在这样一种观点：感性认识认识事物的现象，但是，当认识主体认识了客体的某一种现象后，客体的另一种现象马上又呈现在认识主体面前。这样，人们在认识一个现象后，又要重新认识一个新的现象。一个接一个的现象，就像多层魔盒一样，一个盒子套着一个盒子，让人们开个没完没了。因此，认识主体不能达到认识客体的本质的认识，本质是不可以认识的。毛泽东对这个问题作出了明确回答。他说："实践、认识、再实践、再认识，这种形式，循环往复以至无穷，而实践和认识之每一循环的内容，都比较地进到了高一级的程度。"① 实际上，他表达了这样一种观点：事物存在多种现象，事物发展中的每一不同阶段、每一不同事物都具有不同的现象。认识主体在认识客体时，是会碰到认识一个现象后还需要认识其他现象的情况。但是，"从实践到认识，再从认识到实践"的人的认识过程也是一个无穷的过程，是一个不断上升的、前进的过程。人总可以透过现象认识事物的本质。即使一个人一生的实践和认识不行，但通过由人构成的人类社会历史的不断更替，由无数人的实践、认识，再实践、再认识的过程的不断更替，终归可以达到目的，最终认识事物的本质。因此，思维和存在具有同一性，只要老老实实地在实践的基础上去认识，认识主体就一定能认识客体。世界是可知的，本质也是可以认识的。这既有力地批判了不可知论，又坚持了马克思主义的辩证法，捍卫了马克思主义的基本原理——世界可知性原理。

① 《毛泽东选集》第 1 卷，人民出版社，1991，第 296~297 页。

第三章 《实践论》的思想渊源
与其实践观继承发展

"每一个时代的哲学作为分工的一个特定的领域，都具有由它的先驱传给它而它便由此出发的特定的思想材料作为前提。"①毛泽东的《实践论》也有其思想来源。与马克思主义中国化的主张有关，毛泽东《实践论》的思想来源明显存在中西两个源头。

第一节 《实践论》与马克思、恩格斯、
列宁视域中的实践观

《实践论》是中国化的马克思主义，它在国外的理论来源涉及马克思、恩格斯、列宁等的实践观。具体到马克思有关实践的自我意识，较为突出的可追溯到《1844年经济学哲学手稿》。当时，马克思正受费尔巴哈哲学人本主义的影响，坚持的是人道主义方法，但是，马克思还是看到了实践在历史和认识中的作用。例如，马克思指出："通过工业——尽管以异化的形式——形成的自然界，是真正的、人本学的自然界。"② 1845年

---

① 《马克思恩格斯文集》第10卷，人民出版社，2009，第599页。
② 《马克思恩格斯文集》第1卷，人民出版社，2009，第193页。

春，马克思完成了著名的《关于费尔巴哈的提纲》，发动了一场哲学革命，完全走到了新唯物主义的阵营。这时，马克思已经彻底扬弃了哲学人本主义，但作为辩证否定先前自身思想的结果，马克思仍然坚持人类生活于其中的人化的自然界不是既成的，而是通过工业形成的。在《关于费尔巴哈的提纲》第一条中，马克思指出："从前的一切唯物主义（包括费尔巴哈的唯物主义）的主要缺点是：对对象、现实、感性，只是从客体的或者直观的形式去理解，而不是把它们当做感性的人的活动，当做实践去理解。"① 这意味着，在"从前的一切唯物主义"的视域中，现实的感性世界只是自然存在或者自然感性，是开天辟地以来就始终如一的东西。马克思既然断定这一点是"从前的一切唯物主义"的"主要缺点"，也就表明他并不认为现实世界是先在的、既成的，而只是客观存在的自然存在。同样，在《关于费尔巴哈的提纲》第一条中马克思也提到了唯心主义。他说："和唯物主义相反，唯心主义却把能动的方面抽象地发展了。"② 马克思的这句话包含两层意思。

第一，马克思肯定唯心主义发展了能动的方面。那么，这个"能动的方面"是什么呢？在传统的"辩证唯物主义"哲学教科书中，"能动"一般指人的意识活动在依赖物质活动的同时具有的相对独立作用或反作用。它主要表现在四个方面：一是意识活动是根据一定的目的、按照一定的计划展开的，总是具有目的性、计划性。二是意识活动能对既有的感性材料进行加工，在思维中构建理想世界，体现出鲜明的创造性。三是意识能够指导人的实践活动去改造对象世界，使之满足人的需要。

---

① 《马克思恩格斯文集》第 1 卷，人民出版社，2009，第 499 页。
② 同上。

四是意识能指导、调节、控制人的行为和生理活动。毋庸置疑，马克思在此处提到的"能动的方面"显然不能按照这样的逻辑来理解。这是因为，马克思在批判"从前的一切唯物主义"时只是批判其直观的理解对象的方式，并没有批判他们坚持的唯物主义；同时，他也批判了唯心主义对对象理解的抽象性。所以，马克思在这里所说的"能动的方面"不可能是抽象的意识的能动性、反作用方面，而只能是关于对象的理解方式方面。费尔巴哈等人的旧唯物主义认为，现实世界不是生成的，而是既成的，因而他们不是能动地、直观地理解对象。唯心主义肯定对象世界是在精神活动中创造生成的，所以他们抽象地发展了人的能动性。作为对两者的辩证性否定，马克思认为，"能动的方面"不是精神的能动方面，而是人物质活动的能动方面，是指主体实践活动能动的创造方面。由此可知，唯心主义发展了能动的方面，是指唯心主义在其理论中赞成我们现实生活的世界是由主体的活动创造出来的。正是在这个方面，唯心主义得到了马克思的肯定。这说明，马克思也认为我们现实生活的世界是主体能动的活动生成的，而不是像"从前的一切唯物主义"所说的那样是既成的。

第二，马克思在肯定唯心主义发展了能动的方面的同时，也批判了其只是抽象地发展了能动的方面。为什么说唯心主义只是抽象地发展了能动的方面呢？黑格尔的唯心主义哲学对此作出了最好的诠释。他在《自然哲学》中提出："自然界是自我异化的精神……在形式中的理念产生出来的。既然理念现在是作为它自身的否定东西而存在的，或者说，它对自身是外在的，那么自然就并非仅仅相对于这种理念（和这种理念的主观存在，即精神）才是外在的，相反的，外在性就构成自然的规定，在这种规定中自然才作为自然而存在。"① 显然，在黑格尔看来，一方面自然界不是既成的而是生成的；另一方面，创造自然界的是能动的理念，是绝对精神。因为精神总是人的精神，黑格尔自己也说绝对精神最终在人的精神中完成了复归，所以黑格尔说绝对精神创造了自然界，就是说人自己的精神活动创造了自然界。因此，黑格尔等唯心主义者虽然认识到了自然界是由主体能动性的活动创造的，但他们却认为主体这种生成现实的能动的活动是人的精神活动，因而抽象地发展了能动的方面。

创造现实生活的感性世界的主体的"能动的方面"既然不是如唯心主义者所说的那样是人的精神活动，那它到底是什么活动呢？马克思在批判唯心主义抽象地发展了"能动的方面"后马上指出："当然，唯心主义是不知道现实的、感性的活动本身的。"② 这说明，在马克思看来，创造现实感性世界的只能是人的能动的实践活动。

由此可见，在新唯物主义思想发展阶段，马克思认为，现实生活的感性世界是人通过自己能动的实践活动创造出来的物质世界。在实践生成生活的感性世界的同时，"环境的改变和人的活动或自我改变的一致，只能被看做是并合理地理解为革命的实践"。③ 因此，实践改造外在客观世界的过程，也是实践改造人的主观世界的过程。不仅"'宗教感情'本身是社会的产物"，甚至"全部社会生活在本质上是实践的"④，人的认识"都能在人的实践中以及对这种实践的理解中得到合理的解

---

① 〔德〕黑格尔：《自然哲学》，梁志学等译，商务印书馆，1980，第 19~21 页。
② 《马克思恩格斯文集》第 1 卷，人民出版社，2009，第 499 页。
③ 同上书，第 500 页。
④ 同上书，第 501 页。

决"。① 也就是说，人的认识都是在人的实践活动中产生的，并随着人的实践活动的发展而发展；实践发展到什么程度，人的认识也必然会发展到什么程度。这样，实践在马克思的新唯物主义中就占有了最为核心的地位。从人化自然（人类社会的物质部分），到先在自然、人的精神性的认识，一切都可以也必须从实践出发来彻底解释清楚。

从内容来看，毛泽东的《实践论》是继承马克思科学实践观的产物。毛泽东在《实践论》开篇就说："马克思以前的唯物论，离开人的社会性，离开人的历史发展，去观察认识问题，因此不能了解认识对社会实践的依赖关系，即认识对生产和阶级斗争的依赖关系。"② 在这里，毛泽东提到了旧唯物主义的局限性，指出其在认识论上的问题是疏离了人的社会性与历史性，这与《关于费尔巴哈的提纲》中马克思认为费尔巴哈不把对象当做实践活动来理解是其主要缺点的观点基本一致。

关于实践本身，马克思指出，它是客观的"感性的人的活动"③，是人们的"现实生活过程"。④ 对此，毛泽东在阐明实践可分为生产活动等四种形式时，也提出："总之社会实际生活的一切领域都是社会的人所参加的。"⑤ 因此，实践就是人们的"社会实际生活"或现实生活。此外，因为"人的认识，主要地依赖于物质的生产活动"⑥，所以实践不是主观的东西，而是客观的物质性活动。

---

① 《马克思恩格斯文集》第 1 卷，人民出版社，2009，第 506 页。
② 《毛泽东选集》第 1 卷，人民出版社，1991，第 282 页。
③ 《马克思恩格斯文集》第 1 卷，人民出版社，2009，第 499 页。
④ 同上书，第 525 页。
⑤ 《毛泽东选集》第 1 卷，人民出版社，1991，第 283 页。
⑥ 同上书，第 282 页。

　　至于实践与意识（认识）的关系，与马克思的看法相一致，毛泽东在《实践论》中也认为，人的认识（意识活动）基于实践。这表现在以下几个方面。第一，生产活动"是人的认识发展的基本来源"。① 第二，"人类社会的生产活动，是一步又一步地由低级向高级发展，因此，人们的认识，不论对于自然界方面，对于社会方面，也都是一步又一步地由低级向高级发展，即由浅入深，由片面到更多的方面"②，因而实践是认识发展的动力。第三，"只有人们的社会实践，才是人们对于外界认识的真理性的标准"。③ 第四，从实践中提炼得到的意识的东西，必须回到实践中，以实践为目的，不能"把它空谈一阵，束之高阁，并不实行"。④ 同时，正是在理论回到实践的过程中，意识活动积淀形成的理论成果也能"能动地指导革命实践，改造主观世界和客观世界"。⑤ 也就是说，意识也会反作用于实践。

　　由此可见，毛泽东在《实践论》中关于实践的理解，与马克思在新唯物主义时期的思想非常接近。这使毛泽东对实践在马克思新唯物主义中的核心地位有异常清晰的认识。例如，毛泽东认识到了旧唯物主义的缺点是缺乏实践，我们就可以合乎逻辑地得出毛泽东认为新唯物主义是没有"离开人的社会性"⑥，不缺乏实践的。

　　恩格斯提出："无论何时何地，都没有也不可能有没有运动的物质。宇宙空间中的运动，各个天体上较小的物体的机械运动，表现为热或者表现为电流或磁流的分子振动，化学的分解

① 《毛泽东选集》第 1 卷，人民出版社，1991，第 283 页。
② 同上。
③ 同上书，第 284 页。
④ 同上书，第 292 页。
⑤ 同上书，第 296 页。
⑥ 同上书，第 282 页。

和化合，有机生命——宇宙中的每一个物质原子在每一瞬间都处在一种或另一种上述运动形式中，或者同时处在数种上述运动形式中。任何静止、任何平衡都只是相对的，只有对这种或那种特定的运动形式来说才是有意义的。"① 自然界在辩证运动，在不断发生飞跃。一方面，人依赖自然。人对自然的依赖性表现在人不仅是自然界长期发展的产物，而且人"从原来居住的常年炎热的地带，迁移到比较冷的、一年中分成冬季和夏季的地带，就产生了新的需要：要有住房和衣服以抵御寒冷和潮湿，要有新的劳动领域以及由此而来的新的活动"。② 虽说这些需求都是通过劳动来满足的，然而我们不能不注意到，正是自然界为劳动提供了材料。另一方面，人还能动地改造自然。"动物所能做到的最多是采集，而人则从事生产，人制造最广义的生活资料。"③ 人们为了满足自己的各种生活需要，最初是去采集淀粉质的根和块茎；接着打猎也成了常规的劳动；随后人们开始驯养家畜、播种五谷、种植树木和葡萄、纺纱、织布、冶金、制陶器和航行，等等。总之，随着社会的发展，"劳动本身经过一代又一代变得更加不同、更加完善和更加多方面了"④，而人为了使自然界为自己服务，通过不断完善和多样化的劳动，不断地改造着自然。正是在这种改造自然的活动中，"我们一天天地学会更正确地理解自然规律"。⑤

从恩格斯的论述中我们可以发现，恩格斯认为自然界、人类社会和人的认识都是物质运动的各种不同的表现，也就是说，

① 《马克思恩格斯文集》第 9 卷，人民出版社，2009，第 64 页。
② 同上书，第 557 页。
③ 同上书，第 548 页。
④ 同上书，第 557 页。
⑤ 同上书，第 560 页。

他是从运动着的物质出发来解释对象的。这表明，虽然恩格斯也强调实践的重要性，提出了劳动"制造最广义的生活资料"等一系列体现实践的重要作用的观点，但是，正如王金福所说："恩格斯对实践的重要性的理解还是有很大的局限性的，还没有自觉地把科学实践观作为马克思在哲学上实现的变革的实质来理解。"① 这使恩格斯不能真正理解实践在马克思新唯物主义中的核心地位。在恩格斯看来，因为客观世界和主观世界都是运动着的物质的不同表现或其派生的，所以在他的视阈中，人的实践必然既是客观物质世界长期发展的产物，同时实践自身也在辩证运动发展，即"劳动本身经过一代又一代变得更加不同"。也就是说，从总体来看，恩格斯的实践观是辩证唯物主义实践观。在这种实践观中，实践、认识等，都只有从物质运动中才能得到合理解释。

列宁在《唯物主义和经验批判主义》中非常赞同恩格斯的"世界的真正的统一性在于它的物质性"② 的论断，并用他对这个观点的理解，批评尤什凯维奇等马赫主义者"公开乱谈马克思主义的哲学"。③ 同时，列宁还提到了恩格斯用"一切存在的基本形式是空间和时间，时间以外的存在像空间以外的存在一样，是非常荒诞的事情"来教训杜林，揭露"他没有能够把那种确实可以使唯心主义和有神论的荒诞事情失去任何立足之地的哲学观点贯彻到底"。④ 而"唯物主义……承认时间和空间的客观实在性"。⑤ 此外，列宁也指出："物质的存在不依赖于

① 王金福：《马克思的哲学在理解中的命运》，苏州大学出版社，2003，第176页。
② 《马克思恩格斯文集》第9卷，人民出版社，2009，第47页。
③ 《列宁选集》第2卷，人民出版社，2012，第135页。
④ 同上书，第139页。
⑤ 同上书，第137页。

感觉。物质是第一性的。感觉、思想、意识是按特殊方式组成的物质的高级产物。这就是一般唯物主义的观点，特别是马克思和恩格斯的观点。"①

当然，作为一个马克思主义者，列宁既坚持世界上除了运动着的物质以外什么也没有，也断定世界的这种永恒运动不是原地转圈的自我循环运动，而是由低级到高级、由简单到复杂的不断发展前进的运动，即"世界是永恒地运动着和发展着的物质"②，它在空间上不断地突破已有边界，在时间上不断地走向未来。

随着自然界的辩证运动和发展，地球上开始有了三叶虫等低等生物，继而物种发展由水生到陆生、由低等到高等，最终自然界的生物运动发展的过程发生了飞跃，在类人猿的基础上，我们这个星球上产生了人。而一当人来到世间，在外在的必要的衣食住行必需品需求的推动下，人们从事的第一个历史活动必然是生产劳动。即使是在现代工业体系中，人类社会的延续，除了需要工人从事生产，还需要农民生产粮食等，以满足生活需要。"因为要改善工人的生活状况，就需要有粮食和燃料。从整个国家经济的角度来看，现在最大的'阻碍'正是这方面引起的。要增加粮食的生产和收成，增加燃料的收购和运输，非得改善农民的生活状况，提高他们的生产力不可。"③ 这样，万万千千的工人、农民一起生产，加工改造自然对象，生产出了数量众多的生产资料和消费品。在《俄国资本主义的发展》一文中，列宁具体论述了从谷物、马铃薯的种植，一直到金属加

---

① 《列宁选集》第 2 卷，人民出版社，2012，第 51 页。
② 同上书，第 97 页。
③ 《列宁选集》第 4 卷，人民出版社，2012，第 500 页。

工业等多达二十三个行业的生产。在这些行业的所在地，如波多利斯克县克列诺沃村，"明显地表现出手工业者（主要是雇佣工人）同农业的分离，以及居民需求水平的提高：他们的生活'干净多了'，穿印花布，甚至穿呢绒，置备茶炊，抛弃旧习俗等等"。① "在喀山省，城市马车生产中出现按商品的分工：一些村只制造雪橇，另一些村只制造四轮车等等。'完全在乡村装配起来的城市马车（但是没有铁皮、车轮和车辕），送交喀山订货商，再从他们那里交给打铁手工业者去包铁皮。然后这些制品又回到城市店铺和作坊，在那里进行最后加工，即镶钉和上漆。'"② 具体到行业的组织与生产，列宁也有相关论述："大麻纺织业的组织情形如下：大业主（共有 3 个，最大的是叶罗欣）设有使用雇佣工人的作坊，并有相当多的流动资本用于购买原料。梳麻在'工厂'内进行，纺纱由女纺工在家中进行，拈线在工厂和家中进行。整经在工厂内进行，织造在工厂和家中进行。"③ 对于资本主义工场手工业最典型的例子制箱业，列宁论述道："它的组织是这样的：若干有使用雇佣工人的作坊的大业主采购材料，自己部分地制造产品，但主要是把材料分给小的局部作坊，而在自己的作坊里组装箱子的各个部件，最后加一道工，就把货物运到市场上去。分工……在生产中有了广泛的运用：制造一只完整的箱子要分 10~12 道工序，每道工序都由局部手工业者分别去做。"④

人的这些生产实践活动在前所未有的深度和广度上改变了俄国大地这片无垠荒野的运动形式，使它不断转化进入俄国人

---

① 《列宁全集》第 3 卷，人民出版社，2013，第 354 页。
② 同上书，第 359 页。
③ 同上书，第 355 页。
④ 同上书，第 358 页。

的日常生活，在成为人化的第二自然的同时，也以物质运动的形式被反映到人的大脑，成为人的观念性的认识。列宁还指出："如果进一步问：究竟什么是思维和意识，它们是从哪里来的，那么就会发现，它们都是人脑的产物，而人本身是自然界的产物，是在自己所处的环境中并且和这个环境一起发展起来的；这里不言而喻，归根到底也是自然界产物的人脑的产物，并不同自然界的其他联系相矛盾，而是相适应的。"① 因此，一方面，"物质是标志客观实在的哲学范畴"②，不依赖于人的认识；另一方面，人的认识又是对运动着的物质世界的主观反映。

列宁关于物质世界及人在生产实践中对外在对象认识反映的论述，最为集中地凸显的，都是物质的辩证运动。尽管列宁在《唯物主义和经验批判主义》的第二章中专门用整整一节（第六节）来探讨认识论中的实践标准，并提出"生活、实践的观点，应该是认识论的首要的和基本的观点"③，但他还是在承认物质运动基础性的前提下，主要只是在认识论上强调实践的重要性。这表明，列宁也没有真正理解实践在马克思新唯物主义中的核心地位。与此相联系，列宁强调指出："马克思一再把自己的世界观叫做辩证唯物主义，恩格斯的《反杜林论》（马克思读过全部手稿）阐述的也正是这个世界观。"④ 他还指出："巴扎罗夫、波格丹洛夫……所有这些人都不会不知道，马克思和恩格斯几十次地把自己的哲学观点叫做辩证唯物主义。"⑤ 因此，列宁其实也像恩格斯一样，是从运动的物质出发

---

① 《列宁选集》第 2 卷，人民出版社，2012，第 419 页。

② 同上书，第 89 页。

③ 同上书，第 103 页。

④ 《列宁专题文集：论辩证唯物主义和历史唯物主义》，人民出版社，2009，第 334 页。

⑤ 同上书，第 2 页。

去解释实践，"辩证唯物主义"地理解马克思新唯物主义中实践和认识的关系。

在《实践论》中，毛泽东把认识反映的外在对象称为"客观事物"①，是客观实际的东西。它们的存在形式表现为某一自然过程或者某一社会过程，也即客观事物是辩证运动发展的。人们投身于实践，无论他们改造世界会出现什么结果，借助于物质的生产活动，都可以"逐渐地了解自然的现象、自然的性质、自然的规律性、人和自然的关系"。② 所以，思维和存在之间存在由此及彼的桥梁。而就人们的认识来看，"不论对于自然界方面，对于社会方面，也都是一步又一步地由低级向高级发展，即由浅入深，由片面到更多的方面"。③

从《实践论》的这些观点来看，虽然毛泽东的实践观非常接近马克思新唯物主义的有关论述，但是毛泽东还是没有完全超越恩格斯与列宁的"辩证唯物主义"理解框架而彻底地回到马克思。毛泽东在《实践论》中把马克思主义哲学称为"辩证唯物论"，并且提出："理性认识依赖于感性认识，感性认识有待于发展到理性认识，这就是辩证唯物论的认识论。哲学上的'唯理论'和'经验论'都不懂得认识的历史性或辩证性。"④ 因此，毛泽东的《实践论》总体上是在"辩证唯物主义"的框架内阐释新唯物主义的实践观，他在理解实践与认识关系时表现出来的向马克思的走近，在一定程度上突破了"辩证唯物主义"的理解模式，体现出了某种意义上的回归马克思的倾向。

---

① 中共中央文献研究室、中央档案馆编《建党以来重要文献选编（1921~1949）》第14册，中央文献出版社，2011，第460页。
② 《毛泽东选集》第1卷，人民出版社，1991，第282~283页。
③ 同上书，第283页。
④ 同上书，第291页。

第二节 　《实践论》与中国传统文化中的
知行观

中国哲学史上较早就有人探讨过知和行的问题。《尚书》中说的"知之非艰，行之惟艰"①，是能发现的中国用文字记载的较早的有关"知和行关系"的论述。它强调知易行难，有一定的积极意义。但是，这种观点并没有具体说明行相对知的基础性意义和知对行的指导性作用，而仅仅是对知和行关系的萌芽性表述。

春秋时期，孔子说："吾非生而知之者，好古，敏以求之者也。"② 但是，他同时又强调："生而知之者，上也；学而知之者，次也；困而学之，又其次之；困而不学，民斯为下矣。"③ 因此，在他看来，尧、舜、文王、周公等一类少数上等有大智慧的圣人的知识，是先于经验、先于实践的，是生来就有的。不难看出，在孔子那里，知和行的关系是矛盾的。一方面，孔子肯定"吾非生而知之者"；另一方面，又说"生而知之者，上也"，他们不需要行动、实践就能够获得知识。这说明，孔子没有也无法解决知和行的关系问题，他能做的就是在知和行的两极不停地摇摆，并最终因为他肯定"生而知之"，认为"文王既没，文不在兹乎"④，从而倒向了唯心主义。

孟子在主观唯心主义的方向发挥了"生而知之"的观点。

---

① 《尚书·商书·说命中》。
② 《论语·述而》。
③ 《论语·季氏》。
④ 《论语·子罕》。

他以"今人乍见孺子将入于井，皆有怵惕恻隐之心"① 为例提出："恻隐之心，人皆有之；羞恶之心，人皆有之；辞让之心，人皆有之；是非之心，人皆有之。"② 这四种"心"，都不是为了要在朋友和乡亲中获得一个好名声，也不是为了要讨好某人；而是人完全从自己天生的自然本性中生发出来的。孟子还说："恻隐之心，仁之端也；羞恶之心，义之端也；辞让之心，礼之端也；是非之心，智之端也。"③ 意思是说，仁、义、礼、智——人的四种最基本的道德品质，是从四种"心"发端而来的。所以，孟子说："仁义礼智，非由外铄我也，我固有之也，弗思耳矣。"④ 据此，孟子指出："人之所不学而能者，其良能也，所不虑而知者，其良知也。"⑤ 在孟子那里，人天生就有良知、良能；不需要实践，就可以认识。这是其知行观方面一种赤裸裸的主观唯心主义观点。孟子从根本上否定了实践在认识过程中的基础性作用，因此，孟子所说的"不学而能"的知行观，本质上是一种颠倒性的知行观。他肯定了人的力量、抬高了人的地位，说人可以"不学而能""不虑而知"；但是他走上了一条极端的道路，脱离了实践，无限地夸大了个人的能力。因而他所说的"良知""良能"也只能是虚无缥缈的东西，永远不可能在现实中出现。

北宋时期，程颢发展了孟子的主观唯心主义知行观，提出："尝喻以心知天，犹居京师往长安，但知出西门便可到长安，此犹是言作两处，若要诚实，只在京师，便是到长安，更不可别

---

① 《孟子·公孙丑章句上》。
② 《孟子·告子上》。
③ 同上。
④ 同上。
⑤ 《孟子·尽心上》。

求长安。只心便是天，尽之便知性，知性便知天。当处便认取，更不可外求。"① 由此可见，程颢认为，人的内心是真理的来源；人要认识真理，不必外求于物，而是必须内求于心。南宋的陆九渊在知行观上也持主观唯心主义立场。他认为："人皆有是心，心皆具有理，心即理也。"② 并且，他还认为，一切人的心只是一心："某之心，吾友之心，上而千百载圣贤之心，下而千百载复有一圣贤，其心亦只如此。"③ 在陆九渊看来，"心"是具有普遍意义的理，是人认识产生的本源。"收拾精神，自作主宰万物皆备于我，有何欠缺？当恻隐时，自然恻隐；当羞恶时，自然羞恶；当宽裕温柔时，自然宽裕温柔；当发强刚毅时，自然发强刚毅。"④ 陆九渊还说："心之体甚大，若能尽我之心，便与天同。"⑤ 同时，因为"夫所以害吾心者何也？欲也……故君子不患乎心之不存，而患乎欲之不寡"，因而人为学修养，当存"心"去欲，"欲去则心自存矣"。⑥ 明代以降，王守仁进一步发展了主观唯心主义的知行观。他断言："夫物理不外于吾心，外吾心而求物理，无物理矣。遗物理而求吾心，吾心又何物耶？"⑦ 这样一来，"理"都在"心"中，"心"外无"理"。

与孟子等主观唯心主义者不同，道家学派创始人老子从"道"的概念出发阐发了客观唯心主义性质的知行观。他认为："道之为物，惟恍惟惚。惚兮恍兮，其中有象；恍兮惚兮，其中

---

① 《二程遗书》第 2 卷上。
② 《陆九渊集》第 11 卷。
③ 《陆九渊集》第 35 卷。
④ 同上。
⑤ 《陆九渊集》第 11 卷。
⑥ 《陆九渊集》第 32 卷。
⑦ 《传习录中·答顾东桥书》。

有物。窈兮冥兮，其中有精；其精甚真，其中有信。"① 在他看来，一切都在恍恍惚惚之中，好像有某种实物，又好像有某种形象，幽远深邃，不可捉摸。"视之不见，名曰夷。听之不闻，名曰希。搏之不得，名曰微。"② 老子所说的"道"，无体、无形、无声，看不见、摸不着，也听不到。"其上不皦，其下不昧，绳绳兮不可名，复归于无物。是谓无状之状，无物之象，是谓恍惚。迎之不见其首，随之不见其后。"③ 与"道"本身处于一种看不到前后、分不清上下的无分别的状态相关，人们无法给"道"一个确切的名称，最终实际上是将它归结为什么也没有。不过，"道"虽然"无名"抽象，却是"天地之始"。④ "渊兮，似万物之宗。"⑤ 包括人的认识在内，一切都是从"道"派生出来的。其具体派生方式为："道生一，一生二，二生三，三生万物。"⑥ "天得一以清；地得一以宁；神得一以灵；谷得一以盈；万物得一以生；侯王得一以为天下贞（正）。"⑦ 南宋的客观唯心主义学者朱熹也认为："所谓致知在格物者，言欲致吾之知，在即物而穷其理也。盖人心之灵，莫不有知，而天下之物，莫不有理。"⑧ 在格物的行动与认识的理的相互关系方面，朱熹认为："夫泛论知行之理，而就一事之中以观之，则知之为先，行之为后，无可疑者。"⑨ 与此相联系，"若讲得道理明时，自是

---

① 《道德经》第 21 章。
② 《道德经》第 14 章。
③ 同上。
④ 《道德经》第 1 章。
⑤ 《道德经》第 4 章。
⑥ 《道德经》第 42 章。
⑦ 《道德经》第 39 章。
⑧ 《大学章句》。
⑨ 《答吴晦叔》。

事亲不得不孝,事兄不得不弟,交朋友不得不信"。①

与唯心主义者的知行观相对立,战国后期的荀子较早提出了唯物主义性质的知行观。他指出:"故不登高山,不知天之高也。不临深溪,不知地之厚也。不闻先王之遗言,不知学问之大也。"② 很明显,在知和行的关系上,荀子是赞同先行后知的。荀子认为,只有通过实践,人才能获得关于客观世界的知识,从而肯定了行或实践是认识的源泉,具有鲜明的唯物主义倾向。在他看来,鉴于人"形具而神生,好恶喜怒哀乐臧焉"③,精神活动必须依赖"形",人天生并不具有良知良能。这是因为,"凡以知,人之性也;可以知,物之理也"。④ 所以,外在的客观事物、客观世界是可知的,思维和存在具有同一性。明清时期的王夫子批判了程、朱的知先行后观点和王守仁的知行合一学说,指出:"知行之分,有从大段分界限者,则如讲求义理为知,应事接物为行是也。乃讲求之中,力其讲求之事,则亦有行矣。"⑤ 王夫之还指出:"知也者,固以行为功者也;行也者,不以知为功者也。行焉,可以得知之效也;知焉,未可以得行之效也。"⑥ 因此,知依赖行,行不依赖知,由知未必能够检验行的效果,由行则可以检验知的效果。

可见,在中国传统文化中,对于知和行的关系,有不少论者站在唯心主义的立场上运思;即使是站在唯物主义的立场上,也没有在彻底的意义上真正做到把知和行作为对立统一的范畴,

---

① 《朱子语类》第 9 卷。
② 《荀子·劝学》。
③ 《荀子·天论》。
④ 《荀子·解蔽》。
⑤ 《读四书大全说·中庸》。
⑥ 《尚书引义》第 3 卷。

辩证地论述在实践基础上知和行的对立统一的关系，而是多偏向一方，把辩证法排除在自己的视野之外。因此，他们都没有达到历史唯物主义知行观的高度。

一方面，毛泽东坚持马克思主义唯物论，因而能在唯物辩证地理解实践的基础上批判继承前人的观点，克服前人的不足。毛泽东继承了荀子等人在知行观上的唯物主义观点，认为："一切这些知识，离开生产活动是不能得到的。"① 这种"人只能先行而后知"的认识，事实上也是对唯心主义知行观的批判性反驳。在《路德维希·费尔巴哈和德国古典哲学的终结》中，恩格斯提出："全部哲学，特别是近代哲学的重大的基本问题，是思维和存在的关系问题。"② 在我国，先民们很早就开始了这种有关物质和意识关系的思考。章嵚在《中华通史》中指出，在黄帝前后的文明孕育时代，"初民之所知者，思夫人之生存，言语动作，超越于物类，一旦身死，则必有所归；而其言语动作，或有为生人之所未及见者。《说文》'人所归为鬼'，然则鬼者归也；故古者谓'死人'为'归人'，犹鬼之义也"。③ 这样，就自然而然出现了对"物质性的人"与"精神性的鬼"相互关系的追问。与此同时，自然现象（风、雨、雷、电等）在给先民带来风调雨顺的福泽的时候，也以其威力无穷的"天威"让人像牲畜一样臣服于自然界。"因是而有'三皇长寿'之说，因是而有'共工触山'之说，因是而有'女娲补天'之说，因是而有'蚩尤征召风雨'之说。而其说之最为离奇者，则九天玄女，授黄帝以兵书；术士伍胥，说黄帝以攻城之术是也。大抵

---

① 《毛泽东选集》第1卷，人民出版社，1991，第283页。
② 《马克思恩格斯文集》第4卷，人民出版社，2009，第277页。
③ 章嵚：《中华通史》上，东方出版社，2014，第200~201页。

古初诸教，以神仙之说为最明，其论虽或出于后世方士所假托，而方士假托之始，则必有影响之可寻求。故'黄帝上天'之说，虽以汉司马迁之博识，犹采述之！"① 补天的女娲、征召风雨的蚩尤等，这些神仙与先民在现实生活中所看到的风、雨、雷、电等相互对立，两者的关系，也成了先民迫切想要弄明白的问题。它与"灵与肉的追问"一起，相互缠绕，不断抽象化，最终成为"哲学基本问题"。根据对哲学基本问题的不同回答，凡认为物质第一性、精神第二性，精神是物质派生的观点，在哲学上就属于唯物主义；凡认为精神第一性、物质第二性，物质是精神派生的观点，在哲学上就属于唯心主义。从意识是自然界长期发展的结果来看，唯物主义坚持物质第一性，毫无疑问是主观与客观相符合的真理性认识。毛泽东在《实践论》中肯定"人的认识，主要地依赖于物质的生产活动"②，就是在知行观上以辩证否定的方式克服了传统文化中的唯心主义，保留了旧唯物主义的唯物性，这也是他们知行观上的真理性。

另一方面，毛泽东的《实践论》辩证扬弃了传统文化中唯物主义者"离开人的社会性，离开人的历史发展，去观察认识问题"③，去阐发他们的知行观的局限，建立了以实践为基础的辩证的知行观。

我国传统文化中的唯物主义者有关知和行关系的论述，多聚焦于认识的产生、行的地位和作用、知和行的相互关系等。在他们的视域中，不仅认识的获取大多疏离主体的能动性、创造性，因此，人的生机勃勃的认识过程，就被这些唯物主义者

---

① 章嵚：《中华通史》上，东方出版社，2014，第196~197页。
② 《毛泽东选集》第1卷，人民出版社，1991，第282页。
③ 同上。

阐述成了机械、呆板的"照相"过程。而且，知和行两者之间相互联系、相互作用、相互促进的辩证运动，也被人为阉割掉了。这样的结果就是：其一，行只是获取知的外在工具或者手段。行相对于知当然重要，不过知（或认识）是对客观外物、客观对象的知（或认识），行只是联结知和外在感性对象的中介。旧唯物主义者没有看到，在他们的生活中，行具有决定性、基础性的地位。人们吃的粮食是靠劳动生产出来的，喝的开水是烧开的，穿的衣服是依靠人飞针走线缝制出来的，住的住宅也是人们的双手一砖一瓦盖起来的。总之，人们社会生活中的所有对象，包括人自身，都是人通过行创造出来的。正如马克思所说："全部社会生活在本质上是实践的。"① 人的活动的对象，就是行本身。因此，行不是知外在的工具，它内在于知当中，是知的基础，也是知的对象。其二，传统的旧唯物主义者割裂了运动与发展、有限和无限、相对与绝对的辩证关系。他们尽管承认知和行的矛盾对立，但是这种矛盾对立只是形而上学的矛盾对立。在这种僵死、凝固的对立中，他们从运动中看不到发展，在相对中看不到绝对，在有限中看不到无限。

毛泽东在《实践论》中辩证批判了旧唯物主义知行观的这种局限性。他指出："人的社会实践，不限于生产活动一种形式，还有多种其他的形式，阶级斗争，政治生活，科学和艺术的活动，总之社会实际生活的一切领域都是社会的人所参加的。因此，人的认识，在物质生活以外，还从政治生活文化生活中（与物质生活密切联系），在各种不同程度上，知道人和人的各

---

① 《马克思恩格斯文集》第 1 卷，人民出版社，2009，第 501 页。

种关系。"① 由于"社会实际生活的一切领域都是社会的人所参加的",所以社会实际生活的一切领域都是行生成的东西,本质上都实践的,都不在知之外,都是认识的对象。并且,在这个认识活动中,毛泽东举例说:"战争的领导者,如果他们是一些没有战争经验的人,对于一个具体的战争(例如我们过去十年的土地革命战争)的深刻的指导规律,在开始阶段是不了解的。他们在开始阶段只是身历了许多作战的经验,而且败仗是打得很多的。然而由于这些经验(胜仗,特别是败仗的经验),使他们能够理解贯串整个战争的内部的东西,即那个具体战争的规律性,懂得了战略和战术。"② 这意味着,在具体的认识过程中,对于上述战争领导者等人而言,其认识对象不是机械的、被动的,他们不断积极、主动地从战争中特别是败仗中吸取经验,从而不断增加自己的战争知识积累,提高自己的作战水平。当然,在一次甚至两次从战争中成功总结了战争的经验,并不表明认识运动已经结束。毛泽东说:"认识运动至此还没有完结。辩证唯物论的认识运动,如果只到理性认识为止,那末还只说到问题的一半。而且对于马克思主义的哲学说来,还只说到非十分重要的那一半。马克思主义的哲学认为十分重要的问题,不在于懂得了客观世界的规律性,因而能够解释世界,而在于拿了这种对于客观规律性的认识去能动地改造世界。在马克思主义看来,理论是重要的,它的重要性充分地表现在列宁说过的一句话:'没有革命的理论,就不会有革命的运动。'然而马克思主义看重理论,正是,也仅仅是,因为它能够指导行动。如果有了正确的理论,只是把它空谈一阵,束之高阁,并不实

---

① 《毛泽东选集》第 1 卷,人民出版社,1991,第 283 页。
② 同上书,第 289 页。

行，那末，这种理论再好也是没有意义的。认识从实践始，经过实践得到了理论的认识，还须再回到实践去。认识的能动作用，不但表现于从感性的认识到理性的认识之能动的飞跃，更重要的还须表现于从理性的认识到革命的实践这一个飞跃。抓着了世界的规律性的认识，必须把它再回到改造世界的实践中去，再用到生产的实践、革命的阶级斗争和民族斗争的实践以及科学实验的实践中去。"① 事实上，"我们的结论是主观和客观、理论和实践、知和行的具体的历史的统一"。② 这意味着，人们致力于"通过实践而发现真理，又通过实践而证实真理和发展真理。从感性认识而能动地发展到理性认识，又从理性认识而能动地指导革命实践，改造主观世界和客观世界"。③ 人们不断地在自己的现实生活中进行实践，通过实践活动获取对对象的认识，并通过从理性认识到实践的第二次飞跃，进一步推动人的认识的发展，这就是毛泽东在《实践论》中阐发的辩证唯物主义认识论，就是知和行对立统一的马克思主义知行观。

---

① 《毛泽东选集》第 1 卷，人民出版社，1991，第 292 页。
② 同上书，第 296 页。
③ 同上。

第四章 《实践论》与西方马克思主义思潮的实践观

20世纪20年代，马克思主义开始出现深刻的分化，在以恩格斯、列宁、斯大林等为代表的传统马克思主义以外，以青年卢卡奇（Szegedi Lukács）的《历史与阶级意识》和卡尔·柯尔施（Karl Korsch）的《马克思主义和哲学》为发端，出现了一股西方马克思主义思潮。这些学者不满意从恩格斯开始产生重大影响的"辩证唯物主义"哲学架构，不断在他们的视域中张扬实践的张力，形成了西方马克思主义关于实践的独特理解。因此，我们很有必要将《实践论》中的实践观与西方马克思主义思潮的实践观进行比较，在分析西方马克思主义思潮对历史唯物主义的"走近"和"偏离"的同时，进一步凸显《实践论》的本真意蕴与革命精神。

第一节 《实践论》和葛兰西的实践观

当今时代，关于西方马克思主义这个概念，在不同的论者那里有不同的含义。有学者将西方马克思主义者仅仅限定为青年卢卡奇、柯尔施、安东尼奥·葛兰西（Antonio Gramsci）等极其有限的几个人物。有学者把当代西方国家"对马克思主义传统、对马克思的事业和社会理想保持着某种理论和实践的忠诚"① 的思想流派都归为西方马克思主义。也有学者将西方马克思主义与后现代马克思主义、后马克思主义思潮、晚期马克思主义加以区分。学者汪行福指出："法国 1968 年的学潮和阿多诺的《否定辩证法》标志着西方马克思主义思潮在政治上和哲学上已经终结。"② 张一兵也指出："惟有通过一种新的历史性理论逻辑界说来反省这一现象，即指认西方马克思主义的历史终结并建构出后现代马克思主义、后马克思主义思潮和晚期马克思主义的并存新格局，才能重新审视国外马克思主义哲学发展的新动向。"③ 而在内延方面，西方马克思主义是"对区别'正统马克思'的某一类马克思主义思潮的总体称谓，它主要流行于西方发达资本主义国家。这些思潮都基于某种哲学或文化理论提出了对马克思哲学的独特见解，因此，在总体上并不统一。它们的共同旨趣在于激活马克思哲学的批判精神，对发达资本主义社会现实和意识形态展开新的批判"。④ 其历史演进大体可分为四个时期：理论思想准备时期，发端时期，人本主义倾向深化和变异时期，内部冲突、转向和终结时期。⑤ 在外延方面，西方马克思主义流派一般是指从 20 世纪 20 年代到 80 年代中期，包括青年卢卡奇、柯尔施、葛兰西、恩斯特·布洛赫（Ernst Bloch）等早期学者，法兰克福学派的马克斯·霍克海默（Max Horkheimer）、西奥多·阿多诺（Theodor Adorno）、瓦

---

① 汪行福：《"西方马克思主义"已经终结了吗？——与张一兵教授商榷》，《学术月刊》2006 年第 10 期。
② 同上。
③ 张一兵：《文本的深度耕犁——西方马克思经典文本解读》，中国人民大学出版社，2004，第 3 页。
④ 张一兵等：《西方马克思主义哲学的历史逻辑》，南京大学出版社，2003，第 22 页。
⑤ 同上书，第 17~19 页。

尔特·本雅明（Walter Benjamin）、赫伯特·马尔库塞（Herbert Marcuse）、阿尔弗雷德·施密特（Alfred Sehmidt），弗洛伊德主义马克思主义者威廉·赖希（Wilhelm Reich）、艾瑞克·弗洛姆（Erich Fromm），存在主义马克思主义者亨利·列斐伏尔（Henri Lefebvre）、梅洛-庞蒂（Maurice Merleau-Ponty）、让-保罗·萨特（Jean-Paul Sartre），实证主义马克思主义者德拉-沃尔佩（Galvano Della-Volpe）以及结构主义马克思主义者路易·皮埃尔·阿尔都塞（Louis Pierre Althusser）等。至于生态马克思主义、后马克思主义、后现代马克思主义等思潮，则以各自不同的方式事实上疏离了"西方马克思主义"原初对立的学理"镜像"。

因为西方马克思主义代表人物众多，限于篇幅，本书主要选取了葛兰西、南斯拉夫实践派和阿尔都塞等的实践观，来考察其与《实践论》中的实践观的异同。

意大利的葛兰西是西方马克思主义发端时期的代表人物，他关于实践的理解构成了西方马克思主义者早期对实践认识的重要内容。他提出："在哲学中，统一的中心是实践，就是说，是人的意志（上层建筑）和经济基础之间的关系。"[①] 因此，实践是一种主客体相互作用的客观物质活动，"但不能简单地说实践是某种实体"，而是"主体到客体的运动"。并且，实践"不是僵死不变的物质活动，而是一个生机勃勃、不断向前的历史过程"。[②] "与抽象主体和客体相比，作为两者中介的实践恰恰更为重要。"[③] 在理论和实践的关系上，"既然每一种活动都是各种

①　〔意〕葛兰西：《实践哲学》，徐崇温译，重庆出版社，1990，第91页。
②　张一兵等：《西方马克思主义哲学的历史逻辑》，南京大学出版社，2003，第78页。
③　同上书，第79页。

不同的意志的产物，都具有不同程度的剧烈性和自觉性，和整个集体意志复合体的不同程度的同质性，那么，很清楚，符合于这种活动和暗含在这种活动中的理论，也将是同样杂乱和异质的信念和观点的结合。然而，在这些条件下和限度内，理论仍然是依附于实践的。如果要提出理论和实践的同一问题，那么，可以在这个意义上去做，就是说，人们可以在特定的实践的基础上去建构一种理论，这种理论由于和实践本身的决定性要素相一致和同一，所以能够加速正在进行的历史过程，使得实践在其一切要素上都更为同质、更为融贯、更加有效，从而把它的潜力发挥到最大限度。或者，假定这样一种理论立场：人们能组织对于要加以实现的理论来说是必不可少的实践要素。理论和实践的同一是一种批判的行动，通过这种行动，实践被证明是合理的和必要的，而理论则被证明是现实主义的和合理的。这就是理论和实践的同一性问题"。① 在这个意义上，为了避免唯我论，同时避免认为思维是一种感受的机械论，就必须用一种"历史主义的"方式来提出问题，同时把"意志"（归根到底它等于实践活动或政治活动）当成哲学的基础。② 这样，"实践是马克思主义哲学统一的中心，马克思主义则是一种实践的一元论"。③ "在这种场合下，'一元论'此词的意思是什么？它肯定不是唯心主义的一元论，也不是唯物主义的一元论，而是具体历史行为中对立的同一性，那就是与某种被组织起来（历史化）的'物质'，以及与被改造过的人的本性具体地、不可分解地联结起来的人的活动……中的对立的同一性。"④

① 〔意〕葛兰西：《实践哲学》，徐崇温译，重庆出版社，1990，中译本序言第19页。
② 参见上书，第50~51页。
③ 张一兵等：《西方马克思主义哲学的历史逻辑》，南京大学出版社，2003，第79页。
④ 〔意〕葛兰西：《实践哲学》，徐崇温译，重庆出版社，1990，第58页。

　　显而易见，葛兰西认为实践活动是"人的意志（上层建筑）和经济基础之间的关系"，是主体和客体"两者的中介"，因此，在他的视域里，实践是标志主客体关系的范畴。毛泽东在《实践论》中也认为，实践是主观和客观的中介，是标志主客体关系的范畴。另外，葛兰西认为："实践不是僵死不变的物质活动，而是一个生机勃勃、不断向前的历史过程。"① 毛泽东也提出："实践、认识、再实践、再认识，这种形式，循环往复以至无穷，而实践和认识之每一循环的内容，都比较地进到了高一级的程度。"② 这就在认识总规律的阐发中，肯定了实践是一种不断由低级到高级运动的历史过程。不过，葛兰西视域中的实践观和毛泽东通过《实践论》等阐述的实践观还是有很大的不同。在《实践论》中，毛泽东认为，实践范畴是马克思主义哲学认识论中的首要的、基本的范畴，马克思主义哲学是辩证唯物主义哲学；而葛兰西认为，"马克思主义则是一种实践的一元论"，并且这种"一元论""是具体历史行为中对立的同一性"。这样，葛兰西实质上由此走向了超越论，断定马克思主义哲学"肯定不是唯心主义一元论，也不是唯物主义一元论"。③

第二节　《实践论》和南斯拉夫实践派的实践观

　　在葛兰西等人之后，20 世纪 30 年代西方马克思主义进入了人本主义倾向深化和变异时期。以《1844 年经济学哲学手稿》为基础，西方马克思主义"迅速系统地勾画出了一个'马克思

①　张一兵等：《西方马克思主义哲学的历史逻辑》，南京大学出版社，2003，第 78 页。
②　《毛泽东选集》第 1 卷，人民出版社，1991，第 296~297 页。
③　〔意〕葛兰西：《实践哲学》，徐崇温译，重庆出版社，1990，第 58 页。

主义'的人学框架，并由此奠定了西方马克思主义哲学的新人学主导本质"。①

南斯拉夫实践派是西方马克思主义在这一时期的代表。总的来看，作为 20 世纪 40 年代末至 70 年代在南斯拉夫产生广泛影响的一种哲学思潮，南斯拉夫实践派的共同基础是与南斯拉夫历史条件一致的实践态度，而不是一种理论学说。其成员对实践的看法很有特色。他们提出："实践这一特殊的人类活动，同物质（以及被物化了的人类存在）世界之外部的、严格的规定性不同，是以自决为特征的，即人自觉地、有目的地投身于实践之中，并通过实践去实现人之特殊的、自由选择的可能性。"② 为此，他们指出："必须把实践（praxis）同关于实践（practice）的纯认识论范畴区分开来。'实践'（practice）仅指主体变革客体的任何活动，这种活动是可以被异化的。而'实践'（praxis）则是一个规范概念，它指的是一种人类特有的理想活动，这种活动就是目的本身，并有其基本的价值过程，同时又是其他一切活动形式的批判标准。也不应把'实践'（praxis）同劳动和物质生产等同起来。后者属于必需的领域，是人类生存的必要条件，必然包括不同的作用、固定的操作、从属关系和等级制度。只有当劳动成为自由的选择，并为个人的自我表现和自我完善提供一种机会时，劳动才成为实践（praxis）。"③ 不过，他们还认为："对人来说，实践是一种根本的可能性，但在某种不利的历史条件下，这种可能性的实现会受到阻碍。个人的实际存在和潜在本质之间的这种差异，即实

---

① 张一兵等：《西方马克思主义哲学的历史逻辑》，南京大学出版社，2003，第 101 页。
② 〔南〕马尔科维奇等：《南斯拉夫"实践派"的历史和理论》，郑一明等译，重庆出版社，1994，第 26 页。
③ 同上书，第 23 页。

有和应有之间的差异，就是异化。"① 与此相关，"这里，真理的概念比起一般的认识论概念更为宽泛：一方面，真理要与现实相一致（真理的描述概念）；另一方面，真理又要与理想的标准和基本的可能性相一致"。② 也就是说，评判真理的标准只能是实践。

同时，因为"'实践'这个词既包括主体即活动的人，也包括客体即人在其中活动并通过其活动改造了的环境。所以，辩证实践的基本事实在于预设了一种物质基础的存在，从而为人类干预的各种选择模式留下了余地"。③ 这意味着，人与自然辩证关系的基础是实践。南斯拉夫实践派视野中的作为人与自然辩证关系基础的实践，在很大程度上就具有人与自然之"本"的地位或身份。甚至有一些学者更进一步，把这种关于人与自然辩证关系的理解明确解读为以实践为本的本体论。这些学者提出："世界的统一性（由于对人而言只存在人的、历史性的世界），一方面不在于上帝、精神或精神性，另一方面也不在于其物质性，而在于人的创造性活动，在于实践。"④ 这样，实践就是人与自然之本。

一方面，南斯拉夫实践派把实践当成"主体变革客体的任何活动……并通过这种活动改造世界、实现其特殊潜能，满足其他人的需要"⑤，毛泽东也赞成这种看法。他说，"人的社会实践，不限于生产活动一种形式，还有多种其他的形式"，"从事

---

① 〔南〕马尔科维奇等：《南斯拉夫"实践派"的历史和理论》，郑一明等译，重庆出版社，1994，第23页。
② 同上书，第24~25页。
③ 同上书，第7页。
④ Milan Kangrga: *Etički Problem u djelu Karla Marxa*, Beograd: Nolit, 1980, pp. 220-221.
⑤ 〔南〕马尔科维奇等：《南斯拉夫"实践派"的历史和理论》，郑一明等译，重庆出版社，1994，第23页。

生产活动"，就可以"解决人类物质生活问题"。① 因此，生产活动是一种生产物质生活资料、满足人类物质生活需要的创造性活动。在这一点上，南斯拉夫实践派学者的观点和毛泽东的观点是相似的。

对南斯拉夫实践派来说，实践这种创造性的活动还是评判真理的现实或者理想的标准，这与传统的马克思主义哲学中的实践是检验真理的唯一标准的理论也有很大的相似性。毛泽东也认为，"只有人们的社会实践，才是人们对于外界认识的真理性的标准"②，因而与南斯拉夫实践派在这个方面也具有相似性。

关于南斯拉夫实践派阐发的实践的异化及其对人们认识活动的影响，尽管在《实践论》中毛泽东没有直接提及，但他通过间接的方式也论及了这个问题。他指出："社会的发展到了今天的时代，正确地认识世界和改造世界的责任，已经历史地落在无产阶级及其政党的肩上。这种根据科学认识而定下来的改造世界的实践过程，在世界、在中国均已到达了一个历史的时节——自有历史以来未曾有过的重大时节，这就是整个儿地推翻世界和中国的黑暗面，把它们转变过来成为前所未有的光明世界。无产阶级和革命人民改造世界的斗争，包括实现下述的任务：改造客观世界，也改造自己的主观世界——改造自己的认识能力，改造主观世界同客观世界的关系。地球上已经有一部分实行了这种改造，这就是苏联。他们还正在促进这种改造过程。中国人民和世界人民也都正在或将要通过这样的改造过

---

① 《毛泽东选集》第 1 卷，人民出版社，1991，第 283 页。
② 同上书，第 284 页。

程。"① 只有在"社会的发展到了今天的时代",即在社会主义社会里,"正确地认识世界和改造世界的责任"才"历史地落在无产阶级及其政党的肩上"。特别是,在社会主义国家苏联,已经实行了"改造自己的认识能力,改造主观世界同客观世界的关系",因此,在事情的另外一面,也就是说,在先前人类社会发展的任何一个阶段,如原始社会、奴隶社会、封建社会、资本主义社会里,人们都没有实现正确地认识世界和改造世界,没有正确地实行这种主观世界和客观世界的改造。在这些社会中,人们的实践在某种不利的历史条件下,主要是在阶级斗争的作用下,这种可能性的实现受到了阻碍,影响到了他们正确认识世界和改造世界。有关这个方面的情况,其实早在 1927 年 3 月毛泽东撰写的《湖南农民运动考察报告》一文中就有具体描述:"无情的地主总是要从佃农身上取得东西,却不肯花几个大钱修理塘坝,让塘干旱,饿死佃农,他们却只知收租。"② 在 1945 年4 月的《论联合政府》中,毛泽东又一次指出:"在中国解放区,敌人的摧残是异常严重的;水、旱、虫灾,也时常发生。"③这些事实的存在,在很大程度上阻碍了人们正确认识世界和改造世界。

另一方面,与葛兰西相类似,南斯拉夫实践派学者也认为实践是整个马克思主义哲学体系的一元性核心。例如,米哈伊洛·马尔科维奇(Mihailo Marlcovic)就说:"在这场辩论中,主张马克思主义哲学的核心范畴是自由人的创造性活动——实

---

①　《毛泽东选集》第 1 卷,人民出版社,1991,第 296 页。

②　同上书,第 41 页。

③　《毛泽东选集》第 3 卷,人民出版社,1991,第 1041 页。

践——的观点占了优势。"① 他自己也认为，马克思哲学是"建立在实践概念基础上的哲学"。② 从表面来看，这似乎与马克思在新唯物主义思想发展阶段关于实践的看法相一致，但实际上南斯拉夫实践派想要肯定的是整个马克思主义的基础"不在于上帝、精神或精神性，另一方面也不在于其物质性，而在于人的创造性活动，在于实践"。③ 这种超越唯心主义和唯物主义两者之上的对实践的解读，毋庸置疑偏离了马克思的历史唯物主义，也与毛泽东在《实践论》中始终坚持的辩证唯物论完全不同。这表明，毛泽东和南斯拉夫实践派在这一点上不是同路人。

此外，在南斯拉夫实践派学者看来，不应把实践同劳动和物质生产等同起来。后者属于必需的领域，是人类生存的必要条件。只有当劳动成为自由的选择，并为个人的自我表现和自我完善提供一种机会时，劳动才成为实践。这与《实践论》中对实践的看法也有差异。毛泽东说："总之社会实际生活的一切领域都是社会的人所参加的。"④ 因此，生产活动、阶级斗争等实践活动，都是社会实际生活中的现实活动，而不是理想活动。并且，在《实践论》中毛泽东明确指出："首先，马克思主义者认为人类的生产活动是最基本的实践活动，是决定其他一切活动的东西。"⑤ 南斯拉夫实践派学者把人类生存必要的劳动排除在实践活动以外，这是与《实践论》中的看法相悖的。

在《资本论》中，马克思论述道："自由王国只是在必要性

---

① 〔南〕马尔科维奇等：《南斯拉夫"实践派"的历史和理论》，郑一明等译，重庆出版社，1994，第13页。

② 同上书，第28页。

③ Milan Kangrga：*Etički Problem u djelu Karla Marxa*，Beograd：Nolit，1980，pp. 220-221.

④ 《毛泽东选集》第1卷，人民出版社，1991，第283页。

⑤ 同上书，第282页。

和外在目的规定要做的劳动终止的地方才开始；因而按照事物的本性来说，它存在于真正物质生产领域的彼岸。像野蛮人为了满足自己的需要，为了维持和再生产自己的生命，必须与自然搏斗一样，文明人也必须这样做；而且在一切社会形式中，在一切可能的生产方式中，他都必须这样做。这个自然必然性的王国会随着人的发展而扩大，因为需要会扩大；但是，满足这种需要的生产力同时也会扩大。这个领域内的自由只能是：社会化的人，联合起来的生产者，将合理地调节他们和自然之间的物质变换，把它置于他们的共同控制之下，而不让它作为一种盲目的力量来统治自己；靠消耗最小的力量，在最无愧于和最适合于他们的人类本性的条件下来进行这种物质变换。但是，这个领域始终是一个必然王国。"① 人为了满足再生产自己生命的需要，一刻也不能停止生产劳动，自由王国尽管随着生产力的发展在不断扩大，但它总在现实生活的彼岸，我们生活的"这个领域始终是一个必然王国"。因此，南斯拉夫实践派学者追求的成为自由的选择并为个人的自我表现和自我完善提供一种机会的完全自由的劳动，只是他们在自己书斋中的奇思妙想，也偏离了马克思本人在《资本论》中所表达的观点。

第三节 《实践论》和阿尔都塞的实践观

作为对 20 世纪西方哲学二分为科学主义和人本主义图景的反应，西方马克思主义也二分为两种相互对立的思想流派：科学主义马克思主义与人本主义马克思主义。其中，人本主义马克思主义是马克思主义多样化格局中影响重大，代表人物众

① 《马克思恩格斯文集》第 7 卷，人民出版社，2009，第 928～929 页。

多，与恩格斯、列宁和斯大林等相对立的一股坚持马克思主义人本主义构想的思潮。主要包括：在 20 世纪 20 年代就出现了的以青年卢卡奇、柯尔施、葛兰西和布洛赫等为代表的非正统马克思主义；发端于 30 年代，以霍克海默、马尔库塞和施密特等人为代表的法兰克福学派；列斐伏尔的日常生活批判理论；萨特的存在主义马克思主义；赖希的弗洛伊德主义马克思主义；以马尔科维奇等为核心的南斯拉夫实践派。科学主义马克思主义依附于现代西方科学主义思潮，其主要代表是意大利实证主义马克思主义者德拉-沃尔佩和法国结构主义马克思主义者阿尔都塞。德拉-沃尔佩曾专门写过《逻辑是一门实证科学》等与马克思主义相关，又尽显其研究立场的著作。因此，他是有意在经验自然科学的逻辑中，主要是在以伽利略主义为代表的实验科学的唯物主义逻辑中，寻找马克思唯物主义理论的思想渊源。阿尔都塞则说："在 1965 年的春天，我们在《阅读〈资本论〉》的某些段落里却没有始终能够说得恰到好处，我们同结构主义术语的'调情'肯定超过了所能允许的限度，因而批评我们的人（除去个别例外）也都觉得这是滑稽可笑的。"然而，他又肯定地说："在论文中毕竟也提出了某些值得深思的初步意见。比如说，我总是怀疑结构主义怎么能吞得下和消化得了诸如'最后决定'、'主从关系'、'多元决定'这类范畴。"① 所以，他猜测道："人们显然为了图省事，就硬说我们是'结构主义者'。""尽管如此，我们毕竟不是结构主义者。"② 这说明，阿尔都塞是在无意识中试图以索绪尔和列维-斯特劳斯创立的结构主义思想来理解马克思主义，这也使他的实践观具有独特的

---

① 〔法〕路易·阿尔都塞：《保卫马克思》，顾良译，商务印书馆，1984，第 236~237 页。
② 同上书，第 237、240 页。

特点。

在《保卫马克思》一书中，阿尔都塞认为："关于实践，我们一般指的是任何通过一定的人力劳动，使用一定的'生产'资料，把一定的原料加工为一定产品的过程。在任何这类实践中，过程的决定性时段（或要素）既不是原料，又不是产品，而是狭义的实践：是人、生产资料和使用生产资料的技术在一个特殊结构中发挥作用的加工阶段。实践的这个一般性定义本身包含着特殊性的存在，因为实践尽管有机地属于同一个复杂的整体，但不同的实践毕竟有不同的特点。例如，'社会实践'作为特定社会中存在的各种实践的复杂统一体，包含着许多具有不同特点的实践。我们将能看到，'社会实践'这个复杂统一体具有一定的结构，而在其中最后起决定作用的实践，就是现有的人在一定的生产关系范围内、通过有计划地使用一定的生产资料、把一定的实物（原料）加工成为日常用品的那种实践。除了生产以外，社会实践还包括其他的基本实践。这里有政治实践：马克思主义政党从事的政治实践不再是自发的，而是根据历史唯物主义的科学理论去组织的，它把一定的社会关系作为原料加工成一定的产品（新的社会关系）；有意识形态实践：意识形态不论表现为宗教、政治、伦理、法律或艺术，也都在加工自己的对象，即人的'意识'；还有理论实践。人们往往并不真正把意识形态的存在当一种实践，然而承认这一点正是一切意识形态理论的不可缺少的条件。至于理论实践的存在，人们更不以为然了。可是，承认理论实践的存在，对我们了解马克思主义如何认识理论，以及认识理论与'社会实践'的关系，更是一个不可缺少的前提条件。"① 可见，在阿尔都塞的视

---

① 〔法〕路易·阿尔都塞：《保卫马克思》，顾良译，商务印书馆，1984，第139~140页。

域中，实践分为生产劳动实践、政治实践、意识形态实践、理论实践等多种类型。在不同形式的实践活动中，既有生产劳动实践、政治实践等物质性的实践活动，也有意识形态实践、理论实践等主要属于人的观念范围内的实践活动。在论述理论实践的过程中，阿尔都塞论及了认识及其形成。他认为："关于理论，我们指的是实践的一种特殊形式，它也属于一定的人类社会中的'社会实践'的复杂统一体。理论实践包括在实践的一般定义的范围之内，它加工的原料（表象、概念、事实）由其他实践（'经验'实践、'技术'实践或'意识形态'实践）所提供。理论实践的最广泛的形式不仅包括科学的理论实践，而且包括先于科学的，即'意识形态的'理论实践（构成科学的史前时期的'认识'方式以及它们的'哲学'）。"[1] 这种理论实践作用于特殊的对象，制造认识这类特殊产品。阿尔都塞从马克思的《〈政治经济学批判〉导言》入手，规定了三个概念：一是"一般甲"，意指理论实践用来加工特殊概念的原材料；二是"一般乙"，指理论实践在加工特殊概念时的生产资料，即人；三是"一般丙"，指理论实践加工成的产品，即认识。在"一般甲""一般乙""一般丙"中，"一般甲""一般丙"之间只有真实的转化性，它们在本质上并不存在同一性。为此就需要"一般乙"作为一个结构上不可或缺的参与要素出场，对"一般甲"进行加工，"理论实践通过'一般乙'对'一般甲'的工作，产生出'一般丙'"。[2] 针对这个加工产生认识的过程，阿尔都塞特别强调："把'一般甲'加工成'一般丙'，即由'抽象'转化到'具体'（这里暂且把'一般甲'和'一般丙'

---

[1] 〔法〕路易·阿尔都塞：《保卫马克思》，顾良译，商务印书馆，1984，第140页。
[2] 同上书，第157页。

的根本区别略过不谈），这项工作只涉及理论实践的过程，即完全'在认识过程中'进行。"① 这意味着，认识的获得不是以物质性的实践活动为基础，它仅仅是一种结构式的从抽象到具体的方法加工，并且在这个加工活动中，不仅由于结构性的分析使"一般甲""一般乙""一般丙"只表现出它们作为不同对象的间断性，没有体现（实际上是人为阉割掉了）它们在认识过程中的连续性，也使"一般乙"或者人纯粹只是以外在的元素参与到理论实践表征的认识过程，也即加工出来的产品认识对加工的资料——人——而言是外在的。

关于实践的形式，毛泽东在《实践论》中提出："人的社会实践，不限于生产活动一种形式，还有多种其他的形式，阶级斗争，政治生活，科学和艺术的活动。"② 因此，毛泽东也与阿尔都塞一样，把人的实践细分成了多种类型，其中，生产活动和政治生活实践基本上与阿尔都塞划分出的生产实践、政治实践相差不大。不过，毛泽东的实践观与阿尔都塞的实践观还是存在根本性的区别：一是毛泽东虽然指出人的社会实践有多种类型，但他始终坚持唯物论，因而在他的视域中，实践活动都是物质性活动。而阿尔都塞提出的意识形态实践、理论实践基本属于精神意识的领域，这也说明他在此并没有把唯物主义的立场贯彻到底，实际上倒向了唯心主义的阵营。二是《实践论》在阐述认识和实践的关系时，充满了深沉的辩证思考，在认识和实践的两极不断张扬它们之间的对立统一关系，它们两者既是间断的、分别从属于精神和物质的对立两极，更是以实践为基础的内在辩证统一的双方。阿尔都塞因为与结构主义不断

---

① 〔法〕路易·阿尔都塞：《保卫马克思》，顾良译，商务印书馆，1984，第157页。
② 《毛泽东选集》第1卷，人民出版社，1991，第283页。

"调情"，所以他不自觉地依照结构主义的逻辑，形而上学地在自己的思想领域观念性地想象"一般甲"被加工成"一般丙"，却没有真正揭示出两者之间相互联系、相互作用的辩证关系。三是《实践论》指出，认识总是"人的认识"，实践也是"人的社会实践"。人在认识和实践、知和行的相互作用的关系活动中，不是外在的参与者，而是内在的有机要素。无论是实践还是认识，都是属人的。因此，认识虽然是人通过实践抽象出来的观念性"产品"，但它内在于人的主观世界，而不是如衣服、大米、房子、车子等劳动产品一样，外在于人。这与阿尔都塞将他命名为"一般乙"的人精神性地放逐在理论实践的结构组成要素"一般甲"和"一般丙"之外，形成了鲜明的对照。

综上所述，虽说西方马克思主义者视域中的实践观和毛泽东视域中的实践观有某些共同点，但由于毛泽东走的是一条从马克思到恩格斯再到列宁的非常传统的马克思主义之路，他在《实践论》等文章中阐述的实践观是与列宁等传统马克思主义者一致的传统的马克思主义实践观，而葛兰西、南斯拉夫实践派、阿尔都塞等学者视域中的实践观是在传统马克思主义者视域之外来阐述实践。因此，《实践论》内含的实践观和西方马克思主义者视域中的实践观还是存在深刻的对立。这种对立表明：一方面，毛泽东坚持和捍卫恩格斯、列宁等坚持的马克思主义哲学立场。另一方面，西方马克思主义的实践观虽然体现了对传统"辩证唯物主义"理解框架特征的敏锐觉察和反叛，由此使他们有关认识和实践的研究在多维的视域中展开，既有相对共通的观点，又有各自不同的理论特质，总体上呈现一种论述自由、活泼多样的概貌，为此也在一定程度上体现出了马克思主义的实践特性，然而，尽管西方马克思主义一再声称在"矫"

"辩证唯物主义"之"枉",但是这种"矫枉"是"过正"的。他们中的许多人把"辩证唯物主义"解读模式的积极作用和积极成果一笔勾销,不断宣称唯有他们自己的理解才是真正的理解,实际上是在人为创造又一种不容侵犯的"权威"。在言说自己有关实践的自我意识的过程中,他们一再夸大马克思和恩格斯见解的差异,进而甚至发展到用马克思来反对恩格斯。这些都凸显出,对他们的实践观我们需要进行进一步的批判性审视。

第四节 《实践论》和中国"实践唯物主义"的实践观

在马克思主义哲学"反思哲学"时期,中国国内产生了一种较有影响的把马克思主义哲学理解为"实践唯物主义"的思潮。在这种"实践唯物主义"思潮的统领下,存在多种不同的对马克思主义哲学的理解方式,大致可分为三大类:实践中介基础论、实践本体论和实践物质基础论。这三类观点都认为,恩格斯、列宁、毛泽东等把马克思主义哲学相对于旧唯物主义哲学的本质区别说成唯物主义和辩证法的结合并不确切。马克思主义哲学之所以是新唯物主义哲学,是因为实践的观点是马克思主义哲学的首要的和基本的观点,实践原则是整个马克思主义哲学的构建原则,马克思主义哲学是"实践唯物主义"。

中国"实践唯物主义"者视域中的实践观与毛泽东在《实践论》等文章中阐述的实践观有一定的区别。毛泽东直接引用列宁《唯物主义和经验批判主义》中"所谓'生活、实践底观点，应该是认识论底首先的和基本的观点'"① 来说明问题，表明毛泽东在《实践论》中承认实践在认识论中的首要地位。那么，实践在整个马克思主义哲学中的地位怎样呢？毛泽东在《实践论》里没有说，在他的其他著作里也同样没有直接回答这个问题。但是，在毛泽东的文章中，所有对实践的论述都是在认识论的范围内进行的。因此可以说，毛泽东并没有把实践范畴提高到整个马克思主义哲学核心范畴的高度。在毛泽东这个"正统的马克思主义看来，实践是一个认识论的范畴"。② 他主要只是承认实践在认识论中的基础地位。

由此可见，由于毛泽东主要只在认识论的范围里承认实践的首要地位，所以，我国"实践唯物主义"者对实践在马克思主义哲学中的地位的看法与《实践论》的相关观点是存在一定差异的。特别是实践本体论者，更是进一步把实践抬高到了本体的地位，认为实践是本体，用实践本体代替了物质本体，断定马克思主义哲学既超越了唯心主义，也超越了唯物主义，是两者相结合的真理体系，与毛泽东的实践观相去甚远。在毛泽东等辩证唯物主义者的理解中，"世界的真正的统一性在于它的物质性，而这种物质性不是由魔术师的三两句话所证明的，而是由哲学和自然科学的长期的和持续的发展所证明的"③，物质才是本体。

至于有关实践本身的理解，"实践唯物主义"与《实践论》中的看法也有不同。例如，持实践物质基础论的学者主要从马克思的《关于费尔巴哈的提纲》第一条、第九条以及《德意志意识形态》中关于意识和存在关系的论述立论出发，提出：

---

① 《毛泽东选集》第1卷，人民出版社，1991，第293页。
② 张一兵等：《西方马克思主义哲学的历史逻辑》，南京大学出版社，2003，第187页。
③ 《马克思恩格斯文集》第9卷，人民出版社，2009，第47页。

"'实践'是马克思主义哲学的核心范畴，是实践唯物主义哲学的理论基石。正确理解实践范畴，是正确理解马克思主义哲学的理论关键。""在马克思那里，实践是和意识相对的一个范畴，是用来说明观念的东西的现实物质基础的。马克思把实践理解为人类的感性物质活动、人类生活的物质方面。"① 与此相异，在《实践论》中毛泽东认为："我们的结论是主观和客观、理论和实践、知和行的具体的历史的统一。"② 这种统一是"在实践过程中"完成的，因此，实践的本质是主观和客观的中介，实践是"标志主体与客体关系的范畴"。③

实践中介基础论、"实践本体论"（或"超越论"）也把实践理解为主观与客观的统一。有学者指出："实践既是主观的，又是客观的，是主观性和客观性的统一。"④ 也有学者认为："实践既不是纯客观的，也不是纯主观的，既是主观见之于客观，而且也是客观转化为主观的主客观的统一过程。"⑤ 还有学者指出："从作为主体的人同作为客体的外部现实对象之间的关系这个角度来考察实践，我们可以看出实践包含两个方面的因素，一是主观方面的因素，二是客观方面的因素。"⑥ 王金福指出，在这些"'主客观统一'的理解中，无可避免地用到了'主观'、'客观'、'精神'、'物质'这些哲学概念。尽管许多人讨厌这些概念，反对主观和客观、精神和物质的'形而上学的对立'，但是，只要他们还想做一个唯物主义者，他们就不得不使用这

---

① 王金福：《实践的唯物主义——对马克思"新唯物主义"哲学的一种理解》，苏州大学出版社，1996，第 94、113 页。
② 《毛泽东选集》第 1 卷，人民出版社，1991，第 296 页。
③ 孙伯鍨等：《马克思主义哲学的历史和现状》，南京大学出版社，2004，第 93 页。
④ 辛敬良主编《马克思主义哲学导论》，复旦大学出版社，1991，第 18 页。
⑤ 肖虹：《论实践的目的与实践的结果》，《江汉论坛》1981 年第 2 期。
⑥ 夏甄陶：《再谈实践的含义和要素》，《哲学研究》1980 年第 11 期。

些既有的哲学概念。那么，什么是'主观'、'客观'、'精神'和'物质'呢？在唯物主义哲学中，'主观'是指人的思想、观念等等，是和'精神'同等程度的概念。主观、精神是和客观、物质对立的概念。虽然在现实中，精神和物质不是绝对对立的，精神只是物质的一个属性，但是在哲学思维中，主观和客观、精神和物质的对立有其意义。主观是非客观的东西，不然就无所谓主观。精神是非物质的东西，不然就无所谓精神。在唯物主义哲学中，'客观'是指主观、思想、观念之外的存在物，包括思想着的大脑，但不能包括思想本身。如上所说，在哲学中，主观是非客观的东西。'物质'是和'客观'同等程度的概念，是指人的思想之外的一切存在物。物质就是非观念的东西。列宁对物质下了这样的定义：'物质是标志客观实在的哲学范畴，这种客观实在是人通过感觉感知的，它不依赖于我们的感觉而存在，为我们的感觉所复写、摄影、反映。''物质是作用于我们的感官而引起感觉的东西；物质是我们通过感觉感知到的客观存在。等等。'总之，物质是相对于意识的，是意识之外的存在，是不包括意识在内的"。① 如此看来，在这些"主客观统一"的理解中，实践既不是纯物质的也不是纯精神的，或者说它既是物质的也是精神的。这样一来，我们就可以发现，"主客观统一"的理解只是表面上与毛泽东《实践论》的观点相类似，它们之间事实上有着本质的区别。在《实践论》中，毛泽东提出："马克思主义者认为人类的生产活动是最基本的实践活动，是决定其他一切活动的东西。人的认识，主要地依赖

---

① 王金福：《实践的唯物主义——对马克思"新唯物主义"哲学的一种理解》，苏州大学出版社，1996，第101~102页。

于物质的生产活动。"① 因此，在《实践论》中，实践确实是主体和客体、主观与客观两者相互联系、相互作用、相互影响的中介，不过它是以生产劳动为主要的、最基本的表现形式的纯粹的物质活动。在这种活动中，虽然有人的精神活动相伴随，然而精神活动只是物质性的实践活动的指导，是外在于实践活动的东西。实际上，只要把实践活动理解成精神性的主观和物质性的客观的统一，这些观点就会出现难以克服的悖论。从马克思主义哲学的本质来看，"有些'实践本体论'者把'实践本体'仅限于社会，有些则把'实践本体'扩展到整个宇宙，但无论何种'实践本体论'，都把实践理解为'主客观的统一'，这样就和他们声明要坚持的唯物主义原则发生冲突：唯物主义不能把精神也看作是本体因素。我们所理解的马克思的实践唯物主义，是以对实践的客观性理解为前提的。实践是人类的感性物质活动，所以从实践出发来解释观念的东西的马克思主义哲学，就既是唯物主义，同时又是特殊的唯物主义，实践的唯物主义"。② 从检验真理的标准来看，在《关于费尔巴哈的提纲》中，马克思指出："人的思维是否具有客观的……真理性，这不是一个理论的问题，而是一个实践的问题。人应该在实践中证明自己思维的真理性，即自己思维的现实性和力量，自己思维的此岸性。"③ 既然检验真理的标准是实践，又因为主观认识是认识成果，本质上是观念性、精神性的东西，那么如果实践既有客观性的成分，也有主观性、精神性的成分，是主观与客观的统一，显然会得出"主观精神性的东西是观念性的认识"的

① 《毛泽东选集》第 1 卷，人民出版社，1991，第 282 页。
② 王金福：《实践的唯物主义——对马克思"新唯物主义"哲学的一种理解》，苏州大学出版社，1996，第 94~95 页。
③ 《马克思恩格斯文集》第 1 卷，人民出版社，2009，第 500 页。

结论。而马克思则指出："关于思维——离开实践的思维——的现实性或非现实性的争论，是一个纯粹经院哲学的问题。"① 这就是说，用主观性的东西去检验精神性的认识，就像中世纪的经院哲学进行的所谓"一根针尖上能站几个天使"等空洞烦琐的论证一样，哪怕争论一千年甚至一万年，都不会得出有实际意义的确凿答案。从意识的现实对象来看，马克思批判道："从前的一切唯物主义（包括费尔巴哈的唯物主义）的主要缺点是：对对象、现实、感性，只是从客体的或者直观的形式去理解，而不是把它们当做感性的人的活动，当做实践去理解。"② 但是，从马克思使用的"只是"一词来看，马克思批判的是旧唯物主义不把"对象、现实、感性""当做实践去理解"，他对旧唯物主义坚持客观性原则，把对象理解成客观的物质存在是肯定的。按照马克思的看法，我们不仅要把意识的对象看成客观的物质对象，并且人在他生活的感性世界中，与他意识相遇的现实对象还就是人的实践活动本身。可是，在"主客观统一"的视野中，人的实践是主观和客观的统一，既有精神的东西又有物质的东西。因此，如果把实践当做人意识的现实对象，那么就很难坚持彻底的唯物主义；而如果不把实践当做"对象、现实、感性"，又会滑向旧唯物主义的泥淖。

毋庸置疑，中国"实践唯物主义"者视域中的实践观与《实践论》中的实践观也有相同点。无论是坚持实践中介基础论、实践本体论的学者，还是坚持实践物质基础论的学者，都极力张扬实践的重要地位和作用，都一致认为科学的实践观在马克思主义哲学中的基础地位。在这个过程中，既然实践在整

---

① 《马克思恩格斯文集》第 1 卷，人民出版社，2009，第 500 页。
② 同上书，第 499 页。

个马克思主义哲学中都具有基础性，那它当然在马克思主义哲学的认识论中也具有基础性的地位，也即正如列宁所言："生活、实践的观点，应该是认识论的首要的和基本的观点。"① 由此完全可以说，在肯定实践在认识论中的基础性作用这一点上，"实践唯物主义"与《实践论》的看法没有什么不同。

关于实践是检验真理的唯一标准，"实践唯物主义"在这一点上与毛泽东在《实践论》中阐明的观点也是一致的。例如，有学者提出："实践是检验认识的真理性的唯一标准。实践作为检验真理的标准，随着社会实践的发展将会不断地发展和完善。"② 也有坚持实践物质基础论的学者进一步指出："实践之所以是检验认识真理性的标准，根本的根据还在于实践是一种特殊的客观活动，是人自身的感性物质活动，它是认识的对象和源泉。意识总是反映存在的，所以，检验意识真理性的标准只能是存在。但是，存在只能被理解为人们的存在，理解为人们的实际生活过程，所以真理的标准也只能是人们的存在、人们的实际生活过程，亦即实践。"③

此外，"实践唯物主义"者还围绕实践论述了认识的基础、源泉、动力、目的、手段、方法等方面的问题，大家在争鸣中提出的"实践是认识的基础""认识产生于实践的需要""实践提供了认识所需要的信息和物质手段，使认识成为可能""认识随着实践向深度和广度的拓展而不断地向前发展""人类实践发展的无止境决定了人的认识发展的无止境""实践是认识的目

---

① 《列宁专题文集：论辩证唯物主义和历史唯物主义》，人民出版社，2009，第49页。
② 孙云等：《新编哲学大辞典》，哈尔滨出版社，1991，第628页。
③ 王金福：《实践的唯物主义——对马克思"新唯物主义"哲学的一种理解》，苏州大学出版社，1996，第185页。

的""实践规定了认识的方向""认识为实践服务"① 等观点，
也与《实践论》中的实践观保持了一致。

　　需要说明的一点是，无论"实践唯物主义"者对实践采取
的是何种看法，他们都没有忽视毛泽东通过《实践论》表现出
来的实践观。这实际上表明，毛泽东《实践论》已经使以
恩格斯、列宁等为代表的辩证唯物主义的实践观渗入、影响到
了我国马克思主义哲学实践观探究的方方面面。它使每一个论
者只要系统地研究实践，就不能避开《实践论》来阐述认识与
实践的关系。

---

　　① 　孙云等：《新编哲学大辞典》，哈尔滨出版社，1991，第 628 页。

第五章　《实践论》和马克思主义哲学中国化

毛泽东的《实践论》是马克思主义哲学中国化极为重要的理论成果。因此，很有必要紧密结合马克思主义哲学中国化发展的历史与现实逻辑，凸显《实践论》对马克思主义哲学中国化的践行与推进。

第一节　马克思主义哲学中国化的内涵及其内在逻辑

中国共产党成立后，在学习和运用马克思主义这个重大问题上，在一定时期存在严重的教条主义的态度。这些教条主义者开口闭口讲本本，而忽视了本本中的结论的具体背景，给中国革命造成了严重的损失。因此，1938 年 10 月，在党的六届六中全会上，毛泽东明确地说："共产党员是国际主义的马克思主义者，但是马克思主义必须和我国的具体特点相结合并通过一定的民族形式才能实现。马克思列宁主义的伟大力量，就在于它是和各个国家具体的革命实践相联系的。对于中国共产党说来，就是要学会把马克思列宁主义的理论应用于中国的具体的环境。成为伟大中华民族的一部分而和这个民族血肉相联的共产党员，离开中国特点来谈马克思主义，只是抽象的空洞的马克思主义。因此，使马克思主义在中国具体化，使之在其每一表现中带着必须有的中国的特性，即是说，按照中国的特点去应用它，成为全党亟待了解并亟须解决的问题。"① 这与列宁的主张在实质上是一致的。列宁认为："只要各个民族之间、各个国家之间的民族差别和国家差别还存在（这些差别就是无产阶级专政在全世界范围内实现以后，也还要保持很久很久），各国共产主义工人运动国际策略的统一，就不是要求消除多样性，消灭民族差别（这在目前是荒唐的幻想），而是要求运用共产党人的基本原则（苏维埃政权和无产阶级专政）时，把这些原则在某些细节上正确地加以改变，使之正确地适应于民族的和民族国家的差别，针对这些差别正确地加以运用。在每个国家通过具体的途径来完成统一的国际任务，战胜工人运动内部的机会主义和左倾学理主义，推翻资产阶级，建立苏维埃共和国和无产阶级专政的时候，都必须查明、弄清、找到、揣摩出和把握住民族的特点和特征，这就是一切先进国家（而且不仅是先进国家）在目前历史时期的主要任务。"②

毛泽东、列宁的这些话，非常直接地说明了马克思主义哲学要发挥它的指导作用，就必须与各国的具体实际相结合。由此可见，在中国，马克思主义哲学也必须中国化，即马克思主义哲学必须同中国的具体情况相结合，以用来指导中国解决实际问题。

正是在毛泽东确立的马克思主义哲学中国化的内在要求下，我国千千万万的学者立足中国现实，以马克思主义哲学为理论

---

① 《毛泽东选集》第2卷，人民出版社，1991，第534页。
② 《列宁专题文集：论无产阶级政党》，人民出版社，2009，第256~257页。

指导，不断开拓马克思主义哲学的新领域，拓展马克思主义哲学的新境界，积淀下了一批又一批成果。从社会实践的需要来看，在世纪之交，一方面，方兴未艾的全球化浪潮使当今世界成为一个经济、政治、文化内在交织在一起的世界，各个民族和国家在市场、科技、人才等方面既激烈竞争又密切合作，各种资源全球性流动，机遇在全球交往中产生，风险也在全球性播散；另一方面，随着苏联解体和东欧剧变，当今世界社会主义发展也进入低潮。这些情况内在地要求人们从理性的高度来判断中国社会的历史方位，澄明社会发展的价值前提，思考未来发展的可能道路。从马克思主义哲学自身发展的需要来看，其一，多年来马克思主义哲学发展的经验教训表明，马克思主义哲学是时代精神的精华，必须与时俱进才能保持自己的生命力。时代在急速发展，当下与马克思当年所处的时代有了很大的变化。马克思不是神，不能也不会对身后几十年、上百年发生的变化都有所预见，有所明示或暗示。其二，受苏联哲学教科书体系模式的影响，人们对马克思主义哲学的理解多从思想意识观念出发，从片断的结论中提炼、拼凑而形成僵硬的"原理"体系，所以在总体上未能展现马克思主义哲学的创造性特质和本真精神。另外，也因为人们在较长时间内把马克思主义哲学完全局限在近代哲学范围内，把它置于知识论的背景下来研究，致使对马克思主义哲学的本体论革命和当代意义估计不足。其三，长期以来，马克思主义哲学和中国哲学、西方哲学之间缺乏交流、对话，甚至被轻视，这使马克思主义哲学自我分裂成为"分支学科哲学"，马克思主义哲学家也成为片面化的、"专业化"的"哲学工作者"，同时学科体制和学术评价制度的不尽科学合理更是强化了这种不正常现象。其四，随着中国对外开放不断扩大，大量西方思潮不断传入，它们为马克思主义哲学体系的改革提供了有益的借鉴和启发，但无形中也对马克思主义哲学的指导地位构成了一定的挑战。

因此，一方面，原生形态和传统哲学教科书中的马克思主义哲学无法完全回答现时代和中国现实提出的问题；另一方面，由于其他思潮绵绵不绝的挑战与诘难，影响到了马克思主义哲学社会影响力的发挥。这就从新的时代高度提出了重要的时代任务：回应现实，结合当今时代和中国实际进一步在马克思主义哲学和中国化两极之间扩展张力，追寻马克思主义哲学中国化新的内涵，构建中国化马克思主义哲学新的形态，以指导人们合理地行动。

这样，首要的问题就是透彻理解，人类社会发展到今天，马克思主义哲学中国化的内在逻辑延展情况如何。按照毛泽东开辟的逻辑，通常意义上马克思主义哲学中国化就是马克思主义哲学基本原理和中国实际相结合，形成具有中国形式、中国作风和中国气派的马克思主义哲学，用以指导中国实践。其实，毛泽东等人在自觉行动中已经做了这个工作。而在当下，人们研究推动马克思主义哲学中国化，在很大程度上，其实就是强调实现马克思主义哲学在中国的当代创新与发展。然而，这种创新与发展的结果是不是马克思主义哲学，也成了一个迫切需要深入研究和具体解决的问题。否则，不仅会在理论上造成思想的混乱，在实践上也极有可能引导人们走上歧路。虽说评价马克思主义哲学中国化的标准是实践，但判断一种理论是否中国化的马克思主义哲学的标准，却是马克思主义哲学自身。因此，是否存在原生形态的马克思主义哲学以及我们能否"回到马克思"等一系列问题，又次第出场，接受大众的审视。毋庸置疑，只有解决这些问题，马克思主义哲学才能真正走进现时代，顺利实现中国化和走进现时代的才是真正的马克思主义哲学。

为此，今天的马克思主义哲学中国化（亦即马克思主义哲学在现时代要进一步创新与发展）有一个重要的前提条件，就是要知道今天中国化马克思主义哲学新形态是什么。因为"新"是相对于"旧"而言的，没有旧形态就无所谓新形态，因此，要追寻中国化马克思主义哲学新形态是什么，首先必须清晰地理解我国马克思主义哲学体系的发展过程。

概而言之，在中国，马克思主义哲学体系发展大体经历了三个阶段：20 世纪 80 年代以前，苏联哲学教科书体系即传统的"辩证唯物主义"体系一统天下。"它的根本缺点是没有把实践观作为马克思主义哲学的根本理论基础，它的唯物主义仍然具有某种直观性。它认为马克思的新唯物主义在唯物主义发展史上所引起的变革主要在于实现了唯物主义和辩证法的结合，而不是在唯物主义原则本身的理解上实现了变革。在它看来，辩证唯物主义和旧唯物主义（例如费尔巴哈的唯物主义）在唯物主义原则的理解上是没有什么重大区别的。"① 80 年代中后期，学界在认真反思苏联哲学教科书体系之后，进行了重建新的哲学教科书体系的争论。争论的结果是从原来的"辩证唯物主义"体系中发展出一个比较公认的"实践唯物主义"体系。90 年代后期，随着对外开放的不断扩大，各种西方思想（尤其是西方马克思主义思潮）不断传入，它们为我国马克思主义哲学体系的改革提供了有益的借鉴和启发。与此同时，这些思潮也对马克思主义哲学在中国的影响构成了挑战，导致传统的马克思

---

① 王金福：《实践的唯物主义——对马克思"新唯物主义"哲学的一种理解》，苏州大学出版社，1996，第 41 页。

主义哲学的解释力被削弱。为巩固和加强马克思主义哲学的指导地位，中国哲学界再一次出现了哲学体系问题的争论热潮。然而，"一切都有待于今后的努力"① 的现状，决定了众多学者的工作还处于开始阶段，其成果也大都是对未来的设想，难以说是非常具体和深入。

由此可见，因为此前中国马克思主义哲学界只存在苏联哲学教科书体系一种形态，所以 20 世纪 80 年代的"新""旧"马克思主义哲学体系之争，实际上是"辩证唯物主义"和"实践唯物主义"两种理解体系之争。争论的结果，就如高清海教授所言："哲学发展，应以哲学范式的及早转换为根本主题。哲学范式转换即哲学的思维方式、观念系统、理论格局、社会功能的总体性变迁。最能够替代传统苏联教科书体系的是实践唯物主义。"② 所以，这个阶段中国化的马克思主义哲学新形态，就是依据当时中国现实进行创新和发展而形成的具有中国作风、中国气派的"实践唯物主义"。

20 世纪 90 年代后期，从传统的"辩证唯物主义"体系中已经发展出了具有中国特色的"实践唯物主义"体系。"如果说在过去的革命战争时期和计划经济时期，作为政治和宣传的统一性居于首要和突出的地位，那么在计划经济转向市场经济、从封闭建设转向开放性竞争的今天，更加注重理论多样性通过大力创新来积极推进马克思主义哲学的发展，就应成为一种更具有优先性的选择。因此，当前最主要的，与其说是组织全国力量来搞出一个权威性的中国化马克思主义哲学的'定本'，不如

---

① 赵剑英、孙正聿主编《中国化马克思主义哲学新形态》，社会科学文献出版社，2006，第 113 页。

② 高清海等：《我们如何走近马克思》，《求是学刊》2000 年第 3 期。

说在于创建一种能够促使马克思主义哲学理论创新的机制，创建出一套使理论研究工作和宣传教育工作合理配合、相互促进的体制和制度。"① 这样，世纪之交的中国化马克思主义哲学新形态就不再是"实践唯物主义"等"定本"。"可以预见，在马克思主义哲学中国化的总前提下，出现的肯定是具有不同特点甚至在个别观点上还相互批判的马克思主义哲学理论。"② 因此，在将来，中国化马克思主义哲学新形态会呈现出多种样态。至于多种样态的中国化马克思主义哲学体系到底有哪些，当下还是一个没有解决的问题，有待学者们继续研究。不过，由于"辩证唯物主义"理解中有许多合理的东西、符合马克思主义的东西，完全否定"辩证唯物主义"，不利于正确理解马克思主义哲学；强调马克思主义哲学是"实践唯物主义"，也并不是否定它是辩证的唯物主义，而是要改变过去传统理解的"辩证唯物主义"的一种思维方式（这种思维方式强调从物质一元论的世界观出发来理解哲学理论问题），坚持从实践出发来解释一切哲学理论问题。这一转变，绝不是要抛弃辩证法，而是要为辩证法找到一个合理的说明基础。实际上，从其内容来看，马克思主义哲学既是"辩证唯物主义"，也是"实践唯物主义"。因此，可以说，未来中国化马克思主义哲学新形态除了一脉相承具有中国作风、中国气派，是依据中国现实进行的创新和发展之外，也一定不会与"辩证唯物主义"和"实践唯物主义"产生质的对立。这是因为，如果出现质的不同，那么所谓的"中国化马克思主义哲学新体系"实际上就已经不是马克思主义性质的

---

① 赵剑英、孙正聿主编《中国化马克思主义哲学新形态》，社会科学文献出版社，2006，第 77 页。
② 同上。

理论体系了。

为此，现时代马克思主义哲学中国化的逻辑进路就立即清晰了起来。

第一，从政治经济学批判出发，是现时代推进马克思主义哲学中国化的必由之路。现时代的人首先需要有这样一个问题意识：马克思主义哲学并非经院哲学，这就注定了马克思主义哲学的创新不能从现代学术分工体系中的哲学学科出发，而是应该从现实的社会历史进程出发。像经济学这样一门科学的发展，是同社会的现实运动联系在一起的，所以，在经济学中可以对社会的各个不同发展阶段准确地加以探讨。由此可见，政治经济学批判是现时代推进马克思主义哲学中国化的桥梁，中国学人应该在政治经济学批判的基础上推进马克思主义哲学的创新与发展。①

第二，将中国哲学、西方哲学与马克思主义哲学结合起来，推进马克思主义哲学中国化。长期以来哲学学科的被肢解和被分裂，削弱了哲学的解释力和话语权，为了满足中国特色社会主义建设实践以及应对全球化和西方文化霸权、确立文化大国形象、实现民族文化认同和民族复兴的双重需要，马克思主义哲学现时代的创新与发展应走"中西马会通"之路，把马克思主义基本原理与时代特征和中国实际结合起来，放眼世界，立足中国的文化传统和现代化实践，进行综合创新。由此出发，首先是要厘清经典马克思主义哲学的原理、观点，把握其精神实质和方法；其次是要批判地继承中国传统哲学思想中的精华，做到古为今用；最后是要批判地吸收西方现代哲学中的合理成

---

① 参见赵剑英、孙正聿主编《中国化马克思主义哲学新形态》，社会科学文献出版社，2006，第91~102页。

分，洋为中用。① 这也意味着我们既不能仅仅"照着说"马克思的话，也不能仅仅"照着说"西方哲学家的话，而是应该力图利用中国传统智慧和现代西方哲学的智慧，接着马克思所说的话又说我们的新话，显示当代中国人的智慧。以解决问题为研究目的，包括实践方面的问题，也包括学理方面的问题，在世界性哲学对话中推进马克思主义哲学中国化。② 当然，在这个过程中，中国传统哲学、西方哲学和马克思主义哲学各自积累的浩瀚文献也许会使我们失去自我，从而也就没有了我们自己的问题和抉择。那么，就有必要让我们放下手中的巨著，在自己的日常生活感觉中朴素地追问：什么是我们的痛苦和忧伤？什么是我们的光荣和梦想？我们真实地希望有怎样的生活？只要准确地把握住我们自己的真实问题，中国哲学、西方哲学、马克思主义哲学和其他哲学有了共同的关切，对话、互动和汇通就有了现实基础。③ 此外，近年来马克思主义哲学与中国哲学、西方哲学及其他社会思潮之间的对话已经成为各哲学学科和社会思潮的共同要求，这不仅使马克思主义哲学面临挑战，也表明中国哲学和西方哲学面临挑战。既然如此，那就应该回到中国的现代化实践中去，在当今全球化背景下探讨中国社会的发展问题。唯有这样，才能创造有价值的哲学，繁荣中国的学术，推动马克思主义哲学的创新。④

第三，多方面综合，是马克思主义哲学中国化的逻辑通达之路。要真正推进马克思主义哲学的创新与发展，就必须

① 参见赵剑英、孙正聿主编《中国化马克思主义哲学新形态》，社会科学文献出版社，2006，第35~36页。
② 参见上书，第74页。
③ 参见上书，第15~16页。
④ 参见上书，第88页。

从多个方面综合进行：既要根据新的实践重新认真研究马克思主义经典著作，把握其思想方法和精神实质，又要深入研究当代实践中的新情况、新问题、新经验，并进行新的理论概括；既要坚持马克思主义哲学的指导地位，又要充分汲取和消化利用中国传统哲学和西方哲学中的合理思想资源；既要具备哲学思维所必需的高度和深度，又要对当代科学包括自然科学和人文社会科学的具体成果进行哲学升华和提炼。[①]

　　马克思主义哲学中国化内在逻辑的纵向绵延和横向拓展，立体式地凸显了这一过程中相互统一的两个方面的核心内容：一方面，马克思主义哲学中国化要求马克思主义哲学根据中国现实需要指导解决实际问题；另一方面，它意味着马克思主义哲学立足中国现实不断创新与发展，生成具有崭新形态的中国化的马克思主义哲学。在显意识层面，毛泽东的《实践论》就是为了用马克思主义科学的实践观解决新民主主义革命时期的教条主义和经验主义问题。但是，一方面，《实践论》作为具体的文本具有意义方面的规定性，是包含意义的客观存在。这种意义既与文本写作者的精神密切相关，是通过文本传达的创作者的精神，又不是作为文本创作者的精神本身，因为精神活动只存在于人们的头脑之中，人头脑之外的文本里不可能有精神。另一方面，文本又具有物质方面的规定性，表现为一定的物质形态，以符号的形式外显出来。这些符号、符号与符号之间的排列组合是由文本写作者选取和规定的。之所以是这样选取与规定而不是那样选取与规定，是文本

---

① 参见赵剑英、孙正聿主编《中国化马克思主义哲学新形态》，社会科学文献出版社，2006，第 122 页。

写作者认为只有这样选取与规定才能恰到好处地通过文本的符号传达自己的精神。所以，文本的物质方面即符号系统，是为传达作者的精神服务的。作者在创作文本时，不是为了文本而创作文本，而是要通过文本传达自己的精神。由于人头脑中的精神看不见、摸不着，因此当它被传达给他者时就需要一个物质性的承担者，担当这个物质性的承担者的就是文本中的符号系统。

由此可见，文本的本质不是它的物质方面的规定性，不是组成文本的符号，而是它内含的意义。在哲学层面，存在是根本之"有"，是唯一的，没有两个或两个以上不同的存在。例如，唯物主义者认为，根本之"有"是物质，精神是物质派生的；唯心主义者则认为，根本之"有"是精神，物质是精神派生的。但是，在日常话语中，只要"有"，就是存在。因此，可以把人脑的机能——主观意识称为精神存在，同时相应把外在的客观世界命名为物质存在。这样，文本中的意义就既不是精神存在，也不是物质存在。但是，文本中的意义又确确实实是被传达的文本创作者头脑中的主观意识，不可能是虚无。那它是什么呢？它仅仅是精神的代表而不是精神本身。

正是因为文本的意义与作者头脑中的精神两者之间存在距离，所以文本的意义往往会大于作者的思想。比如，作者的意图"是作者自觉意识到的，他自觉意识到要通过作品表达什么意义。但是，作者在写作作品时，不可能对自己实际表达的思想都意识到。在表达某一观点时，必定会涉及许多相关的理论前提、背景，对于这些相关的东西，作者不可能全部自觉意识到，但这些相关的理论前提确实是作者所固有的，它们也构成作品的意义。所以，作品的意义远大于作者的意图"。^① 在这个方面，以客观的文本形式存在的《实践论》也存在这种情况。在写作《实践论》的过程中，毛泽东自觉意识到要用《实践论》中阐发的实践观指导解决中国的主观主义问题，但是《实践论》却以它客观存在的文本内在的思想意义及其语言表达形式突破了毛泽东自觉意识到的主观意图：它不仅以其丰富且具有针对性的内容践行了毛泽东显意识层面的意图，和我国具体的革命实践相联系指导解决中国的问题，而且在语言表达形式等方面扎根中国的具体的环境，在多个向度创新和发展了马克思主义哲学。这表明，现时代围绕《实践论》和马克思主义哲学中国化的主题，我们不仅要阐发《实践论》根据中国新民主主义革命现实需要指导中国解决实际问题这一方面的重要内容，也要揭示《实践论》立足我国传统文化对马克思主义哲学话语等的创新与发展。

第二节　《实践论》在内容上践行了马克思主义哲学中国化

由于毛泽东倡导马克思主义哲学中国化，《实践论》在内容方面体现了鲜明的马克思主义哲学中国化的特色。"论认识和实践的关系——知和行的关系"^② 是《实践论》的副标题，这极为突出地说明，它的主旨是要解决认识和实践的关系问题，把马克思主义基本原理和中国的具体实际结合起来。

---

① 王金福：《马克思的哲学在理解中的命运——对马克思主义哲学史的解释学考察》，苏州大学出版社，2003，第 7 页。
② 《毛泽东选集》第 1 卷，人民出版社，1991，第 282 页。

马克思说："人的思维是否具有客观的……真理性，这不是一个理论的问题，而是一个实践的问题。人应该在实践中证明自己思维的真理性。"① 所以，只有在实践中，认识的正确性才会受到检验，人们才能根据正确的理论认识的指导，制定合适的路线、方针等。这样，他们才能恰如其分地改造这个世界，达到自己的目的，完成自己的使命。《实践论》为着解决新民主主义革命时期我国的实际问题，鲜明地体现出了这种在实践基础上的认识和实践的结合。《实践论》写成于中国抗日战争开始的时期。当时中国面临的最主要任务是尽快建立起最广泛的抗日民族统一战线，团结一切可以团结的力量，以打败强大的敌人。但是，我们内部长期存在的主观主义，特别是教条主义思想，给我们完成这个主要任务设置了巨大障碍。因此，批判教条主义等主观主义性质的问题，就成了中国国内要解决的一个主要问题。这就是中国的实际。《实践论》就是从这个实际出发"运用马克思主义的认识论观点去揭露党内的教条主义和经验主义"。② 具体地说，表现在如下几个方面。

第一，《实践论》指出了实践是认识的来源，并把这个原理运用到了中国实际去解决中国正面临的问题。针对当时"教条主义的同志长期拒绝中国革命的经验"③，毛泽东说："'秀才不出门，全知天下事'，在技术不发达的古代只是一句空话。"④ 即使在技术发达的现在，秀才要知道天下事，也需要通过天下实践着的人。"那些人在他们的实践中间取得了'知'，经过文字和技术的传达而到达于'秀才'之手，秀才乃能间接地'知天

---

① 《马克思恩格斯文集》第 1 卷，人民出版社，2009，第 500 页。
② 《毛泽东选集》第 1 卷，人民出版社，1991，第 282 页。
③ 同上。
④ 同上书，第 287 页。

下事'。如果要直接地认识某种或某些事物，便只有亲身参加于变革现实、变革某种或某些事物的实践的斗争中，才能触到那种或那些事物的现象，也只有在亲身参加变革现实的实践的斗争中，才能暴露那种或那些事物的本质而理解它们。这是任何人实际上走着的认识路程。"① 教条主义者"对于自己的历史一点不懂，或懂得甚少，不以为耻，反以为荣。特别重要的是中国共产党的历史和鸦片战争以来的中国近百年史，真正懂得的很少。近百年的经济史，近百年的政治史，近百年的军事史，近百年的文化史，简直还没有人认真动手去研究。有些人对于自己的东西既无知识，于是剩下了希腊和外国故事，也是可怜得很，从外国故纸堆中零星地检来的"。② 他们"只把兴趣放在脱离实际的空洞的'理论'研究上。许多人是做实际工作的，他们也不注意客观情况的研究，往往单凭热情，把感想当政策"③，盲目地拒绝经验。并且，这些教条主义者"容易装出马克思主义的面孔，吓唬工农干部，把他们俘虏起来，充作自己的用人，而工农干部不易识破他们；也可以吓唬天真烂漫的青年，把他们充当俘虏"。④ 这样一来，教条主义的影响就更大了，最后使新民主主义革命遭受了极大损失。因此，要认识中国革命的规律，要避免损失，"你就得参加变革现实的实践。你要知道梨子的滋味，你就得变革梨子，亲口吃一吃。你要知道原子的组织同性质，你就得实行物理学和化学的实验，变革原子的情况。你要知道革命的理论和方法，你就得参加革命"。⑤

---

① 《毛泽东选集》第 1 卷，人民出版社，1991，第 287 页。
② 《毛泽东选集》第 3 卷，人民出版社，1991，第 798 页。
③ 同上书，第 799~800 页。
④ 同上书，第 819 页。
⑤ 《毛泽东选集》第 1 卷，人民出版社，1991，第 287~288 页。

第二，毛泽东在《实践论》中认为："只有人们的社会实践，才是人们对于外界认识的真理性的标准。"① 这也主要是用来反对"教条主义的同志"认为"上了书的就是对的"② 这种认识的。在中国共产党内，教条主义者迷信书本，把书本神圣化，看不到中国建立抗日民族统一战线的紧迫性、必要性和可能性，在中日民族矛盾已上升为国内主要矛盾的情况下，还是没有看到中国民族资产阶级有两重性，他们是可以争取的，没有看到中间派因要求抗日已经产生了积极的变化，即使国民党内部也正在发生分化和破裂，因而没有认识到要发动、团结与组织全中国全民族一切革命力量去反对当前主要的敌人，没有在新的形势下高举抗日民族统一战线的旗帜"把各种要求抗日的力量汇合起来，组成抗日民族统一战线，共御外敌"。③ 由于这些党员的认识、行为的根据是"上了书的"，因而他们的认识、行为在许多人眼里是完全正确的，得到了不少人的拥护，对建立抗日民族统一战线造成了非常不利的影响。

毛泽东明确指出，"真理的标准只能是社会的实践"④，具体、深刻地揭示了这些党员的认识、行为的错误性。马克思、恩格斯和列宁等写的书上，或许是有这些观点，但他们的看法"是从历史事实和发展过程中得出的确切结论；不结合这些事实和过程去加以阐明，就没有任何理论价值和实际价值"。⑤ 共产党人是要推翻资产阶级的统治，建立无产阶级专政，最终消灭

① 《毛泽东选集》第 1 卷，人民出版社，1991，第 284 页。
② 李慎明等：《马克思主义中国化与全面建设小康社会》，社会科学文献出版社，2005，第 79 页。
③ 中共中央党史研究室：《中国共产党的九十年：新民主主义革命时期》，中共党史出版社、党建读物出版社，2016，第 171 页。
④ 《毛泽东选集》第 1 卷，人民出版社，1991，第 284 页。
⑤ 《马克思恩格斯文集》第 10 卷，人民出版社，2009，第 548 页。

阶级和阶级差别，但在整个中华民族面临生死存亡的危急关头，如果坚持实践是检验真理的唯一标准，共产党人就会用这时中国的实际情况检验出推翻资产阶级、消灭剥削和阶级差别、建立无产阶级专政还不是当前的任务，它们还只是共产党人当前应该努力的方向，是以后才能去做的工作。把仅在将来有现实可能性的理想，勉强地放在现时来做，就是离开了当前的现实性。一旦有了这种认识，那种认为"上了书的就是对的"的教条主义观点，也就失去了市场。

第三，教条主义之所以在党内盛行，一个重要原因是很多共产党员来自下层劳动人民，没有接受系统的文化教育，导致他们理论修养不高，不能认清教条主义的本质，从而不自觉地受到了教条主义的影响，成了它的倡导者和执行者。面对中国革命中出现的这种情况，毛泽东提出："我们的结论是主观和客观、理论和实践、知和行的具体的历史的统一。"[①] 而教条主义等主观主义"都是以主观和客观相分裂，以认识和实践相脱离为特征的"。"以科学的社会实践为特征的马克思列宁主义的认识论，不能不坚决反对这些错误思想。"[②] 这就非常正确地阐明了教条主义的本质，使广大党员充分、深刻地认清了教条主义的本来面目，因而也就在很大程度上解决了当时中国共产党内若干同志由于不了解而不自觉地犯教条主义错误的问题。

第四，"没有革命的理论，就不会有革命的运动"。[③] 毛泽东引用列宁提出的这个观点，主要针对的是经验主义的问题。主观主义问题的重点是教条主义问题，但也包括经验主义。在中

---

① 《毛泽东选集》第 1 卷，人民出版社，1991，第 296 页。
② 同上书，第 295 页。
③ 同上书，第 292 页。

国共产党内"一部分经验主义的同志长期拘守于自身的片断经验"①，实际上是自动放弃了马克思主义理论对他们的指导。由于没有革命的理论，也就不会有革命的运动。他们看不见革命的全局，忽视了无产阶级要团结一切可以团结的力量进行斗争的策略原则，而仅仅根据自身以往的经验对建立抗日民族统一战线持怀疑甚至否定态度。由此可见，要使革命事业顺利向前发展，要克服教条主义，也要克服经验主义。而毛泽东在中国人民抗日军事政治大学讲授"拿了这种对于客观规律性的认识去能动地改造世界"②时，实际上就是为了解决这个问题。

综上所述，由于《实践论》把马克思主义基本原理运用到中国社会这个特殊环境，实际地解决中国正面临的问题，从而使《实践论》的内容本质上是马克思主义的，但又与中国实际相结合。中国读者或研究者在阅读《实践论》时，是在读一部马克思主义哲学著作，同时也是在体验《实践论》中具体化的马克思主义哲学解决中国具体问题时显示出的巨大力量和作用，这种力量和作用让《实践论》得到了当时最广泛的接受，发挥了马克思主义哲学在当时的最大作用。毛泽东自己曾说过："十月革命一声炮响，给我们送来了马克思列宁主义。"③《实践论》和毛泽东的其他马克思主义哲学著作，也是一声炮响，给中国送来了中国化的马克思主义。就像中国共产党的成立开辟了中国历史的新纪元一样，《实践论》等送来的中国化的马克思主义哲学，也开辟了马克思主义哲学在中国传播、发展的新纪元。

---

① 《毛泽东选集》第1卷，人民出版社，1991，第282页。
② 同上书，第292页。
③ 《毛泽东选集》第4卷，人民出版社，1991，第1471页。

第三节 《实践论》在语言形态上推进了 马克思主义哲学中国化

毛泽东在《实践论》中对马克思主义哲学中国化的贡献，不仅体现在内容上，还体现在语言表现形态上。

1936 年 10 月，毛泽东在同埃德加·斯诺（Edgar Snow）谈个人历史时说："我第二次到北京期间，读了许多关于俄国情况的书。我热心地搜寻那时候能找到的为数不多的用中文写的共产主义书籍。有三本书特别深地铭刻在我的心中，建立起我对马克思主义的信仰。我一旦接受了马克思主义对历史的正确解释以后，我对马克思主义的信仰就没有动摇过。这三本书是：《共产党宣言》，陈望道译，这是用中文出版的第一本马克思主义的书；《阶级斗争》，考茨基著；《社会主义史》，柯卡普著。到了一九二〇年夏天，在理论上，而且在某种程度的行动上，我已成为一个马克思主义者了，而且从此我也认为自己是一个马克思主义者了。"① 这说明，陈望道等人很早就在做翻译马克思主义著作的工作了。不过，这时他们做的工作不过是把外文的马克思主义文献翻译成中文文献。姜义华编的《社会主义学说在中国的初期传播》史料汇编，具有权威性。② 该书在第 34 页刊载了原载于 1899 年 2~5 月的《万国公报》第 121~123 册的《大同学》（摘录）。该书在第一章"今世景象"中提出："马克思之言曰：'纠股办事之人，其权笼罩五洲，突过于君相之范围一国'，这段话原出自《共产党宣言》，现在通行的译文

① 〔美〕埃德加·斯诺：《红星照耀中国》，人民文学出版社，2016，第 121 页。
② 姜义华编《社会主义学说在中国的初期传播》，复旦大学出版社，1984。

是：'资产阶级，由于开拓了世界市场，使一切国家的生产和消费都成为世界性的了。'"① 其中译文"马克思之言曰：'纠股办事之人，其权笼罩五洲，突过于君相之范围一国'"虽然可以说结合了当时中国文化语境，将马克思、恩格斯的科学共产主义思想按照中国传统文化思想体系的方式表达了出来，但它用艰涩的文言文形式阐述共产主义，将马克思主义局限于曲高和寡的"象牙塔"之中，使本来应该是《共产党宣言》宣传普及对象的广大劳苦大众基本不能正常对之进行阅读，遑论掌握《共产党宣言》的精神实质，用于指导自己的行动以认识世界和改造世界。因此，这种语言形式的翻译还谈不上是完全意义上的马克思主义中国化，至多只能算是马克思主义中国化的雏形。

一方面，毛泽东对陈望道翻译的《共产党宣言》等马克思主义著作加以精深研读，不断加深自己对马克思主义的理解，同时继承这些翻译文献在语言使用（主要是语言性质转换）方面的精华，践行自己马克思主义哲学中国化的主张。在写作《实践论》时，毛泽东采用的就是典型的中国方块汉字，表现了中国民族语言的特色。在马克思主义传入中国之前，由于其创作者、发展者本身并不是中国文化熏陶出来的哲学家，因此他们在写作时采用的文字多种多样，但没有使用中文。20 世纪初，特别是十月革命后，中国人（如李大钊等）开始翻译、写作马克思主义性质的文章。可以说，从那时起，马克思主义就开始了中国化。《实践论》也是这种趋势的继续，它使用的也是中文。并且，《实践论》特别注意从我国传统文化中活用语言进行

---

① 姜秀荣：《马克思主义在中国最早翻译之梳》，光明网，https://share.gmw.cn/www/xueshu/2018-11/06/content_ 31915464.htm，最后访问日期：2021 年 11 月 16 日。

解释。在《反对党八股》一文中，毛泽东特别强调说："我们还要学习古人语言中有生命的东西。由于我们没有努力学习语言，古人语言中的许多还有生气的东西我们就没有充分地合理地利用。当然我们坚决反对去用已经死了的语汇和典故，这是确定了的，但是好的仍然有用的东西还是应该继承。"① 在《实践论》中，这方面最典型的是用"知和行的关系"来解释"认识和实践的关系"。在我国传统文化中，关于认识和实践关系的阐述事实上众多，不过在直接用词上经常采取的事"知行"的言说方式，如知行合一、知易行难等。毛泽东在写《实践论》时，也充分考虑到了这一点。他在《实践论》副标题"论认识和实践的关系"后面专门加了一个富有中国传统文化特色的"知和行的关系"，让只要有点中国文化背景的人一看就知道"认识和实践的关系"是什么意思。

另一方面，毛泽东又没有拘泥于《大同学》第一章"今世景象"中介绍马克思主义的话语表达方式。他指出："五四运动时期，一班新人物反对文言文，提倡白话文，反对旧教条，提倡科学和民主，这些都是很对的。在那时，这个运动是生动活泼的，前进的，革命的。那时的统治阶级都拿孔夫子的道理教学生，把孔夫子的一套当作宗教教条一样强迫人民信奉，做文章的人都用文言文。总之，那时统治阶级及其帮闲者们的文章和教育，不论它的内容和形式，都是八股式的，教条式的。这就是老八股、老教条。揭穿这种老八股、老教条的丑态给人民看，号召人民起来反对老八股、老教条，这就是五四运动时期的一个极大的功绩。五四运动还有和这相联系的反对帝国主义

---

① 《毛泽东选集》第 3 卷，人民出版社，1991，第 837~838 页。

的大功绩；这个反对老八股、老教条的斗争，也是它的大功绩之一。"① 与此相联系，毛泽东的《实践论》突破了"马克思之言曰"等文言文表达形式，在语言形态方面革命性地推进了马克思主义哲学的中国化。

第一，他通过向人民群众学习语言，使《实践论》的语言词汇丰富、生动活泼，富有中国作风和中国气派。毛泽东认为："如果一篇文章，一个演说，颠来倒去，总是那几个名词，一套'学生腔'，没有一点生动活泼的语言，这岂不是语言无味，面目可憎，像个瘪三吗？一个人七岁入小学，十几岁入中学，二十多岁在大学毕业，没有和人民群众接触过，语言不丰富，单纯得很，那是难怪的。但我们是革命党，是为群众办事的，如果也不学群众的语言，那就办不好。"② 实际上，人民使用了大量内容丰富多彩、形式生动活泼、着力表现实际生活的词。因此，不想"在写文章做演说时没有几句生动活泼切实有力的话，只有死板板的几条筋，像瘪三一样，瘦得难看，不像一个健康的人"③，我们就要虚心地向广大人民群众学习语言。《实践论》比较突出地体现了毛泽东的这个观点。它是中国人民群众的语言和"好的仍然有用"的语言的有机融合体。在《实践论》中，毛泽东从人民群众的语言中信手拈来，用人民群众自己习惯的话语生动活泼地阐述自己的观点。他指出："世上最可笑的是那些'知识里手'，有了道听途说的一知半解，便自封为'天下第一'，适足见其不自量而已。知识的问题是一个科学问题，来不得半点的虚伪和骄傲，决定地需要的倒是其反面——诚实和谦

---

① 　《毛泽东选集》第 3 卷，人民出版社，1991，第 831 页。
② 　同上书，第 837 页。
③ 　同上。

逊的态度。"① 在短短一段话里，毛泽东就连续使用了"知识里手""道听途说""一知半解""天下第一""不自量"五个带有浓厚中国传统文化色彩的成语、俗语和俚语。其他如《实践论》中的"瞎说""开倒车""跌交子""自以为是""发号施令""束之高阁""没有把握""沾沾自喜""吃一堑，长一智""不入虎穴，焉得虎子""眉头一皱计上心来""秀才不出门，全知天下事"等，都表明了在语言形式上与人民群众生活语言紧密结合的特点。这种密切结合让毛泽东在运用语言时面向的是一个广阔的时空。他既利用几乎无穷无尽的合用词语来思考、来写作，又因为其本人痛恨"语言无味"，结果使《实践论》等文章在语言表达上不仅摇曳多姿、活泼有趣，而且简洁明朗，深植于民族土壤之中。

　　第二，《实践论》的言说形式都是针对特定的中国对象，有的放矢。毛泽东特别指出："早几年，在延安城墙上，曾经看见过这样一个标语：'工人农民联合起来争取抗日胜利'。这个标语的意思并不坏，可是那工人的工字第二笔不是写的一直，而是转了两个弯子，写成了'工'字。人字呢？在右边一笔加了三撇，写成了'人乡'。"② 这样一代换，"是发誓不要老百姓看"。《实践论》中也有词的代换。"论认识和实践的关系——知和行的关系"③ 中就用"知和行"来代替了"认识和实践"。但是，毛泽东和在延安城墙上写标语的同志不同，他一直关注着"自己的文章、演说、谈话、写字是给什么人看、给什么人听的"④，所以他的代换是为革命的工农兵群众服务的，主要是方

---

①　《毛泽东选集》第1卷，人民出版社，1991，第287页。
②　《毛泽东选集》第3卷，人民出版社，1991，第836页。
③　《毛泽东选集》第1卷，人民出版社，1991，第282页。
④　《毛泽东选集》第3卷，人民出版社，1991，第836页。

便革命的工农兵群众阅读。中国群众对"认识"和"实践"不太熟，读起来吃力，"知"和"行"更具体、更形象，更中国化，工农兵群众易于接受，好理解，就用"知和行"来替代"认识和实践"。结果，《实践论》的语言在表现形态上也更具中国传统意味了。

第三，《实践论》不仅立足于传统文化，更在传统文化的基础上有了跃迁。如前所述，陈望道等马克思主义著作的翻译者毕竟只对《共产党宣言》等马克思主义文献进行了文字体系的转换，作品本身还是外国人写的，没有多少原创成分。《实践论》则不同，它不是译作，它是毛泽东在深入了解马克思主义原理的基础上，用通俗、纯正的中国式语言写出来的完全原创性的作品。从一般的翻译、介绍到完全原创，就是跃迁。这让毛泽东写作时在语言形态方面能够更完全地贯彻自己的主张，比译作或为介绍和宣传而写作的作品更趋向于民族化、大众化，并且在这种趋近的过程中，没有露出丝毫生硬的痕迹，一切都写得那么自然。因此，与翻译者或为介绍和宣传而创作的作者相比，毛泽东对马克思主义中国化、对宣传和介绍马克思主义的贡献也更大。当《实践论》的语言具有上述特征后，虽然那些文化水平不高的阅读者还是会遇到"感性认识""理性认识"等较陌生的词，但这些词已经很难再构成读者们的阅读障碍。因为《实践论》通过其中国化的语言表达方式营造了一种整体上的中国化的气氛。此时，读者就如"他乡遇故知"。在这种情况下，所有"感性认识""理性认识"等造成的困惑都随风而去。由于没有了困惑，中国工农大众终于可以敞开胸怀去迎接马克思主义哲学的到来。

第六章 《实践论》的哲学价值

毛泽东在延安写作《实践论》，直接目的是揭露教条主义和经验主义这些主观主义的错误。不过，这个中国化表述的马克思主义哲学理论，也对国内外的哲学思维产生了巨大影响。

第一节 《实践论》对现代中国知识分子知行观的影响

一 对拒绝性背景下传统知行观的颠覆和现代中国知识分子的新生

中国是一个半封闭式的大陆国家。在这个独特的地理环境中，传统中国也表现出鲜明的封闭性特征。先秦时期，老子强调："小国寡民。使有什伯之器而不用，使民重死而不远徙。虽有舟舆，无所乘之；虽有甲兵，无所陈之。使人复结绳而用之，甘其食，美其服，安其居，乐其俗。邻国相望，鸡犬之声相闻，民至老死，不相往来。"① 这实际上体现出的是乌托邦式的封闭性。秦汉以降，中国传统文化中的封闭性也开始走向顶峰。董仲舒说："春秋大一统者，天地之常经，古今之通谊也。今师异

---

① 《道德经》第 80 章。

道，人异论，百家殊方，指意不同，是以上亡以持一统，法制数变，下不知所守。臣愚以为诸不在六艺之科孔子之术者，皆绝其道，勿使并进。"① 这就宣告了一种文化强权的开始，儒学的全面意识形态控制获得了空前高涨。由于中国传统文化中极力推崇孔子、孟子、朱熹等儒学大师，这就形成了极具特色的赞同"知先行后"的知行观。这种知行观把实践排除在其基础之外，断定人天生就有"良知、良能"，"人心莫不有知"，本质上是唯心主义先验论的体现，不是对事物发展过程规律性、必然性的反映。同时，它不适当地强调统一性，实际上就是在否定个体的能动性、多样性，也就是否定个人探索必然性的努力。这样，中国传统文化中的颠倒性的知行观就消解了传统中国知识分子的个性，让他们盲从，拒绝主动。当这种盲从发展到一定程度，就会内化到传统中国知识分子的思维模式中，使他们不自觉地按照这种盲从的观点来生活。正因为过分一致地强调"知"，过分把理性认识放到优先位置，他们也几乎一致地忽视"行"，看不到实践、经验的巨大力量，因而不能从实际出发，在批判现实世界的过程中使现实世界获得革命的改造。毋庸置疑，在中国古代和近代，有极少数人通过自己的天才察觉到了中国知识分子在知行观上的错误，也提出了形形色色的带有唯物主义色彩的知行观。但是，他们所认同的"实践"或"行"是片面的、狭隘的。由于他们没有真正科学的武器，因而并不能改变现实。长期对失望的现实无所作为，让他们逐渐开始对自我失望。主客观的双重失望，让他们或隐入山林，或藏于市井。

这就呼唤颠覆性的话语。毛泽东在《实践论》中指出："你

---

① 《汉书·董仲舒传》。

要知道梨子的滋味，你就得变革梨子，亲口吃一吃。"① 人只能先行而后知。"同样，实践若不以革命理论为指南，就会变成盲目的实践。"② 也就是说，实践要以理论为指导。由此可见，毛泽东的《实践论》给中国社会带来了马克思主义性质的真正科学的知行观。这种知行观一方面继承了中国古代知行观中的唯物主义精髓，同时对被奉为圭臬的知先行后的唯心主义知行观进行了批判。由于它确立了一切要从实际出发的原则，这就超越了抗争、走向了扭转，颠覆了取消个性的以正统儒家思想为主的中国传统文化中的知行观，从而最大限度地消解了中国传统文化中的封闭性、拒绝性。于是，文化暴力压迫中的朦胧的地平线，被并非推论出来的实践的阳光照亮了。在强烈的阳光照耀下，另类"单向度的社会"走向了崩溃。在强调先知后行、知行统一的马克思主义性质的知行观的作用下，整个社会决然地转向了生活实践本身。历史的负重造成了传统中国知识分子的片面发展，失去了争取自由、解放的正确理论，新渗入的马克思主义话语终于使他们有了认识世界、探索真理的科学武器。他们不再因为未找到正确的认识道路而茫然发出无奈的呐喊，他们已经在《实践论》的指导下进行自觉的行动。这样，他们就开始抛弃偏重一方，只注重知性、理性的思考方式，而选择在实践的基础上坚持知行并重。这就使他们有了更多的能动性，也体现了更强的个性。在迷惘和错误中走了几千年以后，中国知识分子终于走上了一条放弃盲目服从、被动参与而在实践基础上发挥自己主观能动性的与中国传统完全不同或者截然相反的道路。

---

① 《毛泽东选集》第1卷，人民出版社，1991，第287页。
② 同上书，第293页。

二　前进中的曲折——现代中国知识分子自由的暂时终结

在《实践论》话语向中国语境渗入的过程中，有一种奇怪的现象：知识分子止步于现实，不愿或不能进一步去认识必然，造成中国文化领域奇特的"围城"景观。处于围城中的文化工作者们，丧失了探索必然性的冲动，没有了个性表现上的摇曳多姿，基本上是处于被动接受的地位，从而使自己处于"失语"状态，不能把握新的必然性，不能体现自己的个性的状态，实际上呈现出不自由的状态。

究其原因，在于中国现代社会的特殊性。20 世纪 30 年代末，中国处于一种二元对立状态。国民党统治区域实际上已落在时代精神之后。《实践论》是新生事物，却是"正统"的统治者的敌人。统治这个世界的非匿名权威当然不能容许这种先导性的马克思主义认识论思想侵蚀它原本就非常脆弱的话语基础。直接源于对《实践论》的恐惧，统治者开动了能开动的全部机器，在每个人的天空撑起了一把无形的油纸伞，以拒绝来自《实践论》的和煦阳光。由于它正面认可了暴力，以在社会上制造恐慌，消解知识分子对新的话语的亲切感，从而把封建主义的直接专制变成了复合性的暴力统治。

当然，也有一类知识分子是主动失语与环境相契合。几千年的世俗社会造成了一种普遍化的大众世俗性社会心理："流行"崇拜总是和自我发展一起存在。在显意识层面他们主动放弃了自己的话语权，不去探索新的必然性，似乎如此路径能使他们达到人生的圆满境界甚至成为各方面都最充分发展的超社会完人。事实上，他们完全被动式的参与只能是现代中国社会另一类阿 Q 式的幻想。他们在失去自己发言权的一刹那，也就无情地否定了自己的存在，否定了自己认识新的必然性，按新的必然性行动，争取自由的原则。在现存世界中，他们一直在努力似乎也找到了通向个人发展顶峰的另一个不同的世界的隧道，但在隧道的尽头，他们的个体性已经迷失，也没有认识新的必然性，因此也就谈不上有任何发展，也不会有现实的自由。

三 否定之否定——现代中国知识分子摆脱困境再生的必然性

毫无疑问，我们不能说现代中国知识分子上述的这种困境是超长期的无法摆脱的永恒困境。在最充分的意义上，它只是一种暂时性的东西。人类社会实际上是各种矛盾交织形成的巨大网络。其中事物的发展，是按螺旋式而不是直线式进行的，是包含局部的或暂时的倒退、停滞在内的曲折前进的运动。但是，社会的发展终究会给自己开辟道路。在这种条件下，社会巨大网络上呈现的冲突只能说是一个个相对的、暂时的矛盾。它们或可是时代的宠儿，但也一定会成为时代的弃儿。因为本性上流动的人和人类社会在以其活动引发这些矛盾的同时，也在以其稍后的活动宣判这些暂时性的矛盾的死亡。现代中国知识分子难以主动对现实发言，难以认识新的必然性，本质上完全是临时性的矛盾，最终会通过否定之否定而使现代中国知识分子达到新的自由。

毛泽东写《实践论》，就是要解决人们长期以来在知和行的关系方面形成的固有认识问题。不难想象，任何新生话语的引入者都希望被引入的新生话语能够渗入被指向对象的本质，成为他们生命中的一部分从而使他们得到全面、彻底的解放或至少具有全面、彻底的解放的可能性。

第二节 《实践论》对现代中国非知识分子
知行观的影响

一 《实践论》能影响到非知识分子知行观的缘由

毛泽东在陕甘宁边区文教工作者会议上所做的讲演中指出："我们的文化是人民的文化，文化工作者必须有为人民服务的高度的热忱，必须联系群众，而不要脱离群众。"① 这是毛泽东对文化工作者（知识分子）在改造群众思想文化教育工作中提出的要求。按照这个要求，千千万万的文化工作者以不同的方式深入群众中间，以不同形式对群众进行了广泛的教育。毛泽东指出："不但要有集中的正规的小学、中学，而且要有分散的不正规的村学、读报组和识字组。不但要有新式学校，而且要利用旧的村塾加以改造。在艺术工作方面，不但要有话剧，而且要有秦腔和秧歌。不但要有新秦腔、新秧歌，而且要利用旧戏班，利用在秧歌队总数中占百分之九十的旧秧歌队，逐步地加以改造。"② 这表明，在毛泽东等人的号召下，广大知识分子事实上已在新文化（包括《实践论》）和非知识分子群体之间架起了若干座桥梁。非知识分子只要愿意，就可以通过其中的任何一座桥梁到达新文化所在的彼岸。

毛泽东认为，文化工作者在工作中必须坚持两条原则："一条是群众的实际上的需要，而不是我们脑子里头幻想出来的需要；一条是群众的自愿，由群众自己下决心，而不是由我们代

---

① 《毛泽东选集》第 3 卷，人民出版社，1991，第 1012 页。
② 同上书，第 1011~1012 页。

替群众下决心。"① 这包括两层意思，一是文化工作者要从群众的实际需要出发，根据群众的自愿来工作；二是只要是群众实际需要的、群众自愿的，都会受到群众的欢迎，对群众产生巨大的影响。《实践论》就是非知识分子群体（群众中的大部分）实际需要的，也是非知识分子群体自愿需要的。一方面，非知识分子群体需要《实践论》。毛泽东在《文化工作中的统一战线》中说："迷信思想还在影响广大的群众。这些都是群众脑子里的敌人。"② 《实践论》正是颠覆这些敌人的最好武器。掌握、领会知和行的关系，认识到人只能先实践、后认识，然后在认识的基础上再实践、再认识，以至无穷，可以使非知识分子群体更好地抵御先知后行的唯心主义知行观的影响，颠覆自己头脑中的错误认知，避免自己在活动过程中犯错。另一方面，《实践论》也是群众自愿需要的。在非知识分子群体中，很大一部分是无产阶级和半无产阶级，这一部分人因为各种原因，没有掌握较多的文化知识，但是他们无时无刻不在希望自己能享受自由，得到解放。在《湖南农民运动考察报告》中，毛泽东就指出："很短的时间内，将有几万万农民从中国中部、南部和北部各省起来，其势如暴风骤雨，迅猛异常，无论什么大的力量都将压抑不住。他们将冲决一切束缚他们的罗网，朝着解放的路上迅跑。"③ 不过，较长一段时间以来，由于没有先进的理论的指导，他们反帝反封建的运动一再遭受到失败。因此，为了彻底搬掉压在头上的帝国主义、封建主义和官僚资本主义"三座大山"，为了争取自由、解放，非知识分子一直渴望拥有先进

① 《毛泽东选集》第3卷，人民出版社，1991，第1013页。
② 同上书，第1011页。
③ 《毛泽东选集》第1卷，人民出版社，1991，第13页。

的思想武器的指导。现在能够使他们取得幸福的武器就在眼前，《实践论》所主张的先行后知、知行统一的认识论就是他们获得自由、解放的最锐利的武器。

毛泽东特别注意走群众路线。他指出："我们的第一个方面的工作并不是向人民要东西，而是给人民以东西。我们有什么东西可以给予人民呢？就目前陕甘宁边区的条件说来，就是组织人民、领导人民、帮助人民发展生产，增加他们的物质福利，并在这个基础上一步一步地提高他们的政治觉悟与文化程度。为着这个，我们应该不惜风霜劳苦，夜以继日，勤勤恳恳，切切实实地去研究人民中间的生活问题，生产问题，耕牛、农具、种子、肥料、水利、牧草、农贷、移民、开荒、改良农作法、妇女劳动、二流子劳动、按家计划、合作社、变工队、运输队、纺织业、畜牧业、盐业等等重要问题，并帮助人民具体地而不是讲空话地去解决这些问题。"① "因为我们是为人民服务的，所以，我们如果有缺点，就不怕别人批评指出。不管是什么人，谁向我们指出都行。只要你说得对，我们就改正。你说的办法对人民有好处，我们就照你的办。'精兵简政'这一条意见，就是党外人士李鼎铭先生提出来的；他提得好，对人民有好处，我们就采用了。只要我们为人民的利益坚持好的，为人民的利益改正错的，我们这个队伍就一定会兴旺起来。"② "共产党员是一种特别的人，他们完全不谋私利，而只为民族与人民求福利。他们生根于人民之中，他们是人民的儿子，又是人民的教师，他们每时每刻地总是警戒着不要脱离群众，他们不论遇着何事，总是以群众的利益为考虑问题的出发点，因此他们就能获得广

---

① 《毛泽东文集》第2卷，人民出版社，1993，第467页。
② 《毛泽东选集》第3卷，人民出版社，1991，第1004~1005页。

大人民群众的衷心拥护。"① 这样，广大社会成员（当然包括非知识分子）出于对坚持为群众服务的自己领袖的衷心拥护和热爱，就会自觉或不自觉地对毛泽东的观点表现出强烈的亲和感、认同感，《实践论》等毛泽东著作因此对他们产生了很大影响。

从理论自身的逻辑来看，其一，理解自身的辩证法规定了《实践论》能影响到非知识分子的知行观。根据现代客观性立场的解释学，作品的意义是作者赋予的。作者通过作品表达一定的思想感情，它不依赖于读者，是作品自身固有的，不会随时代的变化而变化，变化着的东西只有两个方面：一是作品对读者和时代的意义即价值关系，二是读者理解到的意义。这两者都不能离开读者而存在，是依赖于读者的。所以，我们既不能把作品对读者和时代的意义和作品自身的意义混同起来，也不能把读者理解到的意义和作品自身的意义混同起来。由此可见，在现代客观性立场的解释学视域中，因为《实践论》作为文本被作者赋予了固定不变的意义，所以《实践论》影响到非知识分子的知行观就可以解读为非知识分子把握到《实践论》文本的意义，并用《实践论》当中辩证唯物的实践观来指导自己的行为。在这个过程中，广大非知识分子受到诸多条件的限制因而使他们理解和把握《实践论》文本传达的作者的思想感情具有相对性。

一是广大非知识分子是作为《实践论》的理解者而存在的，因而都不可避免地呈现出一定的与理解有关的主观因素，如经验、情感、信仰、价值观、世界观、人生观、生活观、历史观、思维方式和科学知识等。它们相互交融在一起，为非知识分子

---

① 《毛泽东文集》第 3 卷，人民出版社，1996，第 47 页。

理解和把握《实践论》提供了一个"看"的视域。如此视域总是有一定的局限性，使作为理解者的非知识分子在理解和把握《实践论》时带有"偏见"。从方法论的角度来看，理解者可以更换视域，克服原来的"偏见"。不过从根本上来说，理解者的"偏见"是不可能克服的。克服了"偏见"，理解者就没有了视域，不仅理解活动根本不可能发生，遑论去把握《实践论》内含的意义。所以，只要现实地发生理解《实践论》的活动，以价值观念、思维方式等凝聚而成的与理解相关的一切主观因素就时时刻刻萦绕在非知识分子的心头，制约着他们对《实践论》的理解。

二是虽然从根本上来说，《实践论》的思想来源于实践，但《实践论》本身的本质是作者对外在客观世界的抽象，是其头脑中的精神，所以必须借助于《实践论》的文本这个物质载体，通过其内含的意义才能把自己传达给非知识分子。因此，《实践论》影响非知识分子的知行观也可以说就是《实践论》文本的意义影响非知识分子的知行观。由于《实践论》文本的意义内含于文本中，既不是客观的物质存在，也不是人头脑中的精神活动——主观意识也即精神存在。它仅仅是被《实践论》文本传达的作者头脑中的精神，是精神的代表而不是精神本身，不是存在物或某东西。由此，非知识分子在理解《实践论》文本的意义时，其理解活动不能也不是直接指向不是存在物或某东西的《实践论》文本的意义，而是以间接的方式，先借助于《实践论》文本的局部来理解和把握《实践论》文本整体，再借助于《实践论》文本整体来理解和把握《实践论》文本的局部。这就表明，非知识分子每一次具体的理解活动只是整个循环运动中的一个环节，因而是不完善的或相对的。

　　三是《实践论》是由语言符号表达的，为此一方面作为一种物理存在的表达《实践论》的语词和不是作为存在的"存在"（也即《实践论》文本传达的意义）会出现矛盾。非知识分子只能通过语词这一物理存在去把握作品内含的意义或被传达的作者的思想，而语词这一物理存在和《实践论》文本的意义这一不是作为存在的"存在"不是直接同一的。另一方面，作为理解《实践论》的主体的人民群众也有自己的语言，他们只能通过自己的语言才能去理解以对象身份出场的表达《实践论》的语言。因此，广大非知识分子理解和把握《实践论》的过程，一般也是把作为对象表达《实践论》的语言翻译或转换成自己的语言的过程。否则，表达《实践论》的语言就会由于不是非知识分子自己的语言而不能被非知识分子所把握和理解。以翻译的过程为例，从表面来看，翻译是一种语言符号形式向另外一种语言符号形式的转换，实质上是在语言符号系统之间寻找等价词和句子的过程。而在现实生活中，相异的语言符号之间，在宗教、认知、风俗、习惯、地域、情感等多种因素的共同作用下绝对同义的词和句子的比例是小之又小的。由此可知，翻译总体上都是对出发语言的近似表达。这种情况在非知识分子理解和把握《实践论》文本意义的过程中表现得尤为突出。因为与非知识分子的文化水平相联系，所以表达《实践论》的语言转换成他们的自我语言一般是通过知识分子的中介完成的。为此，原生形态的表达《实践论》的语言实际上要经过两次"翻译"的过程才能成为非知识分子自己的语言，因而更加拉大了《实践论》和非知识分子的理解之间的"距离"。

　　虽然非知识分子理解和把握《实践论》文本的意义因为诸多条件的影响而具有相对性，但是这些条件在规定其相对性的同时，也规定了它的可能性、客观性，规定了《实践论》能对非知识分子产生影响的绝对性。首先，非知识分子虽然只能在由自己经验、情感以及价值观念等组成的有"偏见"的视域中"看"马克思主义，但是，视域有"偏见"并不等于没有视域。正是因为这种有"偏见"的视域的存在，才保证了非知识分子能够"看"到《实践论》的意义，由此能够建构起沟通自己和《实践论》文本意义之间的桥梁，理解和把握《实践论》内含的实践观。其次，在一定的语境中，以一种物理存在的语词的"所指"并不是任意的，而是具有相对的确定性。这表明，在《实践论》的文本中，物理存在的语词和其传达的无形无相的意义尽管存在不直接同一的矛盾，但是只要通过一定的语境，语词表达的《实践论》作者的思想感情就一定可以得到相对的确定。这样，使用物理存在的语词"恰如其分"地传达不是存在的"存在"的意义就具有了绝对性。另外，传达《实践论》文本意义的语言和非知识分子自我语言之间存在差异并不排斥它们属于同一语言体系。在这种情况下，两者由于遣词造句等个人使用方面的不同，使表达《实践论》的语言需要经过翻译才能转换成非知识分子的自我语言。不过，在同一语言体系中，语言的意义单位、句法结构、形式功能、交际环境以及影响该种语言体系的生态环境、物质文化、社会习俗等方面肯定具有共同性。由此也决定了一个人的语言，无论是口头语言还是书面语言，也必须与属于同一语言体系的他人的语言具有共通性。借助于这种共通性，非知识分子就能够把表达《实践论》的语言翻译成自己的语言，达到对《实践论》文本意义的理解。最后，非知识分子在理解和把握《实践论》文本意义的过程中从理解局部到理解整体，再从理解整体到理解局部的循环，并不是原地循环的转圈活动，而是一种螺旋式的前进上升运动。他们对整体的正确理解保证了对局部的正确理解，而对局部的正确理解又保证了对整体的正确理解。理解的每一次循环，从总体上来说，不是使理解远离《实践论》文本传达的意义，而是使理解更接近《实践论》文本传达的精神。

二 "凡是合乎理性的东西都是现实的"①

《实践论》是"合乎理性的东西"，因而它必然现实地进入非知识分子的现实生活、工作和学习中与非知识分子对接，并在这种现实的对接过程中作用于非知识分子的知行观。在《路德维希·费尔巴哈和德国古典哲学的终结》中，恩格斯指出："在发展进程中，以前一切现实的东西都会成为不现实的，都会丧失自己的必然性、自己存在的权利、自己的合理性；一种新的、富有生命力的现实的东西就会代替正在衰亡的现实的东西——如果旧的东西足够理智，不加抵抗即行死亡，那就和平地代替；如果旧的东西抗拒这种必然性，那就通过暴力来代替。这样一来，黑格尔的这个命题，由于黑格尔的辩证法本身，就转化为自己的反面：凡在人类历史领域中是现实的，随着时间的推移，都会成为不合理性的，就是说，注定是不合理性的，一开始就包含着不合理性；凡在人们头脑中是合乎理性的，都注定要成为现实的，不管它同现存的、表面的现实多么矛盾。"②因此，只要是合理的东西，哪怕它刚产生的时候只是星星之火，也可以燎原，因其合理性最终爆发出无与伦比的力量，由点及面产生深刻而广泛的影响。《实践论》提出的、坚持的先行后

---

① 〔德〕黑格尔：《法哲学原理》，范扬等译，商务印书馆，1961，第11页。
② 《马克思恩格斯文集》第4卷，人民出版社，2009，第269页。

知，由实践到认识，再由认识到实践飞跃，不断向前跃迁发展的知和行的关系论断是一个正确的、符合客观实际的、能够揭示真理的科学观点。所以，就《实践论》的理论本性来说，它作为"合乎理性的东西"都会成为现实的东西，也即一定会对现实产生影响。中国社会成员，无论是知识分子还是非知识分子，肯定都会受到《实践论》的影响。

三 《实践论》对现代中国非知识分子群体影响的方式、过程和结果

"每一种社会形式和思想形式，都有它的特殊的矛盾和特殊的本质。"①《实践论》对中国社会非知识分子群体的影响在方式上相对于它对知识分子的影响也有其特殊性。就知识分子而言，他们都经过了较系统、较深入的学习阶段，都掌握了一定的科学文化知识。在他们的生活中，与书本打交道是经常性的。具备一定的文化修养也使他们经常产生接触文字的冲动。在很多时候，书籍已经融入了他们的生活甚至成为他们生命的一部分。因此，当他们拿到《实践论》时虽然其中某些范畴让他们感到难以理解，但毛泽东的表述还是让他们大体上能了解《实践论》，懂得它分析的主要问题，从而可以在不借助外力的作用下有所收获。随着时间的推移，随着正确认识方法的运用，收获的成果也会越来越多。显然，《实践论》对知识分子的影响在方式上是直接的。非知识分子群体就不同了，《实践论》很难直接对他们产生影响。因此，这就需要一个中介，一个中间环节，在马克思主义哲学理论（包括《实践论》）和中国非知识分子群体之间架起桥梁，使中国非知识分子群体能顺利走入马克思

---

① 《毛泽东选集》第 1 卷，人民出版社，1991，第 309 页。

主义哲学理论的深层，掌握它的精神实质，使马克思主义哲学理论真正成为最广大人们的有力的解放武器。"我们今天开会，就是要使文艺很好地成为整个革命机器的一个组成部分，作为团结人民、教育人民、打击敌人、消灭敌人的有力武器，帮助人民同心同德地和敌人作斗争。"① 充当这个中介的就是中国知识分子。这说明，《实践论》对中国现代非知识分子群体的影响在方式上是间接而非直接的。它表现为从《实践论》到中国知识分子再到中国非知识分子的影响作用方式。由于知识分子充当了《实践论》影响非知识分子的中介，所以，《实践论》对中国现代非知识分子群体的影响在过程上与对现代知识分子群体的影响遵循同样的轨迹，也是按照从肯定到否定再到否定之否定的轨迹发展的。在《实践论》颠覆了中国传统的唯心主义性质的知行观，使中国现代知识分子获得新生时，这种新气象也通过知识分子群体传递给了非知识分子群体，让现代中国非知识分子群体因为有了正确思想的指导而自觉放弃了自己的经验主义，开始注重在知行观方面坚持认识和实践的统一，因而较彻底地摆脱了他们身上"重行不重知"的制约，使自己在解释世界、改造世界的过程中变得更加自觉、更有力量。

四 《实践论》对现代中国非知识分子影响的艰巨性和长期性

毛泽东指出："我们反对群众脑子里的敌人，常常比反对日本帝国主义还要困难些。"② 中国社会非知识分子群体会受到《实践论》的巨大影响，然而产生影响的过程也不是轻而易举就

---

① 《毛泽东选集》第 3 卷，人民出版社，1991，第 848 页。
② 同上书，第 1011 页。

能完成的。非知识分子群体极少识字或者不识字，几乎不能阅读，这造成了影响发生的困难性。但更为重要的是，在新中国成立以前，非知识分子大多生活在中国社会的底层，他们直接为上一层社会成员提供各种必要的生产、生活资料。他们虽然是整个社会的主要生产者，但是一直生活在受奴役和受压迫的阴影里。他们的生活充满了辛酸和泪水。在缺少弹性的现实生活中，他们极难获得幸福。于是，他们便把祈求幸福的目光投向了美好的虚拟世界。

例如，在抗日战争时期，"济南、泰安相继沦陷后，散布在泰山各地的会道门纷纷设坛收徒，发展组织，会门名称有 10 余个，人数多达数万人，其中以莱芜的硬拳道、泰安的无极道、博山的堂天道、罘风道等最有影响"。① 即使"解放区的文化已经有了它的进步的方面，但是还有它的落后的方面。解放区已有人民的新文化，但是还有广大的封建遗迹。在一百五十万人口的陕甘宁边区内，还有一百多万文盲，两千多个巫神，迷信思想还在影响广大的群众"。② 这些封建性质的会道门、巫神等宣扬的迷信思想影响着非知识分子，让他们在封建迷信思想构建出的虚拟的世界里寄托他们的希望。但是，文化上的低素质使他们不能认识到这个虚拟的世界也是一个颠倒的世界。当《实践论》试图颠覆这个世界时，"实"与"虚"便发生了激烈的冲突。虽然因为其虚幻性最终会在实践的面前消失，但是，这场冲突将是长期的、异常艰难的。因此，面对日本侵略中国，中日民族矛盾上升为主要矛盾的形势，时时刻刻注意紧紧抓着

---

① 梁家贵：《抗日战争时期日本利用操纵山东会道门述论》，《抗日战争研究》2003 年第 3 期。

② 《毛泽东选集》第 3 卷，人民出版社，1991，第 1011 页。

《实践论》中的知行统一观，采取各种形式对非知识分子群体进行理论联系实际的教育，以使他们尽快掌握、具有科学的实践观，从而更好地推进抗日民族统一战线，就是在抗日文化工作中必须完成的一项重要任务。

第三节 《实践论》对国外哲学的影响

一 《实践论》在苏联、东欧社会主义国家的哲学影响

1948 年，苏联有关部门开始把出版于中国东北解放区的《毛泽东选集》翻译成俄语。后来，尤金来华参与《毛泽东选集》第一、二卷的编辑工作。在他的建议与努力下，苏共中央理论刊物《布尔什维克》全文刊发了毛泽东的《实践论》，后来《真理报》又加以转载，并且该报编辑部还发表了编辑部文章《论毛泽东的著作〈实践论〉》。文中认为，毛泽东写这一著作正是为了用马克思主义的认识论观点去揭露教条主义者和经验主义者——特别是教条主义者的主观主义错误。毛泽东在其著作中简洁和明晰地概述了唯物论的认识论——反映论。毛泽东在他的著作中发展了马克思列宁主义关于辩证唯物论的认识论的基本原理，关于实践在认识过程中的作用的基本原理，关于革命理论在实际革命斗争中的意义的基本原理，关于客观的东西与主观的东西在认识中的统一的原理。他们认为，毛泽东全面地考察了辩证唯物论的认识论，并且论证了和发展了每一个原理。文章强调，毛泽东这一著作的特点就是对复杂的哲学问题的深刻的马克思主义的分析上叙述的形象性和辩证性的统一，发展了马克思主义的绝对真理和相对真理的原理，广大苏联科

学界将带着极大的兴趣来阅读《实践论》这一论文。① 在阅读过程中，"苏联人认为这篇论文'发挥'了马克思主义的基本概念，而另一些人则断言，这篇论文'补充并发展了'马克思主义的基本概念。评论家们指出，这两种说法，苏联的报刊只用于评价列宁和斯大林所作的贡献"。② 当《实践论》首次在北京出版的《毛泽东选集》第一卷上发表时，苏联的评论家们"一致强调，这篇文章属于马列主义路线的"。③ 从这些文字中可以看出，苏联对《实践论》的评价非常高，《实践论》受到了苏联理论界的肯定并对苏联学术界产生了积极影响。

在东欧，《争取持久和平，争取人民民主》中文版是欧洲共产党和工人情报机关刊物。该刊在第 74 期发表《毛泽东的哲学著作〈实践论〉》（作者是伏尔科夫）指出："《实践论》说明了辩证唯物主义认识论的基本原理。这篇著作渗透着党性和对唯心主义与主观主义以及庸俗经验主义的不可调和性。它的目的在于教育干部来进行中国革命，它是在这个斗争正进行的过程中写的，因此，它是理论与实践之统一这一命题的活生生的体现。这篇著作具有一种简单明了而生动的风格，各国共产党的积极党员读到它时无疑将得到裨益，而且它无疑是这些政党在反对唯心主义者及经验主义者歪曲马克思列宁主义哲学及认识论的斗争中的重要资产。"④ 这说明，一方面，《实践论》中的思想是对客观规律的正确反映，是真理，因此受到了东欧各国人民的普遍承认和广泛接受；另一方面，《实践论》也推动了东欧各国更好地理解、捍卫辩证唯物主义的认识论，更好地反对

① 赵永茂等：《毛泽东哲学思想研究在国外》，中共中央党校出版社，1993，第46~47页。
② 同上书，第48页。
③ 同上。
④ 同上。

唯心主义、主观主义和庸俗经验主义，更好地在自己的行动中坚持理论和实践的统一。"总之，对于《实践论》……的重新发表，苏联、东欧哲学理论界倾注了极大的热情，给予充分的肯定和研究。罗森塔尔·尤金编的《简明哲学辞典》第四版中说：'毛泽东在那个时期的卓绝的哲学著作《实践论》……致命地打击了教条主义和经验主义……是根据中国历史和中国人民解放战争的具体材料创造性地解决马克思列宁主义哲学问题的卓越典范。'康士坦丁诺夫主编的《苏联哲学百科全书》认为，毛泽东的《实践论》……对于马克思主义哲学的发展作出了重大贡献，对中国共产党人的思想教育起了巨大的作用。"①

二 《实践论》在日本、欧美国家的哲学影响

1951年4月第57期日共理论刊物《前卫》全文发表了毛泽东的《实践论》。从那时起，《实践论》的哲学思想开始对日本产生重要影响。"日本的群众很重视学习《实践论》，理论界很重视研究《实践论》。他们的毛泽东哲学思想研究的著作、文章，不涉及《实践论》的几乎没有。"② 正因为如此，日本在研究《实践论》方面达到了较高的水平。随着越来越深入地了解《实践论》的实质，诸多日本学者和普通群众感受到了《实践论》的真理性力量，不少人越来越自觉地认同《实践论》。在某种程度上，《实践论》已经深入了日本的社会，成为日本国内一些人生活的一部分。"不但40岁以上的知识分子，几乎没有不谈'两论'的，就是广大工农群众，青年学生，学习毛泽东

---

① 赵永茂等：《毛泽东哲学思想研究在国外》，中共中央党校出版社，1993，第51页。
② 同上书，第101~102页。

的'两论'的人数也十分可观，并且力图以'两论'的观点分析问题，指导工作和斗争……提高自己的思想水平。"① 有日本国民也说："伟大毛泽东的《实践论》、《矛盾论》一刻也不离我的身，我相信它对我们日本人民是有极其重大意义的理论武器。"② "东京一些青年组织了'毛泽东思想研究会'，每星期聚会一次，学习毛泽东著作，一直坚持下来。他们在一年多的时间里，一共学习了毛泽东著作《论人民民主专政》、《和美国记者安娜·路易斯·斯特朗的谈话》、《实践论》以及《人的正确思想是从哪里来的?》等多篇文章。"③

在学习、研究《实践论》的过程中，日本学者认为《实践论》把马克思主义哲学推向了新的发展阶段，在《实践论》这篇文章中，存在许多创造性的东西，丰富和发展了马克思列宁主义哲学，"是试图把唯物主义认识论放在实践论的一个侧面加以理解的哲学上的最早的尝试"④，是群众性、实践性与深刻性的理论内容的统一。在有关《实践论》的具体内容上，日本学者新岛淳良指出："《实践论》是抗日军政大学的教科书，其任务是如何把上述的知行关系的论述同马克思、恩格斯、列宁、斯大林的'马克思主义'结合起来，大胆一点说，是如何超过它的问题。"⑤ 藏原惟人进一步具体说明了毛泽东的《实践论》"把认识分为感性的认识与理性的认识，而所谓理性认识的'理性'同我们通常所说的'知性'的意思是同样的，也就是把感

---

① 赵永茂等:《毛泽东哲学思想研究在国外》，中共中央党校出版社，1993，第138~139页。
② 同上书，第94页。
③ 同上书，第93~94页。
④ 同上书，第105页。
⑤ 同上书，第102页。

觉得来材料综合整理成为概念的思维作用"。①"毛泽东在这篇论文（指《实践论》——引者注）里，从理论上，实际上批判了各种各样的偏向，其中不少地方值得我们借鉴。例如在引用列宁的'没有革命的理论，就不会有革命的运动'的话来证明理论的重要性的同时，他强烈主张实践更为重要。……在这里，他还批判了'左'翼空谈主义。他说：我们也反对'左'翼空谈主义，他们的思想超过客观过程的一定发展阶段，有些把幻想看作真理，有些则把仅在将来有现实可能性的理想，勉强地放在现时来做，离开了当前大多数人的实践，离开了当前的现实性，在行动上表现为冒险主义。"②

此外，在日本学者中，藏原惟人和田坂静夫等人还就毛泽东的《实践论》发生了论争。藏原惟人在《历史中的辩证法》一文中认为，毛泽东的《实践论》是"以二十世纪二十年代末到三十年代前半期的苏联哲学的所谓'列宁阶段'里产生的、以米丁等为中心的教程、辞典的著作为基础的，而且不少部分几乎完全是借用的，毛泽东增加了自己的若干解释和中国革命的历史运动的实例。与其说它们是建立在马克思、恩格斯、列宁等的经典研究之上而写成的著作，莫如把它说成基本上通过从日本翻译的这些苏联的教科书的著作的学习而写成的。这在当时的中国，尤其是在延安这个特殊的地方是不得已的，所以我绝不否认毛泽东在那种境况下集中写成的哲学著作的积极意义以及它对当时的中国和战败后的日本所给予的启蒙的意义。但是，同时也要看到，它反映的是一九三〇年前后以苏联为中心的马克思主义的

---

① 《日本学者论〈实践论〉、〈矛盾论〉》，王乐夫译，广州地区高等院校哲学教研组编印，1981，第5~6页。
② 同上书，第6~7页。

哲学水平以及毛泽东自己理解它的中国的思维方法"。^①至于实践概念，"马克思主义的实践是指全人类的实践，而毛泽东的实践却是指个人的实践（直接的实践）"。^②

田坂静夫在《论真理性的证明——评藏原惟人对毛泽东哲学观点的批判》中提出了与藏原惟人不同的意见。他批驳了藏原惟人断定毛泽东的实践概念是错误的观点，指出毛泽东确实是重视个人的体验，不过只要"从毛泽东稍许详尽地说明个人实践来看，也不能说他只重视个人实践，而忽视向全人类的实践学习"。^③"关于从全人类的实践中学习和从个人实践中学习，毛泽东都有论述。然而，在此必须注意的是，向全人类学习的是个人，学习也是通过个人的实践来进行的。学习或实践都是个人的实践，即使是集体进行的，也是要通过每个人的头脑来领会的。"^④同时，田坂静夫还指出，尽管藏原惟人一再引用并称赞恩格斯、列宁等的文章，但是这不过是掩盖其思想的贫乏而已。关于实践，"列宁的目的和精神同毛泽东是完全相同的"，但毛泽东却不是对列宁加以模仿，"与此相反，毛泽东在这个问题上却有方法和对策"。^⑤

藏原惟人和田坂静夫关于毛泽东《实践论》的论争实际上也反映了日本学界对《实践论》的创造性特质及其版本异同等多方面论题的关注。近年来，日本学界有人在尝试对《实践论》形成的历史发展及其与20世纪30年代苏联哲学以及中国的艾思

---

① 广州地区高等院校哲学教研组编印《日本学者论〈实践论〉、〈矛盾论〉》，王乐夫译，1981，第4页。

② 同上书，第14页。

③ 同上书，第15页。

④ 同上。

⑤ 同上书，第16页。

奇、李达哲学的联系进行考察，就是这一研究趋向的进一步深化。它们所得出的结论当然不那么可靠，但也反映了日本学者对《实践论》研究在一定程度上还是倾注了极大的热情。

欧美发达资本主义国家学者也将关注的目光投向了《实践论》。虽说有褒有贬，但都从不同侧面展现了《实践论》的哲学思想对欧美资本主义世界产生了巨大的学术性影响。总的来看，源于"寻求真理乃是人所共有的本性"①，欧美广大学者对《实践论》中有关认识与实践关系的论述比较重视。他们"对它的研究评述很多"。② 通过研究、评述，他们"增长了新知识，开阔了认识的新天地。打破了资本主义意识形态的一统天下"。③ "如英国的琼斯说：'从他的著作来看，我认为他是一位历史上最伟大的哲学家，他的实事求是地解决问题的办法和通情达理的思想吸引了我'。挪威一位人士说：'对我们这些北欧小国的人民来说，毛泽东永远是我们的导师。他教导我们改造社会。我们记得《实践论》和《矛盾论》打开了我们对事物的新认识'。德国共产主义工人联盟声明指出：'毛泽东一直是我们的伟大导师。他的《实践论》和《矛盾论》等著作，在革命的德国共产党内成了教科书'。"④ 法国巴黎第八大学中文系教授米歇尔·卢瓦执笔为《实践论》法文版写了前言。在其中，米歇尔·卢瓦认为《实践论》以无可争辩的事实提供了以实践表现出来的深刻的一致性，这种一致性使毛泽东的全部著作连成一体，并保证运用这种认识论的全部实践前后一贯。在论述认识的辩证过程时，卢瓦注意到了

① 〔英〕乔纳逊·伯内斯：《亚里士多德》，余继元译，中国社会科学出版社，1989，第10页。

② 赵永茂等：《毛泽东哲学思想研究在国外》，中共中央党校出版社，1993，第157页。

③ 同上书，第150页。

④ 同上。

毛泽东关于思维和思想的区别，以认识的相对性原理，批评了教条主义不懂得通过思维上升到思想的高度，体现了较深厚的理论素养。卢瓦还认为，《实践论》同西方的传统哲学是根本对立的。西方传统哲学把认识置于实践之上，而且具有超阶级性。因此，不能没有根据地责难《实践论》中吸收了"实用主义""经验主义""功利主义"的观点。卢瓦的这个观点得到了美国《哲学百科全书》（The Encyclopedia of Philosophy）的肯定："有人提出毛泽东把经验主义的因素带入了唯物辩证法，但是研究这两篇著作（《实践论》、《矛盾论》）绝不能得出这种结论。"①

此外，值得一提的是，当代法国左翼理论家茱莉亚·克里斯蒂娃②专门围绕毛泽东的《实践论》发表了大段论述。这或许是缘于这种可能性："实践问题是克里斯蒂娃理论大厦坚硬内核的一部分，而对毛泽东《实践论》的讨论构成了讨论实践问题不可或缺的、有机的一环。……《实践论》强调了人的实践活动在历史发展进程中的重要性。人，作为主体，是有意识的社会性存在。人在社会实践中形成认识，并在认识的指导下从事实践活动。人的认识可以用来解释世界，但最终是为了改变世界。人要改造自己，改造环境，这是在主观层面与客观层面的双重改造。这正是《实践论》最吸引克里斯蒂娃的理论特质。"③ 与此相关，茱莉亚·克里斯蒂娃提出："毛泽东在他的文章《实践论》中……强调个人的和直接的经验是实践的重要物质特性……只有在社会实践的客观连续性中不断重复的现象才有可能产生飞跃，即出

---

① 赵永茂等：《毛泽东哲学思想研究在国外》，中共中央党校出版社，1993，第159~160页。

② 茱莉亚·克里斯蒂娃，巴黎第七大学教授，1941年6月24日出生于保加利亚东部小镇斯利文，1966年12月移居法国。她是法国哲学家之一，也是20世纪60年代以来法国符号学运动的领军人物、文学评论家和精神分析学家。

③ 张颖：《实践的主体与主体的实践：茱莉亚·克里斯蒂娃论毛泽东的〈实践论〉》，《文艺理论与批评》2019年第2期。

现建立内在联系的概念。毛泽东强调了实践的两个方面，它须是'个人的'并且需要是'直接经验'。"①有鉴于此，对《实践论》中阐述的"实践—真理—实践"的循环往复地在改造客观世界的同时改造主观世界的过程，茱莉亚·克里斯蒂娃提出了她的看法：毛泽东"提出了一个三步法：实践—真理—实践，且同时暗示在其中的每一步之中，'被理解的客观存在'和试图理解它们的'意识'都处在不同的状态中。因此需要区分在实践中出现的真实客观存在和与其相关的科学知识。科学知识得出科学真理，进而引向新的实践检验"。②这样《实践论》就在主客观世界的双重改造中向茱莉亚·克里斯蒂娃等知识分子展开了一个由它构建的先锋知识分子所憧憬的世界。

三 《实践论》在第三世界国家的哲学影响

第二次世界大战后，以《实践论》等著作为代表，毛泽东的哲学思想在第三世界国家得到了广泛传播。"亚、非、拉美许多国家和地区，以各种不同的文字，出版发行《毛泽东选集》和毛泽东著作的各种单行本，为毛泽东思想的传播提供了条件。毛泽东著作在非洲的发行量逐年增加，到 1963 年已达 10 万册。1963～1964 年，毛泽东的《论持久战》、《实践论》、《矛盾论》、《关于领导方法的若干问题》、《唯心历史观的破产》等哲学著作先后出版发行；《实践论》和《关于领导方法的若干问题》各发行 5 万册。1958 年，印度就出版了毛泽东的《关于正确处理人民内部矛盾的问题》一书。1964～1965 年，《实践论》、《矛盾

---

① 〔法〕克里斯蒂娃：《诗性语言的革命》，张颖、王小姣译，四川大学出版社，2016，第 152 页。
② 同上书，第 153 页。

论》、《人的正确思想是从哪里来的?》、《论人民民主专政》等著
作在锡兰出版发行。再如,亚洲的印度尼西亚、缅甸、越南、
泰国、巴基斯坦;中近东的伊朗、阿联酋、以色列、黎巴嫩;
拉美的智利、哥伦比亚、墨西哥、委内瑞拉等国都出版发行了
各种毛泽东著作单行本。于是在第三世界形成了购买毛泽东著
作、学习毛泽东著作、研究评价毛泽东思想,特别是结合各国
实际领会、运用毛泽东思想的热潮。"①

在第三世界学者的视域中,《实践论》是他们研究毛泽东哲
学著作的主要精力的集中点之一。其中印度学者莫罕蒂在其
《毛泽东的政治哲学》一书中,将《实践论》中阐发的认识和实
践的关系归纳为辩证唯物主义方法的一条规律——知行同一律。
莫罕蒂认为:"毛泽东的出发点是知和行的相互联系。认识产生
于感性经验过程表明了毛泽东的全部辩证规律。"也就是说,不
仅整个认识过程是辩证的发展,而且认识的每一阶段也是辩证
的发展。他还认为:"认识和实践的相互依赖、作为阶级斗争的
实践、物质与观念的相互转化,形成了毛泽东的认识论的核
心。""这三个方面一起形成了决定中国共产党的战略、政策和
工作的基本哲学观。"② 另有学者围绕实践的内涵和毛泽东对实
践理解的价值意义,提出《实践论》中把实践解读为"人类认
识、历史和一般生活的来源和基础……这样一来,毛泽东比斯
大林的马克思主义学派更深刻地理解这一问题,并且克服了对
于认识过程的根深蒂固的思辨阐述"。③ 也有学者着眼于《实践
论》的理论特质,分析揭示了《实践论》特别强调实践,整个

---

① 赵永茂等:《毛泽东哲学思想研究在国外》,中共中央党校出版社,1993,第 200 页。
② 同上书,第 221 页。
③ 同上书,第 220 页。

学理阐述具有鲜明的科学性与革命性，是辩证唯物主义和历史唯物主义辩证统一的创造性的思想体系。

总之，第三世界国家的学者总体上对《实践论》的评价是积极的。他们总结出《实践论》尽管不是对认识论问题的专门的理论探讨，而是为反对教条主义服务的，但在其中包含着杰出的辩证法家、卓越的实践家的光辉思想，因此完全可以说《实践论》是"唯物辩证法的最好作品"[①]，其理论基础是马克思列宁主义，但又紧密结合了中国的具体实际，旨在为中国革命和建设实践服务，丰富和发展了马克思主义哲学。

---

① 赵永茂等：《毛泽东哲学思想研究在国外》，中共中央党校出版社，1993，第219页。

下　篇

引　言

　　毛泽东的《矛盾论》是马克思主义哲学发展史上第一部以对立统一规律为核心进行系统阐述的辩证法著作。它是毛泽东运用唯物辩证法分析近代中国错综复杂的矛盾运动的产物。《矛盾论》发展了唯物辩证法，对马克思主义哲学做出了巨大的理论贡献。《矛盾论》虽然吸收了苏联教科书的一些思想资料和积极成果，但并非苏联教科书的中国版本。《矛盾论》是毛泽东运用马克思主义哲学观点对中国革命丰富经验的总结和概括，是马克思主义哲学中国化和现代化的典范。《矛盾论》的框架体系比苏联教科书有关对立统一规律学说的体系更加严谨、科学，内在逻辑性更强；它在许多提法、分析和论述上比苏联教科书更为明晰、概括、系统和深刻，并提出了一些新的思想，如矛盾普遍性的科学概念、矛盾特殊性的五种情形、主要矛盾和非主要矛盾的转化、事物矛盾的精髓等。随着时代的发展和现代科学的出现，《矛盾论》不但没有过时，反而愈益显示出它的哲理。

　　迄今为止，国内外研究《矛盾论》的专著有几十本，论文也有数百篇。就国内来讲，大量专著着重于对《矛盾论》的全面解释和阐述，如李达的《〈矛盾论〉解说》、李琪的《〈矛盾论〉浅说》、王集成的《两点论》（学习"矛盾论"的笔记）。

有些专著侧重于对《矛盾论》的某些重要概念、基本原理进行论述，如周宝林的《主要的矛盾和主要的矛盾方面》、李光灿的《论矛盾的特殊性》。还有的专著主张学用结合，如谭显彬的《开车中的辩证法》等。上述研究成果总体上坚持了理论联系实际的原则，体现了实事求是的学风，正确解释和论述了《矛盾论》的基本原理，并且十分注意这些原理的方法论意义。这对于广大干部和群众学习和掌握毛泽东哲学思想起了很大的作用。美中不足的是，在他们的研究中解说性、注释性、演讲性、讨论性的较多，理论性的研究较少。党的十一届三中全会以来，《矛盾论》研究显得最富有生气，成绩也最为显著。在这一时期，无论在研究态度、研究视野方面，还是在研究方法和研究内容方面都有明显的进展：正确处理了研究中政治与学术的关系；从单一的、封闭半封闭的研究开始转向多层次、多方面、开放式的研究；在内容方面开拓了《矛盾论》与中国传统文化、苏联 20 世纪 30 年代哲学、现代科学、改革开放和现代化建设的关系的研究。在这一时期，代表性的著作有宋一秀的《毛泽东哲学思想与中国革命》、雍涛的《毛泽东哲学思想概论》、庄福龄的《毛泽东哲学思想史》、许全兴等的《延安时期的毛泽东哲学思想》、蒋照义等的《中国革命与〈矛盾论〉》、赵永茂等的《毛泽东哲学思想研究在国外》、陆剑杰的《实践问题和矛盾问题新论》等。近年来，学界围绕《矛盾论》的文本考证、解读范式等进行了诸多思考。在文本考证方面，《〈矛盾论〉的原文本与毛泽东在 1950 年代的修改》指出："《矛盾论》原文本来自毛泽东1937 年撰写的《辩证法唯物论（讲授提纲）》第三章唯物辩证法的第一节'矛盾统一法则'，1950 年代毛泽东将之单独抽取出来，易名为《矛盾论》，精心修改后编入《毛泽东选集》。毛泽东的修改既有篇章结构上的改动，也有理论观点上的完善和句段上的增删与润色。作为毛泽东的辩证法思想的代表作，《矛盾论》继承和发展了马克思、恩格斯尤其是列宁的辩证法思想，吸收了自列宁以后马克思主义辩证法理论的优秀成果和中国历代辩证法思想的精华。"① 在解读范式方面，《西方人本主义解读〈矛盾论〉的两大范式》认为："西方人本主义解读《矛盾论》的成果主要体现为列斐伏尔的存在主义和莱文的新黑格尔主义两大范式。经由更全面、更深入的批判性审视，对于拓展和深化《矛盾论》研究大有裨益。重视对《矛盾论》生成过程的文献学研究、以强烈的问题意识深度耕犁文本、深化对毛泽东与德国古典哲学关系问题的研究是拓展《矛盾论》研究的基本启示。"② 这些研究在一定程度上开启了《矛盾论》分析的新视角，推进了有关《矛盾论》的研究。

　　至于国外的相关研究，从本书第五章第二节的介绍来看，它们虽然涉及了毛泽东的《矛盾论》的内容、方法、性质、价值等多个方面，但是现有成果大多围绕一个或者几个点进行阐发，较为少见全面探究《矛盾论》的作品。同时，介绍性文章多，深入研究的成果少。此外，研究比较零散，系统地对《矛盾论》进行阐述的成果非常少见。

　　总之，国内外有关毛泽东《矛盾论》的研究既取得了很大成绩，又有一定的不足之处。众多学者往往强调一面而忽视其他，至今少见对《矛盾论》进行系统、动态、比较的研究。与

① 胡为雄：《〈矛盾论〉的原文本与毛泽东在 1950 年代的修改》，《毛泽东邓小平理论研究》2021 年第 9 期。
② 王振民：《西方人本主义解读〈矛盾论〉的两大范式》，《湖南科技大学学报》（社会科学版）2020 年第 5 期。

此相联系，本书力图在充分掌握《矛盾论》及有关文献的基础上，紧密结合我国新民主主义革命时期的现实，较为全面深入地对《矛盾论》的哲学价值、内容及其创新之处等进行分析，以期进一步推动有关毛泽东辩证法思想的研究。

第七章 《矛盾论》的生成背景

任何哲学思想的产生和形成都受当时的时代条件的影响和制约，毛泽东的辩证法思想也离不开时代为其提供的土壤，不能超越时空而诞生出真知灼见。

第一节 现实背景

《矛盾论》写于 1937 年 8 月。彼时，在国际上德、意、日法西斯国家正在疯狂扩军备战。据记载，"中国海军与日本海军相比，无论在质量上、数量上还是整体实力上都相差悬殊。1937 年，中国海军拥有老式巡洋舰、轻巡洋舰、运输舰、练习舰、鱼雷艇等 66 艘，总吨位只有不到 6 万吨。而日本拥有较新式舰船 285 艘，总吨位达 130 万吨。其中 4 艘航空母舰为 6.9 万吨，2 艘水上飞机母舰为 3.1 万吨，9 艘战列舰为 27 万多吨。日本海军的舰艇总吨位比中国整整多了 124 万吨，日本 1 艘巨型战列舰的排水量就达 7 万吨，超过整个中国海军舰艇的总吨位。由于中国海军舰艇多是清朝留下来的陈旧舰艇，性能早已过时，与日本海军舰艇现代化的装备毫无可比之处"。① 这样不仅使苏联面临的战争风险大增，也严重影响到了英美等国家的利益。在此

---

① 姜廷玉主编《解读抗日战争》，解放军出版社，2016，第212页。

错综复杂的形势推动下，世界范围内的反法西斯同盟就有了生成的土壤，由此形成了中国人民在抗日战争中结成最为广泛的抗日统一战线的良好契机。

在国内，在哲学思想上扭转人们的错误认识，以利于推动抗日民族统一战线的形成与巩固，从而取得中华民族抗击日本侵略的胜利，是摆在中国人面前的一个重要任务。

在中国共产党的历史中，教条主义和经验主义两种错误思潮都曾出现，尤以教条主义更为突出。教条主义只知生吞活剥马克思主义书本中的只言片语，拒绝马克思主义普遍原理同中国具体革命实践相结合，用形而上学代替辩证法。教条主义者在思想上把马克思主义基本原理教条化，把共产国际和苏联经验神圣化，认为凡是上了书的就是对的，一律要照搬照套。这使他们在军事上教条主义地对待外国的军事经验。"在军事上，过去有的人怕打烂坛坛罐罐，要御敌于国门之外，两个拳头打人，主张正规战，反对游击战。"① 经验主义者则轻视革命理论的指导作用，局限于自身的片面经验，认不清革命的全局，陷于极大的盲目性。

不管是教条主义还是经验主义，都是以主观和客观相分裂、理论和实践相脱离为特征的主观主义。主观主义者在指导新民主主义革命实践时，导致了革命的重大损失。当中央红军到达陕北后，中国共产党正肩负着领导建立抗日民族统一战线的历史重任。为夺取抗日战争的胜利，我们就必须彻底清算教条主义和经验主义的错误，以提高人们的认识水平。

为此。毛泽东以巨大的热情攻读了马列主义哲学理论，结合中国新民主主义革命的实际情况，特别是反对教条主义和经

---

① 《毛泽东文集》第 8 卷，人民出版社，1999，第 276 页。

验主义的丰富经验，进行哲学理论的创作，最终完成了《矛盾论》的写作。

第二节 理论背景

"十月革命一声炮响，给我们送来了马克思列宁主义。"[①] 毛泽东阅读的马克思主义文献最先是从苏联翻译过来的。这使他在撰写《矛盾论》时，也受到了列宁辩证法思想的深刻影响。对此，毛泽东在《矛盾论》开篇第二句话中就明确指出："列宁说：'就本来的意义讲，辩证法是研究对象的本质自身中的矛盾。'列宁常称这个法则为辩证法的本质，又称之为辩证法的核心。"[②] 在第二段起始又说："苏联哲学界在最近数年中批判了德波林学派的唯心论，这件事引起了我们的极大的兴趣。"[③]

一 列宁阐述了客观世界的辩证存在

列宁首先认为物质性的自然界是运动发展的。列宁指出："世界是永恒地运动着和发展着的物质（像马克思主义者所认为的那样）。""而运动着的物质只能在空间和时间中运动。"[④] 它们在时空中不断从过去向未来绵延，从自己的中心向周围世界不断拓展。因此，"秋去可以夏来，春去可以冬来，冬去可以秋来"。[⑤] 这些也都是地球围绕太阳公转的结果。此外，列宁批判道："哲学唯心主义利用新物理学或由新物理学得出唯心主义

---

① 《毛泽东选集》第 4 卷，人民出版社，1991，第 1471 页。
② 《毛泽东选集》第 1 卷，人民出版社，1991，第 299 页。
③ 同上。
④ 《列宁专题文集：论辩证唯物主义和历史唯物主义》，人民出版社，2009，第 44、75 页。
⑤ 同上书，第 59 页。

结论，这不是由于发现了新种类的物质和力、物质和运动，而是由于企图想象没有物质的运动。对这种企图，我们的马赫主义者不作实质性的分析。他们不愿理睬恩格斯的'没有物质的运动是不可想象的'这一论断。约·狄慈根早在1869年就在他的《人脑活动的本质》一书中说出了与恩格斯相同的思想。不错，他还带着他所常有的那种想'调和'唯物主义和唯心主义的糊涂意图。"① 为此，列宁指出："总之，把人的意识看做是客观实在的映象。世界是为我们的意识所反映的这个客观实在的运动。和表象、知觉等等的运动相符合的是在我之外的物质的运动。"②

其次，自然界是联系的。列宁指出："自然联系即自然现象的联系是客观存在着的，这是很明显的。"③ 因此，世界上的事物不仅是永恒地运动着和发展着的，而且处于普遍的联系之中。在反驳马赫主义等派别的谬论时，列宁用了很长一段话阐述了恩格斯有关自然界存在因果性、必然性联系的观点："谁要是稍微认真地读过恩格斯的哲学著作，就一定会明白，恩格斯不容许对自然界的客观规律性、因果性、必然性的存在有丝毫怀疑。我们只要举几个例子就够了。恩格斯在《反杜林论》第1章里说道：'为了认识这些细节〈或世界现象总画面的个别方面〉，我们不得不把它们从自然的（natürlich）或历史的联系中抽出来，从它们的特性、它们的特殊的原因和结果等等方面来分别加以研究。'（第5~6页）这种自然联系即自然现象的联系是客观存在着的，这是很明显的。恩格斯特别强调用辩证观点来看

---

① 《列宁选集》第2卷，人民出版社，2012，第197页。
② 同上书，第198页。
③ 同上书，第117页。

原因和结果：'原因和结果这两个概念，只有应用于个别场合时才有其本来的意义；可是，只要我们把这种个别的场合放到它同宇宙的总联系中来考察，这两个概念就交汇起来，融合在普遍相互作用的看法中，而在这种相互作用中，原因和结果经常交换位置；在此时或此地是结果，在彼时或彼地就成了原因，反之亦然。'（第 8 页）因此，人的因果概念总是把自然现象的客观联系稍许简单化了，只是近似地反映这种联系，人为地把一个统一的世界过程的某些方面孤立起来。"① 通过引述恩格斯的观点，列宁清晰地阐明了自己关于自然的看法，即他坚持客观自然是一个通过客观联系统一起来的世界，他对自然界的因果性、必然性联系不存在丝毫怀疑。

最后，列宁指出："在不可能有人类经验的任何'社会性'和任何'组织'的时候，物理世界就已经存在了。"② "对于这一点，自然科学是不容许怀疑的。这一点和唯物主义的认识论是完全符合的：被反映者不依赖于反映者而存在（外部世界不依赖于意识而存在）是唯物主义的基本前提。自然科学关于地球存在于人类之前的论断，是客观真理。"③ 因此，存在在人之先、在人之外而存在的自然界：先在自然。而随着自然界产生人，人类就会形成"社会性"和"组织"，这就意味着人类社会也随之出现了。这样，我们必须认识到："人本身是自然界的产物。"④ 并且，即使是人类社会也不是凝固不变的，而是同样处在不断的运动发展过程中。从微观上看，在《伟大的创举》一文中，列宁援引了《真理报》刊登的恩·尔·同志的文章中的

---

① 《列宁选集》第 2 卷，人民出版社，2012，第 117 页。
② 同上书，第 84 页。
③ 同上书，第 83 页。
④ 同上书，第 117 页。

内容:"共产党员做这样的工作并不是罕见的事情。我知道电站和各铁路线都有这样的事例。在尼古拉铁路上,共产党员加班干了几个晚上,把陷在转盘坑里的机车起了出来;冬季,北方铁路上的全体共产党员和同情分子用了好几个星期天去清除铁路上的积雪;许多货运站的支部为了同盗窃货物作斗争,在站上进行夜间巡逻,——不过这种工作都是偶然进行的,而不是经常性的。莫斯科—喀山线的同志们提供的新的东西是,他们把这一工作变成了有系统的经常的工作。"① 作为社会上的普通劳动者,我们后方的工人,一个个都在紧张地劳动,即使星期六也不休息。他们表现出来的英雄主义值得重视。从中观上看,"历史发展的辩证法就是这样:前一时期的迫切任务是在国内生活的各方面实现直接改革,后一时期的迫切任务是总结经验,使更广大的阶层掌握这种经验,使这种经验深入到所谓底层,深入到各阶级的落后群众中去"。② 从宏观上看,"当所有的人都学会了管理,都来实际地独立地管理社会生产……到那时候,从共产主义社会的第一阶段过渡到它的高级阶段的大门就会敞开,国家也就随之完全消亡"。③

二 列宁论述了主观辩证法

列宁在《谈谈辩证法问题》中指出,辩证法的本质即"统一物之分为两个互相排斥的对立面以及它们之间的相互关系"。④ 列宁指出:"对立面的同一(它们的'统一',也许这样说更正确些?虽然同一和统一这两个术语的差别在这里并不特别重要。

① 《列宁选集》第4卷,人民出版社,2012,第4页。
② 《列宁选集》第2卷,人民出版社,2012,第281页。
③ 《列宁选集》第3卷,人民出版社,2012,第203页。
④ 《列宁选集》第2卷,人民出版社,2012,第557页。

在一定意义上二者都是正确的），就是承认（发现）自然界的
（也包括精神的和社会的）一切现象和过程具有矛盾着的、相互
排斥的、对立的倾向。要认识在'自己运动'中、自生发展中
和蓬勃生活中的世界一切过程，就要把这些过程当做对立面的
统一来认识。"① 按照这种运动观点，"对立面的统一（一致、同
一、均势）是有条件的、暂时的、易逝的、相对的。相互排斥
的对立面的斗争是绝对的，正如发展、运动是绝对的一样"。②
此外，列宁还指出："一般辩证法的阐述（以及研究）方法也应
当如此（因为资产阶级社会的辩证法在马克思看来只是辩证法
的局部情况）。从最简单、最普通、最常见的等等东西开始；从
任何一个命题开始，如树叶是绿的，伊万是人，茹奇卡是狗等
等。"③ "辩证法是活生生的、多方面的（方面的数目永远增加着
的）认识，其中包含着无数的各式各样观察现实、接近现实的
成分（包含着从每个成分发展成整体的哲学体系），——这就是
它比起'形而上学的'唯物主义来所具有的无比丰富的内容，
而形而上学的唯物主义的根本缺陷就是不能把辩证法应用于反
映论，应用于认识的过程和发展。"④

由此可见，列宁有关客观辩证法和主观辩证法的阐述，深
刻地揭示了我们周围世界和人类思维的辩证本性。当他有关对
立统一的辩证关系的看法传入中国时，自然而然就成了毛泽东
《矛盾论》的逻辑基础。正是以这个基础为跃迁的"阶梯"，
毛泽东扎根于中国新民主主义革命的实践，在《矛盾论》中将
马克思主义的辩证法学理进一步向前推进。

---

① 《列宁选集》第 2 卷，人民出版社，2012，第 557 页。
② 同上。
③ 同上书，第 558 页。
④ 同上书，第 559~560 页。

第八章 《矛盾论》中的马克思主义唯物辩证法

《矛盾论》是继《实践论》之后毛泽东写的另一篇哲学著作。它从分析矛盾普遍性入手，然后着重分析了矛盾特殊性，最后又归结到矛盾普遍性，从而全面系统深入地论述了矛盾问题的各项基本原理，继承和发展了马克思主义辩证法理论。这主要表现在以下几个方面。

第一节 独具一格的关于矛盾学说的科学体系

对立统一规律是唯物辩证法的实质和基本特点，《矛盾论》就抓住了这个核心并加以发挥和发展。从矛盾学说的科学体系来看，首先，毛泽东已经把矛盾与系统、过程联系起来了。在研究矛盾的特殊性时，毛泽东指出，首先"要研究每一个大系统的物质运动形式的特殊的矛盾性及其所规定的本质"。[①] 他还指出："矛盾即是运动，即是事物，即是过程。"[②] 其次，《矛盾论》紧紧抓住矛盾规律这个核心，从不同方面对矛盾系统进行了

---

① 《毛泽东选集》第 1 卷，人民出版社，1991，第 310 页。
② 同上书，第 319 页。

深入的论述。《矛盾论》全文从分析辩证法的发展观和形而上学的发展观的对立开始，引出对立统一规律的重要地位，全面、详尽地分析了矛盾规律的各个方面。在分析矛盾规律的各个方面时，又着重分析了矛盾本身的存在情况，最后以矛盾斗争的形式结束。在分析矛盾本身的存在情况时，又从矛盾普遍性入手，分析矛盾特殊性以及特殊性的各种表现，分析矛盾普遍性和特殊性的关系；并进而分析了反映矛盾力量不平衡的各种情况以及矛盾本身的特性。《矛盾论》全文以矛盾特殊性为其着重点，以矛盾普遍性与矛盾特殊性的关系为贯通的主线，形成了相当完整的、严谨科学的矛盾体系。这个体系在马克思主义哲学史上具有独特的意义和地位，是对唯物辩证法的重大理论贡献。

第二节 对立统一规律作为辩证法的实质和核心的思想

马克思、恩格斯在创立唯物辩证法理论的过程中，曾对对立统一规律的地位和作用问题提出过一些重要看法。马克思在《哲学的贫困》、恩格斯在《反杜林论》中都论述了矛盾的对立统一的重要性，但总的来说，他们对对立统一规律没有给予足够的注意和论证。明确阐发对立统一规律是辩证法的实质和核心的是列宁。在《矛盾论》中，毛泽东发挥马克思、恩格斯的思想，牢固把握对立统一规律这个核心，系统地论证了辩证法和形而上学两种宇宙观的根本对立。他指出："所谓形而上学的或庸俗进化论的宇宙观，就是用孤立的、静止的和片面的观点去看世界。"[①] 毛泽东认为，形而上学"简单地从事物外部去找

---

① 《毛泽东选集》第 1 卷，人民出版社，1991，第 300 页。

发展的原因，否认唯物辩证法所主张的事物因内部矛盾引起发展的学说"。① 与形而上学宇宙观相反，唯物辩证法认为，世界上一切事物和现象都是相互联系和不断运动的，事物的发展是事物内部的必然的自己的运动。毛泽东指出："事物发展的根本原因，不是在事物的外部而是在事物的内部，在于事物内部的矛盾性。任何事物内部都有这种矛盾性，因此引起了事物的运动和发展。""一事物和他事物的互相联系和互相影响则是事物发展的第二位的原因。"② 毛泽东对事物发展的动力和根源的论证，以及对内因和外因关系的概括和论证，是对对立统一规律的重要贡献。

毛泽东重视对立统一学说的理论地位，更重视它的方法论作用。他在《矛盾论》中特别强调对立统一规律作为思想方法和工作方法的意义。他认为，矛盾分析法是马克思主义方法论中最根本的方法："这个辩证法的宇宙观，主要地就是教导人们要善于去观察和分析各种事物的矛盾的运动，并根据这种分析，指出解决矛盾的方法。"③ 这是因为，所谓认识世界，从根本上来说，就是用对立统一的观点和方法去认识事物的矛盾；所谓改造世界，就是运用不同的方法去解决不同性质的矛盾，促成事物的转化，达到革命的目的。《矛盾论》的体系和结构反映了人们认识矛盾、解决矛盾的客观过程，鲜明地体现了世界观和方法论、辩证法和认识论的一致性，具体地说明了对立统一法则是自然社会和思维的根本法则。掌握了对立统一学说，也就从根本上懂得了辩证法。

---

① 《毛泽东选集》第 1 卷，人民出版社，1991，第 301 页。
② 同上。
③ 同上书，第 304 页。

第三节 矛盾普遍性指导下的
矛盾的特殊性

　　马克思列宁主义经典作家以往对矛盾普遍性原理的论述，更多的是说明每个事物或现象都包含矛盾，而关于事物发展过程中存在自始至终的矛盾运动这方面，他们虽然也提到过，但没有着重强调，也没能以极其明确的语言概括出矛盾普遍性的含义。毛泽东在《矛盾论》中既明确肯定了矛盾的普遍性，又概括出了矛盾普遍性两个方面的含义："其一是说，矛盾存在于一切事物的发展过程中；其二是说，每一事物的发展过程中存在着自始至终的矛盾运动。"① 掌握矛盾的普遍性，就要坚持用矛盾分析的方法去分析一切事物及其发展过程。毛泽东指出："中国共产党人必须学会这个方法，才能正确地分析中国革命的历史和现状，并推断革命的将来。"②

　　马克思主义经典作家对矛盾特殊性问题也有一些独到精辟的见解。马克思说："无产阶级和财富是两个对立面。它们本身构成一个整体。它们是私有财产世界的两种形态。问题在于它们二者在对立中所占有的特定地位。只说明它们是整体的两个方面是不够的。"③ 这就是说，在分析资本主义社会的主要矛盾时，应该觉察到无产阶级和资产阶级两个方面的特殊性。列宁也指出："马克思主义的活的灵魂：对具体情况作具体分析。"④ 但是，他们关于矛盾特殊性的思想，主要体现在对国际共产主

---

① 《毛泽东选集》第 1 卷，人民出版社，1991，第 305 页。
② 同上书，第 308 页。
③ 《马克思恩格斯文集》第 1 卷，人民出版社，2009，第 260 页。
④ 《列宁选集》第 4 卷，人民出版社，2012，第 213 页。

义运动的实践指导中，并没有从理论上将矛盾特殊性作为专门的哲学范畴加以论述。《矛盾论》第一次把矛盾特殊性当成唯物辩证法的一项基本内容进行了详细、系统的阐述，全面分析了矛盾特殊性的各个方面及认识矛盾特殊性的重要意义。

毛泽东在《矛盾论》中详尽地阐明了各种物质运动形式中的矛盾、每一运动形式在各个发展过程中的矛盾、每一发展过程中的矛盾的各个方面、每一发展过程在其各个发展阶段上的矛盾以及各个发展阶段上的矛盾的各个方面这五种矛盾特殊性的基本形式。毛泽东还强调，在分析矛盾特殊性时必须进行具体的分析，用发展的观点、全面的观点深入地进行分析，以防止主观性、片面性和表面性。他指出："研究所有这些矛盾的特性，都不能带主观随意性，必须对它们实行具体的分析。离开具体的分析，就不能认识任何矛盾的特性。"①《矛盾论》还紧密联系中国革命实际，不但详尽地阐明了应当怎样具体地研究和分析事物的矛盾特殊性，而且从理论上反复说明了认识矛盾特殊性的重要意义。他认为："如果不研究矛盾的特殊性，就无从确定一事物不同于他事物的特殊的本质，就无从发现事物运动发展的特殊的原因，或特殊的根据，也就无从辨别事物，无从区分科学研究的领域。"② 只有研究矛盾特殊性，才能找到解决矛盾的正确方法，因为"用不同的方法去解决不同的矛盾，这是马克思列宁主义者必须严格地遵守的一个原则"。③ 毛泽东对矛盾特殊性原理的系统论述是对唯物辩证法的最重要贡献，这一理论成果也是他反对主观主义思想斗争的经验总结。

---

① 《毛泽东选集》第 1 卷，人民出版社，1991，第 317 页。

② 同上书，第 309 页。

③ 同上书，第 311 页。

第四节　关于事物矛盾问题精髓的
新论断

关于共性与个性、一般与特殊的道理，列宁有过精辟的论述。他说："个别一定与一般相联而存在。一般只能在个别中存在，只能通过个别而存在。任何个别（不论怎样）都是一般。任何一般都是个别的（一部分，或一方面，或本质）。任何一般只是大致地包括一切个别事物。任何个别都不能完全地包括在一般之中，如此等等。"① 毛泽东在研究矛盾的普遍性和矛盾的特殊性的关系时，进一步发展了列宁的思想。他指出："矛盾的普遍性和矛盾的特殊性的关系，就是矛盾的共性和个性的关系。其共性是矛盾存在于一切过程中，并贯串于一切过程的始终，矛盾即是运动，即是事物，即是过程，也即是思想。否认事物的矛盾就是否认了一切。这是共通的道理，古今中外，概莫能外。所以它是共性，是绝对性。然而这种共性，即包含于一切个性之中，无个性即无共性。假如除去一切个性，还有什么共性呢？因为矛盾的各各特殊，所以造成了个性。一切个性都是有条件地暂时地存在的，所以是相对的。"② 矛盾的普遍性和矛盾的特殊性不但互相联系、互相依存，而且在一定条件下能够互相转化。"由于事物范围的极其广大，发展的无限性，所以，在一定场合为普遍性的东西，而在另一一定场合则变为特殊性。反之，在一定场合为特殊性的东西，而在另一一定场合则变为

---

① 《列宁选集》第 2 卷，人民出版社，2012，第 558 页。
② 《毛泽东选集》第 1 卷，人民出版社，1991，第 320 页。

普遍性。"① 毛泽东进而得出结论:"这一共性个性、绝对相对的道理,是关于事物矛盾的问题的精髓,不懂得它,就等于抛弃了辩证法。"② 毛泽东关于矛盾问题的精髓的论述,是马克思主义哲学史上的一个崭新概括,它提示了对立统一各个原理之间的内在联系,深化了矛盾问题,也从辩证法角度充分论证了马克思主义普遍原理为什么必须同中国具体实际相结合和如何结合这一重要理论问题和实践问题,具体化并突出了辩证法也就是马克思主义认识论的思想,为中国共产党分析和解决实践中的各种矛盾提供了根本指导原则和科学方法。这是毛泽东对马克思主义辩证法理论的一个新的重大贡献。

第五节　主要矛盾和矛盾的主要方面的原理

马克思主义经典作家对主要矛盾和矛盾的主要方面非常重视,他们在具体运用辩证法的过程中时时体现了这一思想,并把它视为研究问题、指导实际工作的一个重要方法,但是都没有把它们作为哲学范畴明确提出来加以论述。20 世纪 30 年代的苏联教科书虽然提出了"主要矛盾"和"矛盾的主要方面"的概念,并阐述矛盾在事物发展过程中的不平衡性问题,但是还没能够科学规定这两个概念的含义,也没有进行系统的论述。这个任务是由毛泽东完成的。在马克思主义发展史上,毛泽东在《矛盾论》里首次把主要矛盾和矛盾的主要方面作为矛盾特殊性的两种特别的情形提出来加以专门阐释。

---

① 《毛泽东选集》第 1 卷,人民出版社,1991,第 318 页。
② 同上书,第 320 页。

毛泽东在《中国共产党在抗日时期的任务》一文中最初提出了主要矛盾的理论。该文指出："由于中日矛盾成为主要的矛盾、国内矛盾降到次要和服从的地位而产生的国际关系和国内阶级关系的变化，形成了目前形势的新的发展阶段。"①《矛盾论》则对这一思想进行了全面的理论概括和发挥。毛泽东指出："在复杂的事物的发展过程中，有许多的矛盾存在，其中必有一种是主要的矛盾，由于它的存在和发展规定或影响着其他矛盾的存在和发展。""其他则处于次要和服从的地位。因此，研究任何过程，如果是存在着两个以上矛盾的复杂过程的话，就要用全力找出它的主要矛盾。捉住了这个主要矛盾，一切问题就迎刃而解了。"②若干学问家和实践家，由于不懂得抓主要矛盾的方法，结果如堕烟海，找不到中心，也找不到解决矛盾的方法。在抓主要矛盾这一方面，恩格斯和列宁也在实践中早就体现了这一观点。恩格斯说："为了达到伟大的目标和团结，为此所必需的千百万大军应当时刻牢记主要的东西，不因那些无谓的吹毛求疵而迷失方向。"③列宁指出："政治事态总是非常错综复杂的。它好比一条链子。你要抓住整条链子，就必须抓住主要环节。"④当然，主要矛盾和非主要矛盾并非一成不变的，事物的各种矛盾是互相联系、互相制约和互相作用的，而"相互作用消除了一切绝对的首要性和次要性"。⑤

在多种复杂矛盾中，有主要矛盾和非主要矛盾的区别；在一对矛盾中，矛盾双方也有主要方面和非主要方面的区别。

---

① 《毛泽东选集》第 1 卷，人民出版社，1991，第 252 页。
② 同上书，第 320、322 页。
③ 《马克思恩格斯全集》第 38 卷，人民出版社，1972，第 274 页。
④ 《列宁选集》第 4 卷，人民出版社，2012，第 692 页。
⑤ 《马克思恩格斯全集》第 20 卷，人民出版社，1971，第 506 页。

毛泽东指出："矛盾着的两方面中，必有一方面是主要的，他方面是次要的。其主要的方面，即所谓矛盾起主导作用的方面。事物的性质，主要地是由取得支配地位的矛盾的主要方面所规定的。"① 他还以大量的事实说明矛盾的主要方面与非主要方面的地位不是固定不变的，而是依靠事物发展中矛盾双方斗争的力量的增减和程度，在一定条件下可以互相转化。如果取得支配地位的矛盾的主要方面起了变化，事物的性质也就随着发生变化。

此外，毛泽东还论述了研究主要矛盾和矛盾的主要方面的重要意义。他指出："在研究矛盾特殊性的问题中，如果不研究过程中主要的矛盾和非主要的矛盾以及矛盾之主要的方面和非主要的方面这两种情形，也就是说不研究这两种矛盾情况的差别性，那就将陷入抽象的研究，不能具体地懂得矛盾的情况，因而也就不能找出解决矛盾的正确的方法。""对于矛盾的各种不平衡情况的研究，对于主要的矛盾和非主要的矛盾、主要的矛盾方面和非主要的矛盾方面的研究，成为革命政党正确地决定其政治上和军事上的战略战术方针的重要方法之一，是一切共产党人都应当注意的。"②

毛泽东对主要矛盾和矛盾的主要方面的原理的论述，独具一格，超过了前人和同时代马克思主义哲学的论述，深化和发展了矛盾特殊性原理，从而对马克思主义的辩证法做出了新的贡献。

第六节 矛盾同一性和斗争性原理

同一性和斗争性是一切矛盾都具有的两个基本属性，是反

① 《毛泽东选集》第1卷，人民出版社，1991，第322页。
② 同上书，第326~327页。

映矛盾诸方面相互关系的两个基本的哲学范畴。在辩证法发展史上，中外古代哲学家都直观地、朴素地认识到矛盾的对立面的互相联系和互相转化，但自觉地论述对立面具有同一性的则是黑格尔。他反对在对立中看不到同一，把对立双方绝对对立起来、割裂开来的形而上学，认为对立的每一方都已含着它的对立、规定着对方，辩证思维的本性"在于在对立面的统一中把握对立面"。① 马克思说："对于一个黑格尔主义者来说，把生产和消费等同起来，是最简单不过的事。"② 恩格斯在《反杜林论》等著作中，对矛盾的同一性和斗争性也有精辟的论述。他说："某种对立的两极，例如正和负，既是彼此对立的，又是彼此不可分离的，而且不管它们如何对立，它们总是互相渗透的。"③ 因此，无论对立的两极怎样，其结果都是向自己的对立面转化。列宁对矛盾的同一性和斗争性有过许多重要论述，他把辩证法定义为关于研究对立同一的学说。他说："辩证法是一种学说，它研究对立面怎样才能够同一，是怎样（怎样成为）同一的——在什么条件下它们是相互转化而同一的，——为什么人的头脑不应该把这些对立面看作僵死的、凝固的东西，而应该看作活生生的、有条件的、活动的、彼此转化的东西。"④ 列宁特别注意对立面互相转化的问题。他认为："不仅是对立面的统一，而且是每个规定、质、特征、方面、特性向每个他者［向自己的对立面？］的过渡。"⑤ 他还明确提出："对立面的统一（一致、同一、均势）是有条件的、暂时的、易逝的、相对

---

① 〔德〕黑格尔：《逻辑学》上，杨一之译，商务印书馆，1966，第39页。
② 《马克思恩格斯选集》第2卷，人民出版社，2012，第693页。
③ 《马克思恩格斯选集》第3卷，人民出版社，2012，第397页。
④ 《列宁全集》第55卷，人民出版社，1990，第90页。
⑤ 《列宁选集》第2卷，人民出版社，2012，第412页。

的。相互排斥的对立面的斗争是绝对的，正如发展、运动是绝对的一样。"① 列宁的这些思想极大地丰富了矛盾对立同一的内容，但列宁对自己的思想没有加以详细论述和展开。毛泽东在吸收列宁的认识成果和总结中国革命经验的基础上，具体地阐明和发挥了矛盾同一性和斗争性及其相互关系的原理。

毛泽东明确把矛盾同一性的科学含义概括为两种情形："第一、事物发展过程中的每一种矛盾的两个方面，各以和它对立着的方面为自己存在的前提，双方共处于一个统一体中；第二、矛盾着的双方，依据一定的条件，各向着其相反的方面转化。"② 由此可见，毛泽东认为，同一性的两种矛盾双方互为存在的条件，共处于一个统一体中。但是，这一点还不够，毛泽东又指出："更重要的，还在于矛盾着的事物的互相转化。"③ 唯有转化，旧事物才能灭亡，新事物才会产生。但是，转化需要一定的条件，不论是在中国还是在外国，古代哲学家一般没有注意到对立面之间互相转化的条件，所以这种古代的辩证法难以同诡辩论、相对主义划清界限。黑格尔在讲转化时，指的是概念的转化，也没有讲转化的条件。列宁曾指出："马克思主义辩证法的基本原理是：自然界和社会中的一切界限都是有条件的和可变动的，没有任何一种现象不能在一定条件下转化为自己的对立面。"④ 在《矛盾论》里，毛泽东高度重视对条件性的研究。他指出："两个相反的东西中间有同一性，所以二者能够共处于一个统一体中，又能够互相转化，这是说的条件性，即是说在一定条件之下，矛盾的东西能够统一起来，又能够互相转化；

①　《列宁选集》第 2 卷，人民出版社，2012，第 557 页。
②　《毛泽东选集》第 1 卷，人民出版社，1991，第 327 页。
③　同上书，第 328 页。
④　《列宁选集》第 2 卷，人民出版社，2012，第 693 页。

无此一定条件，就不能成为矛盾，不能共居，也不能转化。"①
他认为，唯物辩证法所讲的矛盾是现实的、具体的矛盾；他所
讲的转化也是现实的、具体的矛盾的转化，它们都是在一定条
件下构成的，而不是那种主观想象的、幻想的矛盾和转化。离
开必要的条件，就不可能成为现实的、具体的矛盾，就不能体
现矛盾的同一性。这种思想无疑发展了恩格斯"真实的具体的
同一性"与"抽象的同一性"的观点，划清了唯物主义辩证法
和唯心主义辩证法的矛盾转化论的界限。

就矛盾的斗争性来说，《矛盾论》在全面继承列宁思想的基
础上，着重阐明了斗争的形式问题。毛泽东指出："矛盾的斗争
性是指两个矛盾方面的互相排斥、互相斗争。"② "矛盾的斗争
性"作为一个有广泛含义的哲学概念，与政治上的"斗争"概
念是不能混同的。毛泽东根据列宁关于不能把运动限于某种斗
争形式和需要用历史的态度来考察斗争形式的思想，把斗争形
式区分为对抗与非对抗两大类，并对其做出了科学规定，阐明
了这种区分的重要性及其意义。毛泽东指出："对抗是矛盾斗争
的一种形式，而不是矛盾斗争的一切形式。" "在阶级社会中，
革命和革命战争是不可避免的。舍此不能完成社会发展的飞
跃。"③ 毛泽东在《矛盾论》中还引用了列宁的论述："列宁说：
'对抗和矛盾断然不同。在社会主义下，对抗消灭了，矛盾存在
着。'这就是说，对抗只是矛盾斗争的一种形式，而不是它的一
切形式，不能到处套用这个公式。"④ 毛泽东把对抗在矛盾中的
地位特别提出来，大大发挥了列宁的思想。毛泽东指出："矛盾

① 《毛泽东选集》第 1 卷，人民出版社，1991，第 333 页。
② 《毛泽东年谱（1893~1949）（修订本）》中，中央文献出版社，2013，第 12 页。
③ 《毛泽东选集》第 1 卷，人民出版社，1991，第 334 页。
④ 同上书，第 336 页。

和斗争是普遍的、绝对的，但是解决矛盾的方法，即斗争的形式，则因矛盾的性质不同而不相同。"① 对抗性矛盾最后要采取外部冲突的形式才能解决，非对抗性矛盾则不然。此外，毛泽东还提出了对抗性矛盾和非对抗性矛盾可以互相转化。毛泽东两类不同性质的矛盾学说，为马克思主义的理论宝库增添了新的财富。

在《矛盾论》中，毛泽东还从两个方面具体研究了矛盾同一性和斗争性的关系。一方面，两者是同时存在、紧密结合的矛盾的两种本质属性。"斗争性即寓于同一性之中，没有斗争性就没有同一性。"② 另一方面，同一性是有条件的、相对的，斗争性是无条件的、绝对的。毛泽东认为，同一性之所以是相对的，包括两层意思：首先，同一性是暂时的："一切过程都有始有终，一切过程都转化为它们的对立物。一切过程的常住性是相对的。"③ 其次，同一性是有条件的："缺乏一定的必要的条件，就没有任何的同一性。""由于一定的条件才构成了矛盾的同一性，所以说同一性是有条件的、相对的。"④ 斗争性之所以是绝对的，是因为"矛盾的斗争贯串于过程的始终，并使一过程向着他过程转化，矛盾的斗争无所不在，所以说矛盾的斗争性是无条件的、绝对的"。⑤ 在毛泽东看来，如果把同一性看作是绝对的，就会陷入僵死的、凝固的形而上学；如果把对立面的斗争看作是相对的，就会陷入轻视斗争的矛盾调和论。因此，毛泽东主张："有条件的相对的同一性和无条件的绝对的斗争性

① 《毛泽东选集》第1卷，人民出版社，1991，第335页。
② 同上书，第333页。
③ 同上书，第332页。
④ 同上书，第331、333页。
⑤ 同上书，第333页。

相结合，构成了一切事物的矛盾运动。""一切事物中包含的矛盾方面的相互依赖和相互斗争，决定一切事物的生命，推动一切事物的发展。""共产党人必须揭露反动派所谓社会革命是不必要的和不可能的等等欺骗的宣传，坚持马克思列宁主义的社会革命论。"① 毛泽东的上述观点无疑把列宁的思想又向前推进了一大步。

马克思说："任何真正的哲学都是自己时代的精神上的精华。"② 《矛盾论》是毛泽东在哲学理论上对中国新民主主义革命经验的总结，是反对主观主义特别是反对教条主义斗争的理论成果。它不但是毛泽东哲学思想达到成熟的标志，而且以中国新民主主义革命的丰富历史内容和特有的新鲜经验，充实、丰富和发展了马克思主义辩证法，在马克思主义哲学史上做出了新的贡献。

---

① 《毛泽东选集》第 1 卷，人民出版社，1991，第 333、305、334 页。
② 《马克思恩格斯全集》第 1 卷，人民出版社，1995，第 220 页。

第九章　不同视域中矛盾问题比较

就本来的意义而言，辩证法就是研究对象的本质自身中的矛盾的。马克思、恩格斯颠覆和改造了黑格尔的唯心主义辩证法，把辩证法同唯物主义结合起来，创立了辩证唯物主义的世界观。此后，对于客观世界矛盾的运动的认识就更成为唯物辩证法的核心、实质和最主要的特征。

正是因为事物矛盾问题在辩证唯物主义世界观中占据着极其重要的地位，所以形形色色的非马克思主义者在歪曲、攻击和伪造唯物辩证法时，都要把焦点指向矛盾问题，竭尽全力去攻击、否认唯物辩证法的矛盾观。以马克思、恩格斯、列宁、毛泽东为代表的马克思主义者，分别在《剩余价值理论》《反杜林论》《自然辩证法》《评经济浪漫主义》《矛盾论》等著作中，深刻地揭露了形形色色的否认矛盾的客观实在性和普遍性、割裂矛盾的对立同一关系的非马克思主义者的攻击。

第一节　辩证矛盾普遍性的比较

在人类思想发展史上，一些非马克思主义者异口同声地否认辩证矛盾在现实世界中的客观存在，看不清逻辑矛盾和辩证矛盾的本质差别，坚持形而上学的世界观，竭力反对矛盾辩证法。

例如，在《哲学教程——严密科学的世界观和人生观》一书中，卡尔·欧根·杜林（Karl Eugen Dühring）提出："在事物中没有任何矛盾，或者换句话说，真实地产生的矛盾甚至是背理的顶点。"[①] 英国的新黑格尔主义者缪尔（G. R. G. Mure）也认为："马克思认为他的辩证法的主要源泉是事物中的一种真实的矛盾，但是矛盾除了在自我发展的精神的各阶段之间，只不过是僵死的东西。"[②] 法国存在主义者萨特对此也持相同的观点，他认为把现实中的冲突视为矛盾是不妥当的。他提出："问题在于要恢复一种灵活而耐心的辩证法，把运动和它结合起来，反对先验地把一切实在的冲突看作矛盾或者甚至看作对立面。"[③] 法国新托马斯主义者雅克·马里旦（Jacques Maritain）说得更露骨："矛盾只有在纯粹否定的地方，即在思想中才存在"，矛盾"不可能存在于悟性以外的任何事物上"。[④] 此外，新实证主义者 K. R. 波普尔（K. R. Popper）则攻击唯物辩证法所坚持的世界上到处都存在矛盾的观点是毫无根据的，认为唯物辩证法只是"以不严密的糊涂说法为根据而已"。[⑤] 意大利学者德拉-沃尔佩认为，"科学辩证法只是实验方法本身"，因而它是"特殊的确定的抽象"。[⑥] 对此，他的学生卢西奥·科莱蒂（Lucio Colletti）更是进一步强调指出："矛盾存在于命题之间，但不存在于事物之间。"[⑦]

　　与以上观点相对立，唯物辩证法认为：矛盾不仅存在于一

---

① 　徐崇温：《保卫唯物辩证法》，人民出版社，1980，第 277 页。
② 　同上书，第 277~278 页。
③ 　同上书，第 278 页。
④ 　同上。
⑤ 　同上。
⑥ 　同上书，第 66 页。
⑦ 　同上书，第 67 页。

切事物的发展过程中，而且每一件事物的发展过程存在自始至终的矛盾运动。矛盾就是运动，就是过程，就是思想。世界是由矛盾组成的，没有矛盾就没有世界，否认矛盾就是否认一切。例如，马克思指出："每一种事物好像都包含有自己的反面。"① 列宁也特别指出："任何具体的东西、任何具体的某物，都是和其他的一切处于相异的而且常常是矛盾的关系中，因此，它往往既是自身又是他物。"② 毛泽东在《矛盾论》中更是明确地指出："按照辩证唯物论的观点看来，矛盾存在于一切客观事物和主观思维的过程中，矛盾贯串于一切过程的始终，这是矛盾的普遍性和绝对性。"③

非马克思主义者之所以否认矛盾的客观实在性和普遍性，是因为他们骨子里藏着形而上学的世界观，他们把事物看作是彼此孤立的、静止的，没有联系的东西，只看到事物当前的存在而看不见它的过去和将来；只看到事物和它自身的同一，而看不到这种同一中包含着差异，看不到事物内部的矛盾对立；只看到一个个彼此孤立的事物，看不到它们之间的相互联系、相互作用、相互渗透、相互转化。

第二节　对立同一关系的比较

非马克思主义者多用片面的、静止的、孤立的形而上学观点去看问题，他们把本来对立同一的矛盾关系割裂开来，否认对立同一之间的不可分割的内在联系，认为对立就是"真正的

① 《马克思恩格斯选集》第 1 卷，人民出版社，2012，第 776 页。
② 《列宁专题文集：论辩证唯物主义和历史唯物主义》，人民出版社，2009，第 133 页。
③ 《毛泽东选集》第 1 卷，人民出版社，1991，第 336 页。

对立"，同一就是"直接等同"，反对唯物辩证法的对立统一原理。

一　离开同一去把握对立，把对立看成绝对不相关和凝固不变的

非马克思主义者坚持用形而上学的世界观去观察事物，这就决定了他们必然离开同一去把握对立，从而把存在于世界上的万事万物中的矛盾当成没有内在关联的对立。

在这个方面，新托马斯主义流派最为突出。他们大多否认对立是包含同一关系的矛盾对立。例如，卡里什（Krrish）提出："我们承认世界上有对立的紧张和互补关系，但这决不是矛盾。""我们主张，世界是可以观察到许多表示对立的（在某些方面）的特性和现象。但是，人们不能把这种对立形式说成是矛盾。"①

新实证主义者、新黑格尔主义者在此问题上的看法同新托马斯主义者如出一辙，他们也把对立和矛盾这两者相互对立起来而否认矛盾的实际存在，说对立面不是互相矛盾的，每一个对立面本身也没有矛盾。他们指责矛盾辩证法使"矛盾"一词和"对立"相混淆，而使"矛盾"一词含糊不清。例如，新实证主义者波普尔认为，在辩证法家使用"矛盾"这个名词的地方，"如果换用像'冲突'或者也许'对立的倾向'或者'对立的利益'等等这样的语词，就会引起较少的误解"。②

上述这些非马克思主义者的论点明显是站不住脚的。因为

① 徐崇温:《保卫唯物辩证法》，人民出版社，1980，第283页。
② 同上书，第284页。

他们都是离开同一去把握对立，从而把矛盾歪曲成不存在于两极的相互依存和相互联系中的对立，歪曲成只有相互排斥而不相互联结并在一定条件下相互转化的对立。事实上，矛盾不但在思想中存在，在现实生活中对立和同一同样是相互联系而存在的，是现实的、活生生的矛盾，彼此之间都是有内在联系的。

恩格斯曾经说过："所有的两极对立，都以对立的两极的相互作用为条件；这两极的分离和对立，只存在于它们的相互依存和联结之中，反过来说，它们的联结，只存在于它们的分离之中，它们的相互依存，只存在于它们的对立之中。"① 毛泽东也一针见血地指出："一切矛盾着的东西，互相联系着，不但在一定条件之下共处于一个统一体中，而且在一定条件之下互相转化。"② 那些认为根本对立的现象，没有马克思主义的同一性，它们只是互相排斥、不互相联结，不能在一定条件下互相转化的说法，是根本错误的。

此外，有学者为了维护其形而上学的两极对立观，而否定矛盾对立的客观实在性，甚至还搬出康德的"真正的对立"来，同唯物辩证法所坚持的矛盾的对立相抗衡。这股思潮发源于第二次世界大战后的德拉-沃尔佩派，其中科莱蒂是"集大成者"。

德拉-沃尔佩派认为，被唯物辩证法所描述为现实世界中的"矛盾"的东西，实际上是"真正的对立"，也即非矛盾的对立，辩证矛盾只是思想客观的或"真正的对立"的一个工具。科莱蒂根据康德的思想，对"真正的对立"和"矛盾的对立"两者

---

① 《马克思恩格斯文集》第 9 卷，人民出版社，2009，第 516 页。
② 《毛泽东选集》第 1 卷，人民出版社，1991，第 330 页。

之间的区分进行了阐释。科莱蒂认为，"矛盾的或辩证的对立"规定了三个特征：一是在"A 不是 A"这个公式中，一方是对另一方的否定，而无其他意义；二是对立的一方的本质不存在于它本身而存在于对立的另一方中；三是对立的一方要成为其本身，就必须包含同对立的另一方的关系，而且在这样包含中，一方才是另一方的否定。"真正的对立"也具有三个特征：一是在"A 和 B"这个公式中，对立双方都是实在的和肯定的；二是每一方都为自己而存在，不需要涉及另一方；三是这种对立是互相排斥而非相互包含对立。

由此可见，科莱蒂所阐释的"真正的对立"与"矛盾的对立"有截然的差别。"真正的对立"的双方并不是相互依存的，而是能够孤立地存在的，即使没有对立的另一方，这一方也不会失去其存在的条件和具有的意义。这样的对立与形式逻辑的同一律和矛盾律是一致的。在科莱蒂看来，马克思的科学辩证法作为一种科学实验的逻辑，作为一种适用于物理学、经济学的普遍有效的方法，所遵循的无矛盾的对立观，因为唯物主义和科学的基本原则，就是矛盾律和同一律。

尽管科莱蒂吹嘘其"真正的对立"，攻击辩证唯物主义者无视或混淆"矛盾的对立"和"真正的对立"的根本区别，可惜在他的长篇累牍中，却找不到一个实例来证明"真正的对立"的客观实在性。其实，这种所谓非矛盾的"真正的对立"在现实生活中是根本没有的，那种所谓"矛盾的对立"与"真正的对立"的根本区别，纯属形而上学的幻觉。科莱蒂把马克思主义辩证法等同于一种实验方法或形式逻辑，从根本上背离了马克思主义。早在《家庭、私有制和国家的起源》一书中，恩格斯就说过："正如吃了半个苹果以后就再不能有一个整苹果一样，没有对立的另一面，就不可能有对立的这一面。"① 在《矛盾论》中，毛泽东进一步指出："原来矛盾着的各方面，不能孤立地存在。假如没有和它作对的矛盾的一方，它自己这一方就失去了存在的条件。试想一切矛盾着的事物或人们心中矛盾着的概念，任何一方面能够独立地存在吗？"② 恩格斯和毛泽东的这些精辟论述，说明了一切现实的、具体的对立，都是在一定条件下相互依存的，而绝不是也不可能是孤立存在的，绝不是也不可能是单独具有自己的存在条件和意义的。

二　离开对立去把握同一，否认矛盾对立的普遍性和客观实在性

一方面，非马克思主义学者离开统一去谈对立，用形而上学的两极对立去取代辩证矛盾；另一方面，他们也离开对立去谈统一，从而竭力否认矛盾对立的普遍性和客观实在性。

美国实用主义悉尼·胡克（Sidney Hook）说："假如严格地应用两极性的隐喻，那么，把它扩展到每一种事物，就是最纯粹的神话。……而且是和科学方法的任何非神秘的概念不相容的。""如果从实质上来加以解释，那么，或者两极对立仅仅表示自然界存在差别。"③ 可见，胡克不但否认矛盾对立的普遍性，而且认为矛盾对立仅仅是结构上的差异性。相反，辩证唯物主义者认为，矛盾是普遍存在的，矛盾着的各个方面是不能孤立存在的，而是相互依据、相互斗争，因而矛盾对立的普遍性毋庸置疑。而不同对象的对立同一和斗争，在结构上虽然是各不

---

① 《马克思恩格斯文集》第 4 卷，人民出版社，2009，第 80 页。
② 《毛泽东选集》第 1 卷，人民出版社，1991，第 328 页。
③ 徐崇温：《保卫唯物辩证法》，人民出版社，1980，第 319~320 页。

相同，但终究只是两极对立的差别性问题，而不是两极对立的有无问题。因此，用两极对立在结构上的差异性去否认两极相对立的普遍性，是没有任何根据的。

为了否认矛盾对立的普遍性，法国的存在主义者萨特干脆否认剥削者和被剥削者是矛盾着的对立双方。他论证道："被剥削者也不是剥削者的对立面（或矛盾）。""从其完全具体的实在性上讲来，事件乃是互相超越的对立面的多数性的有机的统一。"① 其实，用统一去否定对立，这并非萨特的发明，这是在重复约翰·斯图尔特·穆勒（John Stuart Mill）的"消除矛盾的逻辑"。马克思在揭露穆勒时说："在经济关系——因而表示经济关系的范畴——包含着对立的地方，在它是矛盾，也就是矛盾统一的地方，他就强调对立的统一因素，而否定对立。他把对立的统一变成了这些对立的直接等同。""如果某种关系包含着对立，那它就不仅是对立，而且是对立的统一。因此，它就是没有对立的统一。这就是穆勒用来消除'矛盾'的逻辑。"②

与其他非马克思主义哲学流派稍有不同，新黑格尔主义者竭力把矛盾说成非实在的东西、抽象的东西，认为事物中只有同一没有对立，因而只有同一才是实在的。例如，意大利新黑格尔主义者贝奈戴托·克罗齐（Benedetto Croce）写道："事物之间的关系不可能像对立的概念那样，因为它们并不像肯定的东西和否定的东西那样，是互相对立的。""对立是……实在的东西中非实在的东西，而不是现实的形式阶段。"③

同新黑格尔主义者一样，法兰克福学派的西奥多·阿多诺

---

① 徐崇温：《保卫唯物辩证法》，人民出版社，1980，第312页。
② 《马克思恩格斯全集》第35卷，人民出版社，2013，第92~93、106~107页。
③ 徐崇温：《保卫唯物辩证法》，人民出版社，1980，第313页。

也把辩证法形而上学化。他反对马克思主义关于对立面同一这个辩证的核心的理论。他把辩证法的"同一性"理解为排斥一切差异的"绝对的同一"。他认为，只有这种"同一性"才是"合理的同一性"，而把现实中一切包含差异的同一性，即"对立面的统一"或"矛盾"说成"不真实的"。由此可以看出，这种同一性是虚假的同一性，实质上是非同一性。

在现实生活中，"一个事物是它自身，同时又在不断变化，它本身含有'不变'和'变'的对立"。[①] 事物的真实的具体的同一性总是包含着差异和变化的，因而它绝不可能是抽象的等同，而总是对立的同一。正是这种包含在一切事物中的矛盾对立方面的相互依赖和相互斗争，决定着一切事物的生命，推动着一切事物的发展。

第三节　事物发展原动力问题的比较

马克思主义唯物辩证法坚持矛盾的客观实在性和普遍性，坚持事物内部的矛盾是推动事物发展的根本动力；反之，新托马斯主义者 G. A. 韦特尔（G. A. Vitale）等一大批非马克思主义学者所坚持的形而上学否认矛盾的客观实在性和普遍性，否认事物内部的矛盾是事物发展的动力。

马克思在《资本论》中指出："一种历史生产形式的矛盾的发展，是这种形式瓦解和新形式形成的唯一的历史道路。"[②]恩格斯在《〈反杜林论〉的准备材料》中，也认为矛盾是发展的动力。他指出："真正的、自然的、历史的和辩证的否定正是一

---

① 《马克思恩格斯文集》第 9 卷，人民出版社，2009，第 356 页。
② 《马克思恩格斯文集》第 5 卷，人民出版社，2009，第 562 页。

切发展的推动力（从形式方面看）——对立面的划分，对立面的斗争和解决。"① 列宁更进一步指出，认为发展是对立面的统一这种观点"才提供理解一切现存事物的'自己运动'的钥匙，才提供理解'飞跃'、'渐进过程的中断'、'向对立面的转化'、旧东西的消灭和新东西的产生的钥匙"。② 毛泽东在《矛盾论》中明确告诉我们："事物发展的根本原因，不是在事物的外部而是在事物的内部，在于事物内部的矛盾性。""事物内部的这种矛盾性是事物发展的根本原因，一事物和他事物的互相联系和互相影响则是事物发展的第二位的原因。""唯物辩证法认为外因是变化的条件，内因是变化的根据，外因通过内因而起作用。"③

马克思、恩格斯、列宁和毛泽东的这些论述都阐明了这样一个真理：事物内部的矛盾是事物发展的源泉和根本动力。与此相反，诸多非马克思主义学者基于其阶级利益的需要，积极地推行自亚里士多德以来的唯心主义思想路线，坚持认为事物发展的源泉和动力在于神或上帝。韦特尔认为，如果有真正的自己运动，那么这种运动必然只能适用于像地位的变化等无增加的存在的变化，不能适用于从相对的不存在过渡到相对的存在的任何真正变化过程。这表明，他还是认为需要"第一推动者"或"上帝"的那个外在动因。

法兰克福学派最著名的代表人物赫伯特·马尔库塞从另一个角度攻击唯物辩证法的自己运动论，而鼓吹外因论。马尔库塞在《论辩证法的否定概念》的报告中，攻击马克思主义集中注意力

---

① 《马克思恩格斯文集》第 9 卷，人民出版社，2009，第 357 页。
② 《列宁选集》第 2 卷，人民出版社，2012，第 557 页。
③ 《毛泽东选集》第 1 卷，人民出版社，1991，第 301~302 页。

于事物内部的否定力量，而对资本主义一体化力量估计不足。他认为，资本主义一体化力量是很强大的，以至于可以中立否定力量，甚至使否定力量变成肯定力量。其中"'主要的困难在于辩证的概念。按辩证的概念，否定的力量是在现存的对抗体系内部发展的'，但现在，资本主义同社会主义之间在'全球的统一的整体'中的对立，却吞没了'晚期资本主义里'的革命潜力，使晚期资本主义的'内在矛盾在这个全球性的对立中变了样'，据此，他得出结论说，矛盾的真正辩证的解决导致一定要'从外面'来解决"。①

其实，在资本主义国家中，垄断资产阶级由于采取了一些"社会化"的福利政策，使无产阶级的物质生活条件有了明显的改善，从而模糊了工人的阶级意识、缓和了阶级矛盾。但是，这丝毫没有改变生产资料资本主义私有制性质，无产阶级没有生产资料，靠出卖劳动力为生，无产阶级被雇佣、受剥削的地位依然没有变。因此，不能说在阶级地位、阶级本质上，无产阶级已经"中立"，已经由推翻资本主义的"否定力量"变成维护资本主义的"肯定力量"。

第四节　矛盾发展及解决问题的比较

与众多非马克思主义学者既离开对立去把握同一又离开同一去把握对立的形而上学观点相对应，在矛盾的发展、解决问题上，他们则表现为矛盾调和论和矛盾不可解决论。例如，卡里什说："在现实的世界上根本没有什么对抗性矛盾，没有完全对立的事态。""在社会生活中根本就不存在必须用革命斗争来

---

① 　徐崇温：《保卫唯物辩证法》，人民出版社，1980，第65页。

加以解决的、不可忍受的生存条件，现有的紧张关系总是可以在现有社会制度的范围内，在保留它的体现者的情况下加以解决。政治和社会的对立应当经常借助爱、正义，借助于仇恨的排除，通过意识的进化和变化来调和。"①

辩证唯物主义者认为，对于任何矛盾，都只能加以解决，而不能予以调和，因为矛盾双方总是体现着彼此对立的倾向，而这些对立倾向又处在统一之中，因此，它们就必定要求相互排斥、相互斗争，而绝不可能相互融合。卡里什认为，在资本主义社会中，无产阶级和资产阶级的对立可以在资本主义制度范围内，通过借助于"爱、正义、仇恨的排除""意识的进化和变化"来调和，这纯属无稽之谈。马克思指出："资产阶级的生产关系是社会生产过程的最后一个对抗形式，这里所说的对抗，不是指个人的对抗，而是指从个人的社会生活条件中生长出来的对抗。"② 所以，不去根本改变社会生活条件，不去推翻资本主义制度，无产阶级和资产阶级的对抗就永远不可能解决。这是因为，这种对抗矛盾的解决只能是原来的统一的破裂，而不能是它的保留。正如毛泽东指出："资本主义社会的矛盾表现为剧烈的对抗和冲突，表现为剧烈的阶级斗争，那种矛盾不可能由资本主义制度本身来解决，而只有社会主义革命才能够加以解决。"③

与新托马斯主义者等不同，法国存在主义者萨特则用人与自然的矛盾去掩盖和抹杀人与人之间的矛盾对立，把剥削者和被剥削者视为在一个以缺乏为其主要特点的制度中斗争着的人

① 徐崇温：《保卫唯物辩证法》，人民出版社，1980，第356~357页。
② 《马克思恩格斯文集》第2卷，人民出版社，2009，第592页。
③ 《毛泽东文集》第7卷，人民出版社，1999，第213页。

们，而否认他们之间的矛盾对立，并把他们之间的对立和对抗归结为"物质的缺乏"。萨特说："要改变人们的经济关系、文化情感关系，只有当物质的'匮乏'被消除时才能实现。""物质的缺乏是人类过去和现在的一切对立和对抗的根源。"① 事实上，并不是"物质的缺乏"造成了剥削者和被剥削者的矛盾对立，而恰恰是剥削者和被剥削者之间的矛盾对立，在造成"朱门酒肉臭"的同时，又造成"路有冻死骨"。萨特的错误，正如马克思在《哲学的贫困》一书中批判蒲鲁东的谬论时所说，是"撇开阶级对抗，颠倒整个历史的发展过程"。②

不少非马克思主义者一方面用形而上学的绝对同一编织出矛盾调和论，另一方面又通过歪曲地强调对立、否定转化，捏造出矛盾不可解决论。例如，法国的新黑格尔主义者让·伊波里特（Jean Hyppolite）说："黑格尔主张，人类的辩证法发展的基础是对抗性的冲突，为死亡而斗争、战争等等，这一切都是'和存在不可分开的紧张化'的表现，这种紧张化是存在的本质，是根本不可消灭的，马克思主义要求在或远或近的未来消除这样'紧张化'，这就是想要消除人类社会的不可克服的、永恒的矛盾，这就是鼓吹'历史的终结'。"③

矛盾不可解决论和矛盾调和论一样，都属于形而上学的谬论。这是因为，矛盾着的对立双方不仅是既统一又斗争的，而且斗争的结果无不在一定条件下互相转化，导致旧事物的消灭和新事物的产生。毛泽东在《矛盾论》中深刻地阐述了这一问题。他指出："任何事物的内部都有其新旧两个方面的矛盾，形

---

① 徐崇温：《保卫唯物辩证法》，人民出版社，1980，第355页。
② 《马克思恩格斯全集》第4卷，人民出版社，1958，第104页。
③ 徐崇温：《保卫唯物辩证法》，人民出版社，1980，第368页。

成为一系列的曲折的斗争。斗争的结果，新的方面由小变大，上升为支配的东西；旧的方面则由大变小，变成逐步归于灭亡的东西。而一当新的方面对于旧的方面取得支配地位的时候，旧事物的性质就变化为新事物的性质。"① 正如世上没有不变的事物一样，也没有什么矛盾是不可克服、不可解决的，它们必然在矛盾双方的相互斗争中得到克服和解决。

第五节　辩证决定论与多元决定论的比较

结构主义的马克思主义者阿尔都塞在《矛盾和多元的决定》一文中，从西格蒙德·弗洛伊德（Sigmund Freud）的精神分析学那里，借用了"多元决定"这个名词去论证马克思主义的矛盾观也是多元决定的，而不是像黑格尔的矛盾观那样单纯。阿尔都塞在《保卫马克思》一书中也指出："矛盾在不再具有单一含义以后，它的定义、作用和本质就得到了严格的规定；根据有结构的复杂整体赋予矛盾的职能，矛盾从此就有了复杂的、有结构的和不平衡的规定性。请读者原谅我用这一长串修饰词，不过我承认，我更喜欢用一个较短的词：多元决定。"② 阿尔都塞认为，在黑格尔那里，所有其他的矛盾都可还原为单一的精神内部的矛盾。在马克思那里，这些矛盾是并存的、不可还原的。"多元决定"正是马克思的矛盾学说异于黑格尔的矛盾学说的地方。

事实上，马克思并不像阿尔都塞所理解的那样，相反他承认主要矛盾规定和影响着其他矛盾的存在和发展。马克思在

---

① 《毛泽东选集》第 1 卷，人民出版社，1991，第 323 页。
② 〔法〕阿尔都塞：《保卫马克思》，顾良译，商务印书馆，1984，第 181 页。

《〈政治经济学批判〉导言》中论述道："在一切社会形式中都有一种一定的生产决定其他一切生产的地位和影响，因而它的关系也决定其他一切关系的地位和影响。这是一种普照的光，它掩盖了一切其他色彩，改变着它们的特点。这是一种特殊的以太，它决定着它里面显露出来的一切存在的比重。"① 毛泽东在《矛盾论》中也指出："在复杂的事物的发展过程中，有许多的矛盾存在，其中必有一种是主要的矛盾，由于它的存在和发展规定或影响着其他矛盾的存在和发展。""事物的性质主要地是由取得支配地位的矛盾的主要方面所规定的。取得支配地位的矛盾的主要方面起了变化，事物的性质也就随着起变化。"②

可见，不管是马克思还是毛泽东，都认为主要矛盾规定其他矛盾的存在和发展，矛盾的主要方面决定事物性质的因果性。马克思和毛泽东等的辩证决定论都是两点论基础上的重点论，他们的历史观也是唯物主义的一元论。而阿尔都塞的"多元决定论"错误地把决定作用和相互作用、一元论和结构论截然分割开来，绝对对立起来，其要害是挂着马克思的招牌证明结构主义，试图用结构主义取代马克思主义。

---

① 《马克思恩格斯文集》第 8 卷，人民出版社，2009，第 31 页。
② 《毛泽东选集》第 1 卷，人民出版社，1991，第 320、323 页。

第十章　传统与自我辩证跃迁：
《矛盾论》中的辩证法思想

哲学是现实斗争的总结和升华，又是人类认识成果的继续和发展。恩格斯说："每一个时代的哲学作为分工的一个特定的领域，都具有由它的先驱传给它而它便由此出发的特定的思想材料作为前提。"① 任何一个哲学家，如果不从一定的思想资料出发，就不可能形成自己的哲学思想或哲学体系。同样，毛泽东的矛盾哲学思想的产生、形成、发展，一方面是对以往中外传统辩证法思想的继承创新，另一方面也是自我在有关矛盾意识方面的不断辩证跃迁。

第一节　《矛盾论》与西方传统辩证思想

矛盾规律，即对立统一规律，是唯物辩证法的最根本规律，其源远流长，包含的内容丰富多彩。人类对对立统一规律丰富内容的认识随着社会实践的发展而不断地深入。

在古希腊辩证思维的发展史上，早在人们把"辩证法"一词当成通过对立意见的争论，来达到提示矛盾以求得真理的艺术之前，有些哲学家就已经把物质自然界视为对立统一的过程

---

① 《马克思恩格斯文集》第 10 卷，人民出版社，2009，第 599 页。

了。例如，泰勒斯（Thales）、阿那克西曼德（Anaximander）、赫拉克利特等人，通过感性直观，把自然现象的无限多样性质视为一切存在物的始基，而从无限体的基质中分离出蕴藏于其中的对立物，如冷与热、干与湿等。他们认为，世界万物就是由此产生的。

在西方思想史上，古希腊哲学家泰勒斯被称为"科学和哲学之祖"。泰勒斯一边仔细地在文献中阅读尼罗河每年泛滥的记录，一边亲自到尼罗河边观察洪水消退后的情况。他发现，每次尼罗河泛滥之后，随着河水的退却，河床上留下了大量非常肥沃的淤泥，淤泥里有数不清微小的动植物的胚芽以及幼虫。泰勒斯把他观察到的现象和当时社会上广泛流传的创世说紧密结合起来，提出"水生万物，万物复归于水"，认为水是天地万物的本原和最初始的基本元素，人们生活的世界就像一个圆筒或者圆盘一样漂浮在水面上。据亚里士多德在《形而上学》中所说："他（指泰勒斯——引者注）得到这个看法，也许是由于观察到万物都以湿的东西为养料，热本身就是从湿气里产生、靠湿气维持的（万物从而产生的东西，就是万物的本原）。他得到这个看法可能是以此为依据，也可能是由于万物的种子都有潮湿的本性，而水则是潮湿本性的来源。可是也有人认为，那些生活在很久很久以前、最先对神的事情进行思考的古人，对本体也是这样看的，因为他们把海神夫妇看成创世的父母，并且把诸神指着发誓的见证也说成水，即诗人歌颂的黄泉。最受尊敬的是最古老的东西，指着发誓的见证则是最受尊敬的。这种对本体的看法是不是最早最古，也许还说不定，不过据说泰勒斯对最初的原因是像上面那样讲的。"[1]

---

① 北京大学哲学系外国哲学史教研室编译《西方哲学原著选读》上，商务印书馆，1981，第16页。

和泰勒斯一样，阿那克西曼德也属于米利都学派，其所持观点类似于泰勒斯。他认为，万物的本原是物质性的、没有固定形态和固定性质的"无限者"。阿拉克西曼德说："任何东西，如果不是本原，就是来自本原的；然而无限者没有本原，因为说无限者有本原就等于说它有限。它作为本原，是不生不灭的。凡是产生出来的东西，都要达到一个终点，然而有终点就是有限。所以说，无限者没有本原，它本身就是别的东西的本原，包罗一切，支配一切——那些不在无限者以外设定其他原因如'心'和'爱'的人就是这样讲的。他们还说这就是神。"① 这样，从与神相等同的对象"无限者"那里，万事万物都得以产生，最终这些生成的不是本原的东西又都归结到"无限者"。

赫拉克利特是辩证法的奠基人之一，也是哲学史上第一个把自然界理解为自身是无限发展过程的人。他认为，事物作为一个过程，就是不断地运动、过渡和转化，并将宇宙变化发展的"逻各斯"规律表述为三个相互联系的基本命题：和谐来自对立；对立源于斗争；斗争推动事物不断地运动、变化、发展，而那生动的"永恒的活火"，便体现着宇宙的变化、发展的总过程。赫拉克利特虽然没有直接使用"辩证法"这个术语，但他首先提示了"本来意义上的辩证法"。从他留下的著作残篇来看，他较详细地阐发了"世界是一团不断转化的活火"的观点。赫拉克利特认为："（1）这个世界，对于一切存在物都是一样的，它不是任何神所创造的，也不是任何人所创造的；它过去、现在、未来永远是一团永恒的活火；在一定的分寸上燃烧；在一定的分寸上熄灭。（2）火的转化是：首先化为海，海的一半

---

① 北京大学哲学系外国哲学史教研室编译《西方哲学原著选读》上，商务印书馆，1981，第 17 页。

化为土，另一半化为热风。[意思是说：火凭着那统治一切的道或神，通过气化为水，水是世界结构的胚胎，他称之为海。从海再产生出地、天以及天地之间的东西。至于以后世界又如何返本归原，如何产生大焚烧，他明白地指出如下：它（指土）融化为海，而且是遵照着同一个道，在原先海化为土的那个分寸上转化的。]（3）火生于土之死，气生于火之死，水生于气之死，土生于水之死。——火死则气生，气死则水生。——土死生水，水死生气，气死生火；反过来也是一样。（4）一切转为火，火又转为一切，有如黄金换成货物，货物又换成黄金。"①

古希腊爱利亚派学者芝诺（Zenon）被黑格尔称为辩证法的创始者。他采用逻辑证明的方式论证了存在不是"多"而是"一"，不是"动"而是"静"。具体说来，如果某存在物是"多"，那么它在形状上必然同时具有无限大与无限小这两种矛盾对立的特征，在数量上也既是无限多又是无限少，因而所有的存在物都不可能是"多"。在否定"动"方面，芝诺提出了有名的"二分辩""追龟辩""飞矢辩""运动场辩"的悖论。据亚里士多德在《物理学》中记载："芝诺关于运动的论证使那些企图解决他所提出的问题的人大为头痛。他的论证共有四个。第一个论证肯定运动是不存在的，根据是移动位置的东西在到达目的地以前必须到达途程的一半处。这个问题我们在上面已经讨论过。第二个论证称为'阿基里'，要点是这样：在赛跑的时候，跑得最快的永远追不上跑得最慢的，因为追者首先必须达到被追者的出发点，这样，那跑得慢的必定总是领先一段路。这个论证与那个依据二分法的论证在原则上是一样的，其不同

---

① 北京大学哲学系外国哲学史教研室编译《西方哲学原著选读》上，商务印书馆，1981，第 21 页。

处仅仅在于我们要依次对付的那些空间不是分成两半。这个论证的结论是'追不上跑得慢的'；但是论证的路线与那个二分法论证是一样的（因为在这两个论证中，都是从空间的某种分割得出不能到达目的地的结论，虽然'阿基里论证'走得更远，断定连传说中跑得最快的人也必定追不上跑得最慢的），因而解决的办法必定是一样的。论证的前提'领先的永远不能被追上'是错的，在领先的时候没有被追上则是对的，可是，如果让他跑过一段指定的有限距离，他就被追上了。这就是他的两个论证。第三个论证上面已经讲了，结论是飞矢不动。它所根据的假定是时间由瞬间组成。如果不承认这个假定，就不会得出这个结论。第四个论证讲到两列物体，每列都由数目相等的一样大的物体组成，在一段跑道上以同样速度循相反的方向前进，互相越过。其中的一列原来占据跑道终点与中点之间的空间，另一列原来占据跑道中点与起点之间的空间。他认为这就可以得出一半时间等于一倍时间的结论。推理的错误就在于假定一个物体以相等的速度越过一个运动物体和一个同样大小的静止物体时占据相等的时间；这是错误的。"①

　　芝诺关于运动的论证之所以使那些企图解决他所提出的问题的人大为头痛，是因为那些人没有看到芝诺正是通过把运动与静止、有限与无限、连续与间断的辩证统一关系割裂开来，借助夸大运动的间断性，否认其连续性，以达到否定运动的目的。芝诺这些论辩方法构成了原初意义上的辩证法，即它是与论战、交谈相关的技艺。后来，随着时间的推移，这一原本意味着一种特殊技艺的辩证法逐渐走向多元化，依时代、论者、

---

① 北京大学哲学系外国哲学史教研室编译《西方哲学原著选读》上，商务印书馆，1981，第34~35页。

流派的不同它的内涵也各不相同。

至公元前 5 世纪，由于论辩之风盛行，古希腊各派学者都十分重视对论辩中方法和技巧的运用。受此影响，人们面对命题，或者相互交谈时如何分析命题包含的矛盾之处，揭露谈话对象所作判断中的矛盾以及如何避免这些矛盾达到真理性的认识，就成了辩证法的题中应有之义。例如，苏格拉底（Socrates）就惯用双方一问一答的所谓精神接生术的思维或者概念辩证法。它通过诘难，揭露对方观念中的矛盾，从而不断修正所持的意见，最后得出真理性的结论。克塞诺封（Ksenophon）在《回忆录》中对此进行了较为详尽的记载。他提到，苏格拉底"注意到'辩证'这个词导源于人们的一种活动，就是聚在一起讨论问题，按对象的种属加以辨析。因此他认为每个人都应当下决心掌握这种艺术，下苦功去学习它，因为一个人凭着它的帮助，就成了最有才干的人，最能指导别人的人，讨论时见解最深刻的人。如果有人反对他的意见，却说不出什么确定的道理来，例如毫无证据地肯定某人更聪明，或者办理政务更熟练，或者有更大的勇气，或者在某个方面更好，他就会以下面这种方式把整个议论引回到根本命题上来：'你说你推荐的那个人是一个更好的公民，比我推荐的人好？''我是这样说。''我们为什么不首先考虑一下一个好公民的义务是什么呢？''我们来考虑一下吧。''是不是善于理财而能裕国呢？''毫无疑问。''是不是效命疆场而能克敌制胜呢？''当然。''是不是奉命出使而能化敌为友呢？''没有疑问。''是不是向人民演说而能排除异议、使人民齐心协力呢？''我是这样想的。'这样把讨论引回到基本原则上之后，就使反对者明白真理了。在考察辩论主题的时候，他从一些公认为真理的命题出发，认为这样就为他的推理打下扎实的基础了。因此，每当说话的时候，就我所知，他是最容易说服听众同意他的论点的。他常说，荷马认为奥德赛具有优秀演说家的品质，因为他能根据全人类公认的观点作出自己的推理。"①

此后，柏拉图进一步发展了自己的老师苏格拉底的这种概念式辩证法。他用苏格拉底的口气，与人进行讨论说："我们终于达到了辩证法所演奏的曲调了。这虽然只是属于心智世界的曲调，但是我们可以在我们前面所说的那个人的视觉进程中看到对于它的模仿，如我们所描写的，那个人首先力图看到生物，然后看到星宿，而最后看到太阳。同样，当一个人根据辩证法企图只用推理而不要任何感觉以求达到每个事物的本身（即理念），并且这样坚持下去，一直到他通过纯粹的思想而认识到善本身的时候，他就达到了可知世界的极限，正像我们的寓言中的另一个人最后达到了可见世界的极限一样。确乎是这样。那么，你是不是要把这个思想的进程叫做辩证法呢？我当然要这样叫它。"② 这说明，在柏拉图看来，真正的知识仅仅和理念或概念有关，因此当一个人根据辩证法以求达到事物的本身时，他应当完全摆脱一切感性事物，完全依据纯粹的理念，从概念出发，不断揭示诸理念之间的关系，直至达致可知世界的极限，上升到认识无矛盾的善的本身。这个观念性的进程就是辩证法。

到了中世纪，经院哲学作为神学的奴婢，对"亚当被创造时几岁？"等荒诞问题的争论，以及脱离实际进行的冗长烦琐的

---

① 北京大学哲学系外国哲学史教研室编译《西方哲学原著选读》上，商务印书馆，1981，第59~61页。

② 北京大学哲学系外国哲学史教研室编译《古希腊罗马哲学》，生活·读书·新知三联书店，1957，第203页。

推论等也被称为辩证法。此外，当时的唯名论者彼得·阿伯拉尔（Peter Abelard）还专门写了《论辩证法》一书，提出辩证法是考证著作真伪、消除语言歧义的逻辑工具，它的首要任务不是解释和证明，而是批判与探索。阿伯拉尔还以人们对语言的不同理解为例指出："同样一个词可以有不同的意义，它有时被用作一种意义，有时被用作另一种意义。一个意义可以用很多词表达。这种情形以及表达的异常方式严重阻碍我们获得充分的理解。正如人们所说，重复是腻厌之母，就是说，它引起苛刻的反感。因此，最好用各种词语表达一切事物。"① 因此，要使语言不产生歧义，需要以论辩的方式提出疑问，也即用逻辑性的工具——辩证法进行审查。

18 世纪末 19 世纪初，随着自然科学的发展，辩证法也在更多的维度拓展丰富了内涵。伊曼努尔·康德（Immanuel Kant）把理性认识世界遇到的矛盾称为"二律背驰"。他认为："先验背驰论乃探讨纯粹理性之二律背驰及其原因与结果之一种研究。在使用悟性原理时，设吾人不仅应用吾人之理性于经验对象，且推及此等原理于经验界限之外，即发生辩证的学说。此种学说既不能希望其为经验所证实，亦不惧为经验所否定。其中每一学说不仅自身能免于矛盾，且在理性之本质中发现其必然性之条件——所不幸者，则其相反主张，在彼一方面所有之根据，亦正与之同一有效而必然耳。与此种纯粹理性之辩证性质相关联自然发生之问题如下：（一）纯粹理性在何种命题中不可避免必然陷于二律背驰？（二）此种二律背驰所由以发生之原因为何？（三）虽有此种矛盾，理性是否尚留有到达确实性之途径，且其方法如何？故纯粹理性之辩证论必须与两端可通之一切伪

---

① 赵敦华：《西方哲学简史》，北京大学出版社，2001，第 145 页。

辩的命题相区别。其有关之问题，非因特殊目的所任意设立之问题，乃人类理性在其进展中所必然遇及之问题。"① 这样，康德就通过这种在"二律背驰"中由彼此矛盾的正命题与反命题体现出来的辩证法思想，开启了德国古典哲学的辩证法传统。

约翰·费希特（Johann Fichte）则以主观唯心主义的方式对推进辩证法做出了一定贡献。他提出："自我之被设定于自我之中，并非在这样的范围之内，就是说，并非依据借以设定非我的那些实在的部分。实在的一个部分，即附加在非我上面的一部分，已经在自我之中被扬弃了。第二个命题与这个命题并不相互矛盾。只要设定了非我，也就必须设定自我，就是说：它们两者，按照它们的实在性来说，一般都是被设定为可分割的。凭着以上所提出的概念，现在我们对于自我与非我才能说：它们是某种东西。第一条原理的绝对自我并不是某种东西（它没有宾词，并且不能有实词）；它就是它。这是不能进一步说明的。现在凭着这个概念，全部实在性都在意识之中；而且其中不属于自我的实在性便属于非我，不属于非我的实在性便属于自我。自我与非我都是某种东西：非我就是那种不是自我的东西，自我就是那种不是非我的东西。与绝对自我相对立（但是，非我只有在它被设想的情况之下，而不是在它自在的情况之下，才能与绝对自我相对立，如它在当时行将表现的那样），非我是绝对虚无。与受限制的自我相对立，非我是一个负量。"② 如此一来，通过自己设想出的"绝对自我""自我""非我"等的辩证运动，费希特极力强调正、反、合的辩证发展关系，张扬主

---

① 〔德〕康德：《纯粹理性批判》，蓝公武译，商务印书馆，1960，第 359 页。

② 北京大学哲学系外国哲学史教研室编译《十八世纪末～十九世纪初德国哲学》，商务印书馆，1975，第 203 页。

观思维的能动性，既反对了形而上学，也表现出了德国资产阶级要求进步的一面。

在近代，黑格尔是第一个有意识地从理论上论述辩证法的人。他对对立统一规律的一些重要范畴，如同一、差别、对立、矛盾，进行了辩证的说明。黑格尔虽然主观地把否定当做构造自己体系的最主要的杠杆，但我们只要不是从形式上而是从实质上看问题，那同样可以发现对立统一规律自然是他辩证法的中心内容。他的《逻辑学》就是概念自身矛盾运动的体系。例如，在《小逻辑》中黑格尔强调："无论知性如何常常竭力去反对辩证法，我们却不可以为只限于在哲学意识内才有辩证法或矛盾进展原则。相反，它是一种普遍存在于其他各种意识和普通经验里的法则。举凡环绕着我们的一切事物，都可以认作是辩证法的例证。我们知道，一切有限之物并不是坚定不移的，而是变化、消逝的。而有限事物的变化消逝不外是有限事物的辩证法。有限事物，本来以它物为其自身，由于内在的矛盾而被迫超出当下的存在，因而转化到它的反面。在前面我们曾经说过，知性可以认作包含有普通观念所谓上帝的仁德。现在我们可以说，辩证法在同样客观的意义下，约略相当于普通观念所谓上帝的力量。当我们说，'一切事物（亦即指一切有限事物）都注定了免不掉矛盾'这话时，我们确见到了矛盾是一普遍而无法抵抗的力量，在这个大力之前，无论表面上如何稳定坚固的事物，没有一个能够持久不摇。虽则力量这个范畴不足以穷尽神圣本质或上帝的概念的深邃性，但无疑的是，力量是任何宗教意识中的一个主要环节。此外，自然世界和精神世界的一切特殊领域和特殊形态，也莫不受辩证法的支配。例如，在天体的运动里，一个星球现刻在此处，但它潜在地又在另一处。由于它自身的运动,它又存在于另一处。同样,物理的元素也是矛盾进展的,同样气象变化的过程也可说是它的内在矛盾的表现。同一矛盾原则是构成其他一切自然现象的基本原则,由于有了内在矛盾,同时自然被迫超出其自身。就辩证法表现在精神世界中,特别是就法律和道德范围来说,我们只需要记起,按照一般经验就可以表明,如果事物或行动到了极端总要转化到它的反面。这种辩证法在流行的谚语里,也得到多方面的承认。"① 马克思、恩格斯、列宁对黑格尔的这些思想极为重视。恩格斯认为,黑格尔《逻辑学》第二部分即《本质论》"是全部理论的真正核心"。② 列宁在论及 "统一物之分为两个部分以及对它的矛盾着的部分的认识……是辩证法的实质" 时说:"黑格尔也正是这样提问题的。"③

毛泽东在《矛盾论》中辩证批判地综合了西方传统哲学的优秀成果,全面深刻地论述了矛盾的基本原理,进一步论述了对立统一规律是宇宙的根本规律,是唯物辩证法的实质和核心等。

在西方传统哲学中,古希腊罗马哲学中泰勒斯、阿那克西曼德、赫拉克利特等人的辩证法思想从哲学派别上来说属于唯物主义的阵营。他们坚持从物质出发,以运动、变化和发展的观点朴素地论述事物的相互联系、相互作用以及相互转化等。但是,与这些学者所处时代的发展水平相联系,他们有关对象之间相互联系、发展和转化的看法大多是他们天才的想象,并没有建立在科学的基础之上。至于芝诺关于存在不是"多"而

---

① 〔德〕黑格尔:《小逻辑》,贺麟译,生活·读书·新知三联书店,1954,第179~180页。
② 《马克思恩格斯选集》第4卷,人民出版社,2012,第461页。
③ 《列宁选集》第2卷,人民出版社,2012,第556页。

是"一",不是"动"而是"静"等脱离实际、仅凭观念想象进行诡辩的所谓辩证法传统,则在唯物主义的对立面以唯心主义的形式不断被推进,它们与经院哲学的烦琐论辩,与康德的"二律背驰",与费希特的"自我""非我"自辩,与黑格尔的绝对理念辩证运动等一起形成了绵延西方哲学界几千年的唯心主义辩证霸权。与马克思、恩格斯和列宁等经典马克思主义者的辩证逻辑一脉相承,毛泽东在《矛盾论》中的观点体现出以下几个特点。

一是克服了古希腊学者辩证思想的朴素性。毛泽东精辟地指出:"辩证法的宇宙观,不论在中国,在欧洲,在古代就产生了。但是古代的辩证法带着自发的朴素的性质,根据当时的社会历史条件,还不可能有完备的理论,因而不能完全解释宇宙。"① 因为彻底了解到了古希腊哲学中辩证宇宙观的主要缺点,所以毛泽东在阐述事物内部及事物之间的矛盾对立统一时,自觉地把科学的认识成果融入了自己的论述之中。在阐述外因与内因的关系时,他特别引述了各国地理和气候变化的事实来说明问题:"社会的发展,主要地不是由于外因而是由于内因。许多国家在差不多一样的地理和气候的条件下,它们发展的差异性和不平衡性,非常之大。同一个国家吧,在地理和气候并没有变化的情形下,社会的变化却是很大的。帝国主义的俄国变为社会主义的苏联,封建的闭关锁国的日本变为帝国主义的日本,这些国家的地理和气候并没有变化。长期地被封建制度统治的中国,近百年来发生了很大的变化,现在正在变化到一个自由解放的新中国的方向去,中国的地理和气候并没有变化。整个地球及地球各部分的地理和气候也是变化着的,但以它们

---

① 《毛泽东选集》第 1 卷,人民出版社,1991,第 303 页。

的变化和社会的变化相比较，则显得很微小，前者是以若干万年为单位而显现其变化的，后者则在几千年、几百年、几十年、甚至几年或几个月（在革命时期）内就显现其变化了。"① 在揭示矛盾的普遍性的过程中，毛泽东还专门引用了恩格斯和列宁有关自然科学的相关阐述："高等数学的主要基础之一，就是矛盾……就是初等数学，也充满着矛盾……" "在数学中，正和负，微分和积分。在力学中，作用和反作用。在物理学中，阳电和阴电。在化学中，原子的化合和分解。在社会科学中，阶级斗争。"② 毛泽东以此为例来证明矛盾无时不在、无处不在。

二是坚持马克思主义的唯物主义，把西方传统哲学中的"颠倒"的唯心主义辩证法再"颠倒"了过来。在《矛盾论》中，毛泽东专门指出："苏联哲学界在最近数年中批判了德波林学派的唯心论，这件事引起了我们的极大的兴趣。德波林的唯心论在中国共产党内发生了极坏的影响，我们党内的教条主义思想不能说和这个学派的作风没有关系。"③ 由此可见，毛泽东写《矛盾论》的主要目的是反对教条主义，同样唯心论因为与教条主义思想有紧密的关系，所以也是《矛盾论》所要扬弃的东西。此外，毛泽东还指出："形而上学，亦称玄学……在欧洲，在一个很长的历史时间内，是属于唯心论的宇宙观，并在人们的思想中占了统治的地位。"④

不仅如此，毛泽东在《矛盾论》中还多处表达了对马克思主义唯物辩证法的强调与肯定。例如，他认为："辩证法的宇宙观，主要地就是教导人们要善于去观察和分析各种事物的矛盾

① 《毛泽东选集》第 1 卷，人民出版社，1991，第 302 页。
② 同上书，第 306 页。
③ 同上书，第 299 页。
④ 同上书，第 300 页。

的运动，并根据这种分析，指出解决矛盾的方法。因此，具体地了解事物矛盾这一个法则，对于我们是非常重要的。"① 针对教条主义者的研究态度，毛泽东指出："马克思和恩格斯，同样地列宁和斯大林，他们对于应用辩证法到客观现象的研究的时候，总是指导人们不要带上任何的主观随意性，而必须从客观的实际运动所包含的具体的条件，去看出这些现象中的具体的矛盾、矛盾各方面的具体的地位以及矛盾的具体的相互关系。我们的教条主义者因为没有这种研究态度，所以弄得一无是处。"② 在论述马克思主义矛盾法则的重大意义时，毛泽东指出："当马克思、恩格斯把这事物矛盾的法则应用到社会历史过程的研究的时候，他们看出生产力和生产关系之间的矛盾，看出剥削阶级和被剥削阶级之间的矛盾以及由于这些矛盾所产生的经济基础和政治及思想等上层建筑之间的矛盾，而这些矛盾如何不可避免地会在各种不同的阶级社会中，引出各种不同的社会革命。"③

毛泽东在《矛盾论》中也十分重视我国的文化遗产，并善于把马克思主义的内容和中国民族形式紧密联系起来，推动了马克思主义哲学中国化。毛泽东指出："我们这个民族有数千年的历史，有它的特点，有它的许多珍贵品。对于这些，我们还是小学生。今天的中国是历史的中国的一个发展；我们是马克思主义的历史主义者，我们不应当割断历史。从孔夫子到孙中山，我们应当给以总结，承继这一份珍贵的遗产。""马克思主义必须和我国的具体特点相结合并通过一定的民族形

---

① 《毛泽东选集》第 1 卷，人民出版社，1991，第 304 页。
② 同上书，第 319 页。
③ 同上书，第 317~318 页。

式才能实现。"① 与此相一致，毛泽东在写作《矛盾论》的过程中特别注意批判继承中国传统哲学中的辩证法思想。

第二节　《矛盾论》与中国传统辩证思想

在中国历史上，辩证思维传统源远流长。英国著名学者李约瑟（Joseph Needham）认为，辩证唯物主义发源于中国，经过马克思主义科学的改造，而后又转向了它的发源地。这个论断是颇有见地的。确实，中国古典哲学从《周易》《老子》《孙子》起，经韩非、扬雄、柳宗元、王安石、张载、方以智到王夫之，其朴素辩证法的传统从未中断过。

例如，《周易》指出："天行健，君子以自强不息。"② 也就是说，天地按照固有的规律周而复始地运行，其势浩浩汤汤，不可阻挡。仁人志士也应当效法天地运行之道，自强不息，奋斗不已。

老子立足于事物的相对性，阐述道："天下皆知美之为美，恶已；皆知善，斯不善矣。有无之相生也，难易之相成也，长短之相刑也，高下之相盈也，音声之相和也，先后之相随，恒也。是以圣人居无为之事，行不言之教，万物作而弗始也，为而弗志也，成功而弗居也。夫唯弗居，是以弗去。"③ 这段话的意思是，天下人都知道美之所以为美，那是由于有丑陋的存在。都知道善之所以为善，那是因为有恶的存在。所以，有和无互相转化，难和易互相形成，长和短互相显现，高和下互相充实，

---

① 《毛泽东选集》第 2 卷，人民出版社，1991，第 533~534 页。
② 《周易·象传》。
③ 《道德经》第 2 章。

音与声互相和谐，前和后互相接续——这是永恒的。因此，圣人用无为的观点对待世事，用不言的方式施行教化。听任万物自然兴起而不为其创始，有所施为，但不加自己的倾向，功成业就而不自居。正由于不居功，就无所谓失去。

孙武从行军作战的方面提出："凡战者，以正合，以奇胜。故善出奇者，无穷如天地，不竭如江海。终而复始，日月是也。死而更生，四时是也。声不过五，五声之变，不可胜听也；色不过五，五色之变，不可胜观也；味不过五，五味之变，不可胜尝也；战势不过奇正，奇正之变，不可胜穷也。奇正相生，如循环之无端，孰能穷之哉！激水之疾，至于漂石者，势也；鸷鸟之疾，至于毁折者，节也。故善战者，其势险，其节短。势如扩弩，节如发机。纷纷纭纭，斗乱而不可乱；浑浑沌沌，形圆而不可败。乱生于治，怯生于勇，弱生于强。治乱，数也；勇怯，势也；强弱，形也。"① 显而易见，在运用形象化的比喻说明抽象的"兵势"的过程中，《孙子兵法》论述了天地运行的变化无穷、江河湖海的奔流不息、太阳月亮的周而复始、春夏秋冬四季的去而复来，通篇充满了军事辩证法的睿智。

韩非子改造和发展了老子的辩证法思想，提出："人有福，则富贵至；富贵至，则衣食美；衣食美，则骄心生；骄心生，则行邪僻而动弃理。行邪僻，则身夭死；动弃理，则无成功。夫内有死夭之难而外无成功之名者，大祸也。而祸本生于有福。故曰：'福兮祸之所伏。'"② 不过，祸福等对立面的转化不是无条件发生的，而是事物的发展超过了自己的限度，它们才会向

---

① 《孙子兵法·兵势》。
② 《韩非子·解老》。

相反的方向转化。比较典型的如"道譬诸若水，溺者多饮之即死，渴者适饮之即生；譬之若剑戟，愚人以行忿则祸生，圣人以诛暴则福成。故得之以死，得之以生，得之以败，得之以成"。口渴的人如果喝多了水，不仅不能解渴，反而会导致死亡；如果适量喝水，就会解渴继续生存下去。

扬雄发挥了《周易》《道德经》当中包含的辩证观点，指出："出冥入冥，新故更代；阴阳迭循，清浊相废；将来者进，成功者退；已用则贱，当时则贵；天文地质，不易厥位。"① 扬雄还说："观大易之损益兮，览老氏之倚伏。省忧喜之共门兮，察吉凶之同域。徽徽著乎日月兮，何俗圣之暗烛？岂宠以冒灾兮，将噬脐之不及。若飘风不终朝兮，骤雨不终日。雷隐隐而辄息兮，火犹炽而速灭。自夫物有盛衰兮，况人事之所极？"② 因此，在扬雄看来，世间的对立是普遍存在的，这些相互对立的所有天地万物都在运动变化、相互转化，并因为它们之间的相互转化而相互联结、相互统一。

柳宗元在批判"天人感应"和阐发自己的元气一元论的过程中提出："山川者，特天地之物也。阴与阳者，气而游乎其间者也。自动自休，自峙自流，是恶乎与我谋？自斗自竭，自崩自缺，是恶乎为我设？"③ 这说明，大自然一直在自我运动、自我变化，而充斥于自然界的阴阳二气有时聚集、有时分散，有时互相吸引、有时互相排斥，它们都和国家的兴亡、人事的祸福没有什么关系。

张载面对宋代封建社会中充满的各种矛盾，发展了《周易》

---

① 《太玄·玄文》。
② 《太玄赋》。
③ 《非国语》。

的辩证宇宙观。他提出："一物两体，气也。一故神，两故化，此天之所以参也。"气作为世界的实体的东西，是相互对立、相互作用的两极的统一。这个两极统一的"一物"就是"参"。一切都在运动、变化的过程之中。而其中变化的根据，则来源于事物的内部："凡圆转之物，动必有机，既谓之机，则动非之外也。"①

方以智因循佛教华严宗的三谛学说，提出了"随""泯""统"三个观念。"随"是所谓"俗谛"，它承认"二"，"泯"相当于"真谛"，只承认"一"，"统"即"中谛"，它肯定"一即二，二即一"。在此方法论的框架下，方以智还提出了"交""轮""几"三个概念，分别指代对立面相互作用、相互渗透，对立面相互推移、相互转化，对立面运动变化的内在源泉。方以智还说："虚实也，动静也，阴阳也，形气也，道器也，昼夜也，幽明也，生死也，尽土地古今皆二也。两间无不交，则无不二而一也，相反相因，因二以济，而实无二无一也。""轮之贯之，不舍昼夜，无住无息，无二无别。随泯自统，自然而然。"② 总之，对立矛盾具有普遍性，同时对立矛盾又没有分别，这种普遍性和没有分别的特征不是相互分离的，而是相互联结在一起。

王夫之围绕"日新之化"的主题提出："太极动而生阳，动之动也；静而生阴，动之静也……一动一静，阖辟之谓也。由阖而辟，由辟而阖，皆动也。"③ 天地当中的万事万物都在运动，人事万物都在时时刻刻变化更新。其原因在于，事物变化日新

---

① 《正蒙·参两》。
② 《三征》。
③ 《思问录·内篇》。

的根源是对立面的相互作用。对于这些对立面，王夫之指出："天下有截然分析而必相对待之物乎？求之于天地，无有也，求之于万物，无有也；反而求之于心，抑未谂其必然也。"① 通俗地说，王夫之认为一切对立面并不是绝对的。当对立面发展到了一定的程度，物极必反，但事物向对立面转化之前，也是在运动之中，动静之间没有绝对的鸿沟。

对于上述中国传统文化中的辩证思想，毛泽东采取了辩证地批判继承的态度。在《矛盾论》中，他有许多观点与中国传统朴素辩证法思想具有一致性。例如，毛泽东在阐述矛盾的同一性和斗争性时说："一切对立的成分都是这样，因一定的条件，一面互相对立，一面又互相联结、互相贯通、互相渗透、互相依赖。"② 这种思想在《道德经》里就有提及："有无相生，难易相成，长短相形，高下相倾，音声相和，前后相随，恒也。"此外，毛泽东还指出："事情不是矛盾双方互相依存就完了，更重要的，还在于矛盾着的事物的互相转化。这就是说，事物内部矛盾着的两方面，因为一定的条件而各向着和自己相反的方面转化了去，向着它的对立方面所处的地位转化了去。"③ 王夫子阐述的"动之极而后静""静之极而后动"与毛泽东这里提出的观点具有相通性。《矛盾论》指出："矛盾的普遍性或绝对性这个问题有两方面的意义。其一是说，矛盾存在于一切事物的发展过程中；其二是说，每一事物的发展过程中存在着自始至终的矛盾运动。"④ 这也类似于方以智提出的"虚实也，动静也，阴阳也，形气也，道器也，昼夜也，幽明也，生死也，

---

① 《周易外传》第 7 卷。
② 《毛泽东选集》第 1 卷，人民出版社，1991，第 328 页。
③ 同上。
④ 同上书，第 305 页。

尽土地古今皆二也"的观点。

在《矛盾论》中毛泽东指出："事物发展的根本原因，不是在事物的外部而是在事物的内部，在于事物内部的矛盾性。任何事物内部都有这种矛盾性，因此引起了事物的运动和发展。事物内部的这种矛盾性是事物发展的根本原因，一事物和他事物的互相联系和互相影响则是事物发展的第二位的原因。"① 这种"内因论"，在王夫之的《周易内传》中讨论事物变化日新的根源是对立面的相互作用时就有涉及。至于张载"凡圆转之物，动必有机，既谓之机，则动非之外也"等阐述，更是对事物运动动力来源于事物内部有明确的揭示。

特别需要提到的是，毛泽东在《矛盾论》中为了证明自己的观点，还以中国传统文化中的人和事为例证进行说明。例如，他提到了孙子、魏徵，尤其是在论述矛盾特殊性时，引用《水浒》中宋江三打祝家庄的故事，指出："《水浒传》上宋江三打祝家庄，两次都因情况不明，方法不对，打了败仗。后来改变方法，从调查情形入手，于是熟悉了盘陀路，拆散了李家庄、扈家庄和祝家庄的联盟，并且布置了藏在敌人营盘里的伏兵，用了和外国故事中所说木马计相像的方法，第三次就打了胜仗。《水浒传》上有很多唯物辩证法的事例，这个三打祝家庄，算是最好的一个。"② 这说明，在分析矛盾时切忌主观性、片面性和表面性。

当然，毛泽东的《矛盾论》是马克思主义性质的理论，是与从前的一切旧哲学相对立的辩证唯物主义哲学。因此，《矛盾论》在吸收中国传统哲学思想的精华的同时，更在传统的基础

① 《毛泽东选集》第 1 卷，人民出版社，1991，第 301 页。
② 同上书，第 313 页。

上突破了传统，鲜明地体现了马克思主义矛盾学说的创新特质。

第一，《矛盾论》以其系统严整的理论体系，突破了中国传统辩证法思想的不系统性。我国传统文化中的辩证法思想源远流长，内容丰富。不过，我国传统文化中的论者在阐发自己的辩证法思想时，大多是在自己论述某一主题时附带性地加以阐发。例如，《孙子兵法》从性质来看属于中国古典军事著作，其十三篇内容论述了战略运筹、作战指挥、战场机变、军事地理、特殊战法等一系列知识，辩证法的思想不过是在这些内容的阐述中表达出来的。它主要不是一部论述辩证法的著作，而是古代的一部兵法理论"圣典"。其他如《周易》等也有这个特点。与此相关，我国传统文化中有关辩证法的论述多是零散的、不系统的。作为一个具体的论者，其辩证法思想可能在某一方面比较深入，但在其他方面论述就比较少，甚至根本没有相关阐述。与之不同，毛泽东的《矛盾论》从辩证的宇宙观和形而上学的宇宙观起手，分别系统地论述了矛盾的普遍性、矛盾的特殊性、主要矛盾和矛盾的主要方面、矛盾诸方面的同一性和斗争性、对抗在矛盾中的地位，最后还对相关内容做了一个结论："事物矛盾的法则，即对立统一的法则，是自然和社会的根本法则，因而也是思维的根本法则。它是和形而上学的宇宙观相反的。它对于人类的认识史是一个大革命。按照辩证唯物论的观点看来，矛盾存在于一切客观事物和主观思维的过程中，矛盾贯串于一切过程的始终，这是矛盾的普遍性和绝对性。矛盾着的事物及其每一个侧面各有其特点，这是矛盾的特殊性和相对性。矛盾着的事物依一定的条件有同一性，因此能够共居于一个统一体中，又能够互相转化到相反的方面去，这又是矛盾的特殊性和相对性。然而矛盾的斗争则是不断的，不管在它们共居的时候，或者在它们互相转化的时候，都有斗争的存在，尤其是在它们互相转化的时候，斗争的表现更为显著，这又是矛盾的普遍性和绝对性。当着我们研究矛盾的特殊性和相对性的时候，要注意矛盾和矛盾方面的主要的和非主要的区别；当着我们研究矛盾的普遍性和斗争性的时候，要注意矛盾的各种不同的斗争形式的区别。否则就要犯错误。如果我们经过研究真正懂得了上述这些要点，我们就能够击破违反马克思列宁主义基本原则的不利于我们的革命事业的那些教条主义的思想；也能够使有经验的同志们整理自己的经验，使之带上原则性，而避免重复经验主义的错误。"① 这样，《矛盾论》就以其内容的完整性和形式的严密性事实上构建出了一个有关对立统一的矛盾学说的有机体系，在理论化、系统化的向度推进了我国辩证法思想的创新性转化和创新性发展。

第二，毛泽东的《矛盾论》使我国辩证法思想坚定地站在了唯物主义的"基地"上。我国传统文化中的辩证法思想（如王夫子等人的观点），大多是在唯物主义的立场上运思。但是，像老子的《道德经》虽然充满了辩证法的睿智，但是它先验地预设了一个无形无象、不可名状的"道"，并从"道"出发展开对事物辩证运动的哲思，从总体上或者根本上来说《道德经》中的辩证法研究阐发的立场还是属于客观唯物主义。这些情况的存在，让我国传统文化中有关辩证法的思想阐发比较浑浊，在很大程度上封闭了辩证思维本身具有的生机勃勃的能动性，影响到了辩证法对人自由解放和社会发展进步的推动作用。《矛盾论》在一开篇就提出："事物的矛盾法则，即对立统一的法

---

① 《毛泽东选集》第 1 卷，人民出版社，1991，第 336~337 页。

则，是唯物辩证法的最根本的法则。"① 这说明，毛泽东的《矛盾论》是在唯物主义的基础上论述对立统一。它以其坚定的唯物主义立场张扬辩证的宇宙观，并且通过在延安抗日军事政治大学进行讲演等，迅速在包括知识分子在内的广大人民群众中传播。在传播过程中，它以其真理性的力量不断统一着人们在矛盾问题上的认识，不断提高着人们有关对立统一的观念水平，因而也在不断扬弃群众头脑中的各种唯心主义的东西，让唯物主义辩证法的思维方式最终在辩证的批判、否定当中成为我国社会生活中占统治地位的思维方式。

第三，《矛盾论》也自觉扬弃了我国传统辩证法思想的朴素性，把马克思主义矛盾理论建立在科学的基础之上。中国传统辩证法思想与西方传统哲学在辩证法方面的思考一样，也缺少科学的论证。如前所述，毛泽东的《矛盾论》在多处体现了自己对科学严密性的追求，凸显了《矛盾论》对中国传统辩证法朴素性的自觉扬弃。为了避免重复，此处不再赘述。

第四，《矛盾论》以其中国化的马克思主义哲学新形态融入中国传统哲学，有力推动了我国传统哲学走向现代化。应该承认，中国传统文化内在偏向于价值理性，具有重人伦、轻事功的外在表现。例如，统治中国文化领域几千年之久的儒家文化，其目的是确立"为人之道"即人之为人的行为规范、道德标准和和谐的社会关系，其核心是培养和造就具有仁爱之心的、高尚的君子——"仁人"，因此它对"为人之学"的伦理道德极其推崇，一直围绕推行其卓越的修养之道——依靠内心自觉、修身养性以完成内在精神的提升的现实主要任务和确立"为仁"

---

① 《毛泽东选集》第 1 卷，人民出版社，1991，第 299 页。

"成仁"的面向长远的道德目标和人格理想展开儒学的关键性工作。这使中国传统文化与注重科学知识及其技术功效的西方文化不同，它不仅把西方文化极力追寻实现的科技发明蔑称为不值一提的所谓"奇技淫巧"，而且认为这种"奇技淫巧"与自己念念不忘的"人道"是相对立的。与此相一致，传统的儒家文化对西方科学知识和技术发明征服自然、驾驭自然的外在行动和内在渴望怀有一种本能的拒斥和鄙视。事实上，早在先秦时期庄子就提出："有机械者必有机事，有机事者必有机心。机心存于胸中则纯白不备。纯白不备则神生不定：神生不定者，道之所不载也。"① 后世更是进一步把庄子这种看法不断推向一个又一个高地。人们言必讲"仁"重"礼"，否则就被认为是离经叛道，是让人不想与之为伍的另类。当然，中国文化中也重视"学"与"艺"，但并不像西方那样，是对外在自然的认知和改造，而只是"学以致其道"②，是完善道德人格的手段或步骤。在中国文化传统中，"学"与"艺"的旨趣在于"为人""成人"，而对"事功""成事"并不重视。所以，以儒家思想为基础生发出来的主导中国人实践活动的人文精神的重要特点就是工具理性相对缺失，也即缺乏科学技术传统。这使养成中国学人的传统文化特别注重平和、稳重，洋洋有君子之风。即使是对现实不满意，也尽可能构造一个虚幻的寓言式文化场景，曲折隐晦地表达自己主宰的域中人内心的无限希冀。

《矛盾论》将马克思主义哲学中国化，促使中国传统哲学在内容上与现时代最先进、最科学、最革命的哲学思想对接，以彻底的学理改造了中国传统哲学的内容，从而在传统的中国

---

① 《庄子·天地》。
② 《论语·子张》。

哲学与现代的马克思主义哲学的统一中让传统哲学现代化。《矛盾论》机锋锐利的言说方式、着眼于对立统一的内容相互缠绕，开始渗入中国传统，它们与中国传统文化的冲淡平和相互作用，使被融通以后的传统文化既有稳重平和的内蕴，又有依附时代的鲜明特征，总体上表现为一种具有中国作风、中国气派、中国特色又面向世界、面向未来、面向现代化的新文化。

第三节　新民主主义革命时期毛泽东矛盾思想的自我完善

毛泽东的《矛盾论》在中国哲学发展史上有着重要的历史地位。从实践来看，《矛盾论》对中国新民主主义革命发挥了极其重要的指导作用。可以说，《矛盾论》是中国共产党人和革命人民学习马克思主义哲学的基本教材之一，是中国人民认识世界和改造世界的锐利思想武器。就理论作用而言，《矛盾论》的问世，标志着毛泽东哲学思想在其自身的发展历史上达到了理论化和系统化，它为马克思主义哲学中国化和中国传统哲学现代化指明了方向。与《矛盾论》的重要地位和重大意义相联系，在新民主主义革命时期，毛泽东本人也特别注意将矛盾思想同他的整个马克思主义哲学一起融入当时的现实，具体运用于我国新民主主义革命的各个领域以促使其在实践中不断接受检验并向前发展。

具体来看，毛泽东在写完《实践论》和《矛盾论》，确定了马克思主义普遍真理和具体实践相结合的思想原则和思想方法以后，即把它运用到中国新民主主义革命的具体实践中，并写出了一系列具有鲜明科学性和创造性的军事、经济、文化等方面的著作。这些实践和著作不但体现了《矛盾论》的精神和原则，而且进一步丰富和发展了毛泽东的哲学思想，使之更加深刻、更加精致。

在抗日战争和解放战争这两个历史时期，即中国新民主主义革命迅速发展并不断取得胜利的时期，一方面，毛泽东在《矛盾论》中所提出的基本理论经受了中国革命实践的严峻检验，战胜了党内各种错误思想倾向，成为全党的指导思想的方法论基础，并在这个基础上与马克思主义认识论相结合，最终形成了中国共产党的思想路线；另一方面，《矛盾论》的基本理论被广泛运用于经济、文化等各个领域，并且在运用中，毛泽东结合新的实践对一些重大问题在理论上做出了新的概括，大大丰富、发展了《矛盾论》的基本理论。在这一阶段，《矛盾论》的发展主要表现在以下几个方面。

第一，毛泽东进一步论述了具体的、系统的分析过程中的基本矛盾和主要矛盾以及主要矛盾的发展变化，是正确认识事物发展规律的科学方法，并提出了关于根本质变和部分质变的思想，发展了他的"过程论"。在《论持久战》一文中，他对比了中国和日本这两个对立面之间的全部关系，论述了这种矛盾对比关系将有的演变过程。他指出，中日战争互相矛盾着的基本特点"在战争过程中将各依其本性发生变化，一切东西就都从这里发生出来。这些特点是事实上存在的，不是虚造骗人的；是战争的全部基本要素，不是残缺不全的片段；是贯彻于双方一切大小问题和一切作战阶段之中的，不是可有可无的"。[①] 在这里，矛盾的丰富性、普遍性、贯通性以及由此所体现出的科

---

① 《毛泽东选集》第2卷，人民出版社，1991，第450页。

学的矛盾分析法，已显而易见。

第二，重新解释了矛盾同一性与斗争性的相对、绝对的关系。在《矛盾论》中，毛泽东沿袭列宁的观点，认为："事物总是不断地由第一种状态转化为第二种状态，而矛盾的斗争则存在于两种状态中，并经过第二种状态而达到矛盾的解决。所以说，对立的统一是有条件的、暂时的、相对的，而对立的互相排除的斗争则是绝对的。"① 但是，随着中国革命实践的发展，在此方面，毛泽东做了一个与列宁不同的概括："依一时说，统一是绝对的，斗争是相对的；依永久说，统一是相对的，斗争是绝对的。绝对占统治地位。"② 并且，毛泽东认为："统一即事物的暂时安定。事物的安定在暂时是绝对的，在永久是相对的，这才是列宁'相对中有绝对'之意。"③ 毛泽东认为，在抗日战争时期，"坚持民族统一战线才能克服困难，战胜敌人"，"如果只谈统一性，否认独立性，就是背弃民权主义，不但我们共产党不能同意，任何党派也是不能同意的。没有问题，统一战线中的独立性，只能是相对的，而不是绝对的；如果认为它是绝对的，就会破坏团结对敌的总方针。"④

第三，揭示了矛盾辩证法的一个奥秘，即矛盾对立面之间具有"亦此亦彼"的中介环节。毛泽东在《新民主主义论》中分析了未来社会的二元结构性。他指出："新民主主义的政治、经济、文化，由于其都是无产阶级领导的缘故，就都具有社会主义的因素，并且不是普通的因素，而是起决定作用的因素。但是就整个政治情况、整个经济情况和整个文化情况说来，却

---

① 《毛泽东选集》第 1 卷，人民出版社，1991，第 333 页。
② 中共中央文献研究室编《毛泽东哲学批注集》，中央文献出版社，1988，第 374 页。
③ 同上。
④ 《毛泽东选集》第 2 卷，人民出版社，1991，第 524 页。

还不是社会主义的，而是新民主主义的。"① 这使新民主主义社会既区别于资本主义社会，又区别于社会主义社会。毛泽东在《目前抗日统一战线中的策略问题》一文中也指出，中间势力"包括中等资产阶级、开明绅士和地方实力派，因为他们和大地主大资产阶级的主要统治力量之间有矛盾，同时和工农阶级有矛盾，所以往往站在进步势力和顽固势力之间的中间立场。他们是抗日统一战线中的中间派"。② 他们作为进步势力和顽固势力对立面的一个中介，是一个经常动摇于进步势力和顽固势力之间的势力，因而我们要扩大和巩固抗日统一战线，就必须谋取中间势力，不能把辩证法的矛盾学说简单地化为无中介的两极对立。

第四，拓宽了矛盾学说的新领域，把矛盾学说广泛地运用于军事问题、具体的领导方法和工作方法中。例如，《在延安文艺座谈会上的讲话》分析了一系列过去未曾分析过的矛盾，着重说明了矛盾诸方面相互渗透、相互促进的同一关系。在《关于领导方法的若干问题》中毛泽东提出了"科学的领导方法"③这一新范畴，阐述了这种领导方法所具有的唯物史观、认识论和方法论三者统一的特点。

第五，揭示了理论和实际统一的马克思列宁主义的作风，并用"实事求是"加以概括。毛泽东在《改造我们的学习》一文中说："在这种态度下，就是应用马克思列宁主义的理论和方法，对周围环境作系统的周密的调查和研究。不是单凭热情去工作，而是如同斯大林所说的那样：把革命气概和实际精神结

---

① 《毛泽东选集》第 2 卷，人民出版社，1991，第 704~705 页。
② 同上书，第 744~745 页。
③ 《毛泽东选集》第 3 卷，人民出版社，1991，第 902 页。

合起来。在这种态度下，就是不要割断历史。不单是懂得希腊就行了，还要懂得中国；不但要懂得外国革命史，还要懂得中国革命史；不但要懂得中国的今天，还要懂得中国的昨天和前天。在这种态度下，就是要有目的地去研究马克思列宁主义的理论，要使马克思列宁主义的理论和中国革命的实际运动结合起来，是为着解决中国革命的理论问题和策略问题而去从它找立场，找观点，找方法的。这种态度，就是有的放矢的态度。'的'就是中国革命，'矢'就是马克思列宁主义。我们中国共产党人所以要找这根'矢'，就是为了要射中国革命和东方革命这个'的'的。这种态度，就是实事求是的态度。'实事'就是客观存在着的一切事物，'是'就是客观事物的内部联系，即规律性，'求'就是我们去研究。我们要从国内外、省内外、县内外、区内外的实际情况出发，从其中引出其固有的而不是臆造的规律性，即找出周围事变的内部联系，作为我们行动的向导。而要这样做，就须不凭主观想象，不凭一时的热情，不凭死的书本，而凭客观存在的事实，详细地占有材料，在马克思列宁主义一般原理的指导下，从这些材料中引出正确的结论。这种结论，不是甲乙丙丁的现象罗列，也不是夸夸其谈的滥调文章，而是科学的结论。这种态度，有实事求是之意，无哗众取宠之心。这种态度，就是党性的表现，就是理论和实际统一的马克思列宁主义的作风。"① 此外，同样在《改造我们的学习》一文中，毛泽东还从现状、历史和理论研究三个方面具体地分析了马克思列宁主义态度和主观主义态度的根本对立，深刻地阐明了从实际出发、实事求是、理论联系实际的辩证唯物主义理论和方法。"实事求是"这一马克思列宁主义的作风充

---

① 《毛泽东选集》第 3 卷，人民出版社，1991，第 800~801 页。

分体现了唯物论和辩证法、理论和实践的结合，并通过认识过程内部主观和客观、认识和实践之间的矛盾运动的进一步揭示，创造性地把马克思主义认识论概括为"能动的革命的反映论"。①

---

① 《毛泽东选集》第 2 卷，人民出版社，1991，第 664 页。

第十一章 《矛盾论》的哲学价值

毛泽东的《矛盾论》作为马克思主义性质的哲学著作，不仅在哲学思想上引导了新民主主义革命，而且在国际上也有着重要的哲学学术价值。

第一节 《矛盾论》与中国抗战必胜的辩证法

1938 年 5 月，毛泽东在延安抗日战争研究会上讲演时说："伟大抗日战争的一周年纪念，七月七日，快要到了。全民族的力量团结起来，坚持抗战，坚持统一战线，同敌人作英勇的战争，快一年了。这个战争，在东方历史上是空前的，在世界历史上也将是伟大的，全世界人民都关心这个战争。身受战争灾难、为着自己民族的生存而奋斗的每一个中国人，无日不在渴望战争的胜利。然而战争的过程究竟会要怎么样？能胜利还是不能胜利？能速胜还是不能速胜？很多人都说持久战，但是为什么是持久战？怎样进行持久战？很多人都说最后胜利，但是为什么会有最后胜利？怎样争取最后胜利？这些问题，不是每个人都解决了的，甚至是大多数人至今没有解决的。于是失败主义的亡国论者跑出来向人们说：中国会亡，最后胜利不是中国的。某些性急的朋友们也跑出来向人们说：中国很快就能战胜，无需乎费大气力。这些议论究竟对不对呢？我们一向都说：这些议论是不对的。可是我们说的，还没有为大多数人所了解。一半因为我们的宣传解释工作还不够，一半也因为客观事变的发展还没有完全暴露其固有的性质，还没有将其面貌鲜明地摆在人们之前，使人们无从看出其整个的趋势和前途，因而无从决定自己的整套的方针和做法。现在好了，抗战十个月的经验，尽够击破毫无根据的亡国论，也尽够说服急性朋友们的速胜论了。"① 在这种情况下，毛泽东精辟地运用矛盾分析法，论证了抗战胜利必将属于中国。为了阐明问题的根据，毛泽东详细地列出了中国抗战双方互相对立的许多特点，总的看来就是敌强我弱、敌野蛮退步我正义进步、敌寡助我多助、敌小国我大国。立足于中日两国上述对立着的四个方面，毛泽东从它们之间对立统一的关系出发，逐一对照，具体问题具体分析，最后得出结论："这样看来，日本的军力、经济力和政治组织力是强的，但其战争是退步的、野蛮的，人力、物力又不充足，国际形势又处于不利。中国反是，军力、经济力和政治组织力是比较地弱的，然而正处于进步的时代，其战争是进步的和正义的，又有大国这个条件足以支持持久战，世界的多数国家是会要援助中国的。——这些，就是中日战争互相矛盾着的基本特点。这些特点，规定了和规定着双方一切政治上的政策和军事上的战略战术，规定了和规定着战争的持久性和最后胜利属于中国而不属于日本。"②

尤其针对亡国论者，毛泽东特别指出："亡国论者看到敌我

---

① 《毛泽东选集》第 2 卷，人民出版社，1991，第 439~440 页。
② 同上书，第 449~450 页。

强弱对比一个因素，从前就说'抗战必亡'，现在又说'再战必亡'。如果我们仅仅说，敌人虽强，但是小国，中国虽弱，但是大国，是不足以折服他们的。他们可以搬出元朝灭宋、清朝灭明的历史证据，证明小而强的国家能够灭亡大而弱的国家，而且是落后的灭亡进步的。如果我们说，这是古代，不足为据，他们又可以搬出英灭印度的事实，证明小而强的资本主义国家能够灭亡大而弱的落后国家。所以还须提出其他的根据，才能把一切亡国论者的口封住，使他们心服，而使一切从事宣传工作的人们得到充足的论据去说服还不明白和还不坚定的人们，巩固其抗战的信心。"① 为此，毛泽东又专门提到了时代的特点，即在当时，一边是日本的退步和寡助，对立着的一边是中国的进步和多助。并且，毛泽东对这个对立面还进行了具体的分析。他指出："在我们的敌人方面，首先，它是快要死亡的帝国主义，它已处于退步时代，不但和英灭印度时期英国还处于资本主义的进步时代不相同，就是和二十年前第一次世界大战时的日本也不相同。此次战争发动于世界帝国主义首先是法西斯国家大崩溃的前夜，敌人也正是为了这一点才举行这个带最后挣扎性的冒险战争。所以，战争的结果，灭亡的不会是中国而是日本帝国主义的统治集团，这是无可逃避的必然性。"② 与之相对立，中国"已经不能和别的任何历史时期相比较。半殖民地和半封建社会是它的特点，所以被称为弱国。但是在同时，它又处于历史上进步的时代，这就是足以战胜日本的主要根据。所谓抗日战争是进步的，不是说普通一般的进步，不是说阿比西尼亚抗意战争的那种进步，也不是说太平天国或辛亥革命的

① 《毛泽东选集》第2卷，人民出版社，1991，第450~451页。
② 同上书，第451页。

那种进步，而是说今天中国的进步。今天中国的进步在什么地方呢？在于它已经不是完全的封建国家，已经有了资本主义，有了资产阶级和无产阶级，有了已经觉悟或正在觉悟的广大人民，有了共产党，有了政治上进步的军队即共产党领导的中国红军，有了数十年革命的传统经验，特别是中国共产党成立以来的十七年的经验。这些经验，教育了中国的人民，教育了中国的政党，今天恰好作了团结抗日的基础"。"当日本举行战争的时候，正是世界各国或者已经遭遇战争或者快要遭遇战争的时候，大家都正在或准备着为反抗野蛮侵略而战，中国这个国家又是同世界多数国家和多数人民利害相关的，这就是日本已经引起并还要加深地引起世界多数国家和多数人民的反对的根源。"① 所以，日本侵略中国，是支持者寡、反对者多。相反，中国人民抗日战争为反抗野蛮侵略而战，中国的敌人是世界性的敌人，因此在抗日战争中我国不是孤立的。"历史上不论中国的战争也罢，印度的战争也罢，都是孤立的。惟独今天遇到世界上已经发生或正在发生的空前广大和空前深刻的人民运动及其对于中国的援助。"②

此外，加上日本是小国，而中国是大国，这又是一个对立面。这个对立面的存在进一步强化了中国绝不会亡国的根据。"强弱对比虽然规定了日本能够在中国有一定时期和一定程度的横行，中国不可避免地要走一段艰难的路程，抗日战争是持久战而不是速决战；然而小国、退步、寡助和大国、进步、多助的对比，又规定了日本不能横行到底，必然要遭到最后的失

① 《毛泽东选集》第 2 卷，人民出版社，1991，第 451~452 页。
② 同上书，第 452 页。

败，中国决不会亡，必然要取得最后的胜利。"①

至于亡国论者以近代中国历次解放运动的失败为论据来证明"抗战必亡"和"再战必亡"，其实还是因为时代不同。一是特殊的时代具有特殊的矛盾，不能对它们进行简单类比。中国近代解放运动属于近代中国的"特殊矛盾"，抗日战争是现代中国的"特殊矛盾"，两者所处的时代不同，这些"特殊矛盾"对立统一的结果当然也有各自的特殊性，也即结果也会不同。二是时代在发展，现在日本是比过去更强了，这些是当时的事实。基于此，毛泽东指出："然而在长期的战争过程中，必然要发生相反的变化。这一点现在还不是事实，但是将来必然要成为事实的。这一点，亡国论者就抛弃不顾了。中国呢？不但现在已有新的人、新的政党、新的军队和新的抗日政策，和十余年以前有很大的不同，而且这些都必然会向前发展。虽然历史上的解放运动屡次遭受挫折，使中国不能积蓄更大的力量用于今日的抗日战争——这是非常可痛惜的历史的教训，从今以后，再也不要自己摧残任何的革命力量了——然而就在既存的基础上，加上广大的努力，必能逐渐前进，加强抗战的力量。伟大的抗日民族统一战线，就是这种努力的总方向。国际援助一方面，眼前虽然还看不见大量的和直接的，但是国际局面根本已和过去两样，大量和直接的援助正在酝酿中。中国近代无数解放运动的失败都有其客观和主观的原因，都不能比拟今天的情况。在今天，虽然存在着许多困难条件，规定了抗日战争是艰难的战争，例如敌人之强，我们之弱，敌人的困难还刚在开始，我们的进步还很不够，如此等等，然而战胜敌人的

---

① 《毛泽东选集》第 2 卷，人民出版社，1991，第 453 页。

有利条件是很多的，只须加上主观的努力，就能克服困难而争取胜利。这些有利条件，历史上没有一个时候可和今天比拟，这就是抗日战争必不会和历史上的解放运动同归失败的理由。"①

可见，正是依据《矛盾论》中的马克思主义辩证矛盾学说，毛泽东紧紧抓住中国抗日战争过程中中、日双方一系列相互矛盾着的对立面，针对抗日战争"亡国论"和"速胜论"这两种具体的观点，通过具体分析这些对立面各自特殊的具体情况，再根据具体的情况合乎逻辑地推断对立面在将来的发展，科学地说明了中国人民进行的反对日本侵略者的战争虽然不能速胜，但是只要全国各民族团结起来，坚持抗日民族统一战线，持久抗战，不屈不挠地同敌人进行英勇的战争，那么最后的胜利必将属于中国人民，中国抗战必胜。

第二节　《矛盾论》对国外哲学的影响

（一）《矛盾论》在苏联的哲学影响

苏联很早就开始宣传、研究毛泽东的《矛盾论》。特别是在 20 世纪 60 年代以前，苏联理论界对《矛盾论》的研究成果颇多，在一定程度上引领了当时国外毛泽东哲学思想研究和宣传的方向，形成了国外研究毛泽东《矛盾论》哲学思想的主流。

在苏联，《布尔什维克》杂志 1952 年于第 9 期、第 11 期刊登了《矛盾论》，并在介绍《毛泽东选集》第 2 卷俄文版时，专门对《矛盾论》做出了很高的评价。该刊认为，《矛盾论》的主

---

① 《毛泽东选集》第 2 卷，人民出版社，1991，第 453~454 页。

要锋芒是对准教条主义和书呆子气的，是对准狭隘的经验主义的。这一著作本身就是理论与实践相统一的范例，是中国人民争取自己解放的多年革命斗争中的理论上的马克思主义的总结，是对于实践与理论相互关系的独创性研究。①

在此后一段时间内，苏联有关《矛盾论》的研究基本上沿着《布尔什维克》杂志的研究向度，多围绕《矛盾论》的内容、目的和价值地位等展开论述。例如，苏联科学院哲学研究所由康斯坦丁诺夫主编了《马克思主义哲学原理》，书中多处引用了《矛盾论》中有关对立统一的看法。其中第八章第三节"不同矛盾的特点"就基本上是吸取《矛盾论》阐发的矛盾学说思想写成的。不仅如此，该书还高度评价道："毛泽东同志的《矛盾论》这篇杰出的、深刻的、有重大价值的著作，是对马克思主义辩证法理论的卓越贡献。这篇著作正确地强调了这样一个思想：在每种情况下，都应该揭示矛盾的特殊性。"②白俄罗斯苏维埃社会主义共和国哲学研究所与白俄罗斯国立列宁大学合作编写的《列宁〈哲学笔记〉研究》一书，在论述客观事物的本质时特别指出："在这个问题上，必须指出毛泽东同志在其著作《矛盾论》中关于对本质的理解的重要言论。这部著作具体化和发展了列宁在《哲学笔记》中所论述的许多重要原理。"③伊·普列歌夫斯基、阿·索波列夫两人在宣传介绍《毛泽东选集》第2卷时也专门发表署名文章，特别提到了《矛盾论》。他们针对《矛盾论》的价值意义，分析提出："《矛盾论》这一著作，

① 赵永茂等：《毛泽东哲学思想研究在国外》，中共中央党校出版社，1993，第49页。
② 苏联科学院哲学研究所编《马克思主义哲学原理》，中国人民大学出版社编译室译，人民出版社，1959，第299页。
③ 白俄罗斯苏维埃社会主义共和国哲学研究所、白俄罗斯国立列宁大学编《列宁〈哲学笔记〉研究》，王先睿译，生活·读书·新知三联书店，1964，第133页。

在反对理论上的教条主义和经验主义的斗争中，在反对政策上的主观主义的斗争中，具有伟大意义。"① 此外，罗森塔尔·尤金编的《简明哲学辞典》和康士坦丁诺夫主编的《苏联哲学百科全书》都对《矛盾论》给予了充分的肯定。前者指出，毛泽东在那个时期的卓绝的哲学著作《矛盾论》"致命地打击了教条主义和经验主义……运用唯物主义辩证法粉碎了自己的思想敌人"，"是根据中国历史和中国人民解放战争的具体材料创造性地解决马克思列宁主义哲学问题的卓越典范"。② 后者认为，毛泽东的《矛盾论》"对于马克思主义哲学的发展作出了重大贡献，对中国共产党人的思想教育起了巨大的作用"。③

（二）《矛盾论》在日本的哲学影响

第二次世界大战后，毛泽东的哲学思想也吸引了日本广大人民，在日本出现了学习、宣传、研究毛泽东哲学思想特别是《矛盾论》的热潮。

第一，毛泽东著作在日本迅速得到大量出版发行，各界群众争先恐后地购买毛泽东著作，其中《矛盾论》和《实践论》的单行本，印数达 30 万册，以满足各界群众的需求。并且，在《毛泽东选集》出版之前，日本 1952 年 8 月第 71 期理论刊物《前卫》就全文发表了《矛盾论》。

第二，随着毛泽东著作在日本发行，日本很快兴起了多种形式的学习、宣传包括《矛盾论》在内的毛泽东思想的活动，其人数之多、积极性之大，学习和宣传形式的丰富多彩，在中日交流

---

① 赵永茂等：《毛泽东哲学思想研究在国外》，中共中央党校出版社，1993，第 49~50 页。
② 〔苏〕罗森塔尔·尤金编《简明哲学辞典》，中央编译局译，人民出版社，1958，第 32、66 页。
③ 赵永茂等：《毛泽东哲学思想研究在国外》，中共中央党校出版社，1993，第 51 页。

史上实属罕见。据记载，日本为了学习、宣传毛泽东思想，各地
出现了学习会、座谈会、讲座会、研究会，有的地方为了长期组
织学习和宣传毛泽东思想和培养人才，还创立毛泽东思想学院。
1953 年 7 月，日共理论刊物《前卫》第 82 期、第 85 期发表了由
山崎谦写作的关于怎样学习《矛盾论》的讲座材料。这份讲座材
料一共讲了五个问题：一是《矛盾论》学习上的种种倾向；二是
学习《矛盾论》的必要态度；三是掌握和不掌握《矛盾论》的区
别；四是《矛盾论》的特别意义；五是仅仅记住《矛盾论》的内
容不够，还要运用其立场解决矛盾，使其变为物质力量，以推动
群众的《矛盾论》学习。① 日本工人党机关报《人民新报》发表
文章，号召党员特别是年轻同志"紧密结合个人实践的经验，精
读毛泽东的《实践论》和《矛盾论》这两部哲学著作，既要肯动
脑子，又要有学习的热情"。文章还说："每当我们在实际工作中
遇到困难，或在思想上有什么烦恼的时候，只要反复认真地学习
毛泽东的著作，就会豁然开朗，使我们得到进步。"② 一些科学家
结合科学工作学习毛泽东著作，也十分重视毛泽东哲学著作的世
界观和方法论意义。日本著名科学家坂田昌一指出："《矛盾论》
是经过中国革命考验的卓越的认识论和方法论，对于科学研究也
必然是强有力的武器。"③ 许多日本人，尤其是青年人，密切联
系日本实际，联系自己正在从事的工作和当时的思想实际学习
毛泽东哲学思想。例如，一位名叫杏田松雄的日本青年就说：
"毛泽东的《实践论》、《矛盾论》一刻也不离我的身，我相信它
对我们日本人民是有极其重大意义的理论武器。"④ 对此，日本

① 赵永茂等：《毛泽东哲学思想研究在国外》，中共中央党校出版社，1993，第 93 页。
② 同上书，第 97 页。
③ 同上书，第 98 页。
④ 同上书，第 94 页。

出版的《赤旗报》的一篇文章中写道:"《毛泽东选集》给予日本进步的工人、农民和学生的影响之大,是不可估量的。""目前,在全国组织起来的毛泽东思想学习会和讲习会、研究会,令我感到吃惊的是:在会上,青年人用毛泽东在《矛盾论》一文中教导的方法分析形势,谈论主要矛盾是怎样转化的,矛盾的主要方面是什么,次要方面是什么。""我认为,这些情况明显地表明毛泽东思想已经深入日本进步工人、农民和学生的思想,并且扎下了根。"①

第三,日本许多学者对《矛盾论》也进行了较多研究。其中比较典型的代表有松村一人,他不仅以《矛盾论》为中心,连续发表了三篇论文揭示毛泽东哲学的意义,特别是在关于《矛盾论》的一些问题,分上、下两篇阐述了自己的理解的再研究与对批评意见的探讨。这些系列性文章论及了《矛盾论》的内容、特征以及它与《实践论》的关系等多方面的问题。

一是论述了《矛盾论》的价值意义。松村一人在《思想》杂志上发表的《论毛泽东哲学的意义——以〈矛盾论〉为中心》中充分肯定了毛泽东哲学思想的意义。他指出:"不言而喻,毛泽东的《矛盾论》是论述唯物辩证法的最根本规律'对立面统一'的规律的著作。读了《矛盾论》,我首先感到的是,毛泽东的《矛盾论》(以及《实践论》)使马克思列宁主义哲学向前推进了一步。如果不学习毛泽东的哲学,我们就不能谈论马列主义哲学。如果不学习毛泽东的著作,我们也就不能充分理解马克思、恩格斯、列宁、斯大林的哲学。这同不学习

---

① 〔日〕浅川谦次:《〈毛泽东选集〉第四卷——学习思想方法最可靠的译本》,《赤旗报》1962 年 7 月 22 日。

列宁的著作就不能充分理解马克思，不学习斯大林的著作就不能深刻理解列宁是一样的。在这个意义上说，毛泽东哲学的意义在于：它不仅仅是马列主义哲学具体地应用于中国革命的特殊实际，并具有中国民族的形式，而且还具有国际的意义。毫无疑问，这并不是说具有国际意义的毛泽东哲学是离开中国革命的具体实践而创造出来的。正相反，今天被称为毛泽东思想的整个毛泽东的理论，正是毛泽东根据马列主义的普遍真理与中国革命的丰富经验，专心思索而创造出的。正是在这一过程中，作为马列主义理论基础的辩证唯物论，也大大前进了一步。"① 松村一人的观点得到了柳田谦十郎的认可。他指出："毛泽东写的《矛盾论》所具有的划时代意义，不仅在于它给辩证唯物论的发展历史增添了新的内容，而且在于它明确地提出了在中国人民斗争的历史发展过程中，为什么要由过去国内的阶级斗争转变为与国外的敌人日本帝国主义展开民族斗争的理论根据。"②

二是重点揭示了《矛盾论》的特征。松村一人撰文提出："所谓的《矛盾论》的根本特征，就是指《矛盾论》在理论上有哪些新的内容以及这些新的内容对现在许多的重大问题有什么指导意义。如果用一句话来概括，《矛盾论》的根本特征，其最大的功绩就是，它彻底批判了在辩证法理论中对辩证法的公式主义的理解。在这一个主要问题上，毛泽东把新的宝物贡献给了马克思列宁主义的哲学宝库。"③ 也可以这么说，《矛盾论》

① 广州地区高等院校哲学教研组编印《日本学者论〈实践论〉、〈矛盾论〉》，王乐夫译，1981，第58页。
② 萧延中：《西方学者评毛泽东》，中国工人出版社，1998，第659页。
③ 广州地区高等院校哲学教研组编印《日本学者论〈实践论〉、〈矛盾论〉》，王乐夫译，1981，第73页。

"同本国的革命理论相结合，哲学贯串于以解放为目标的经常的斗争之中，哲学同民族的智慧相结合，这就是毛泽东哲学的第一个根本特征"。①

三是阐述了《矛盾论》和《实践论》的内在联系。松村一人认为："首先应该明确了解，这两篇著作（《矛盾论》和《实践论》——引者注）既是两篇著作，同时又不是两篇著作，而是为了实现同一目的的缺一不可的不可分割的统一的一篇著作。一般说来，可以说这两篇著作一起构成了辩证唯物论的整体。就一般而言，这种说法是正确的。但是同时，这种说法又过于一般化与简单化，因为它没有具体地指出这两篇著作的具体的内在联系。""只要认真地思考上述论述，就不难理解《实践论》与《矛盾论》有着不可分割的联系，《矛盾论》是《实践论》的不可缺少的进一步深化。"②

四是阐述了《矛盾论》的内容。首先，松村一人论述了《矛盾论》中"关于矛盾的特殊性"。他强调《矛盾论》所说的"'用不同的方法去解决不同的矛盾'同时也是理论与实践的统一的问题。也就是说，理论与实践的统一应包括一个不可或缺的环节，即是普遍与特殊的关系的问题"。③人们"之所以一定要特别注意'矛盾的特殊性'，是因为：它是一个特别的问题，而且它提出的问题是新的问题"。④其次，松村一人研究了"所谓'许多的矛盾'的问题"。松村一人认为，"许多的矛盾"这样的认识"同平常只讲一个矛盾的理论相比，上面提出这样

---

① 广州地区高等院校哲学教研组编印《日本学者论〈实践论〉、〈矛盾论〉》，王乐夫译，1981，第61页。
② 同上书，第66、70页。
③ 同上书，第77页。
④ 同上书，第79页。

的问题明显是新颖的。当然，这并不是说，在现实的具体分析中，就未进行过那样的分析。但是，把这个问题自觉地提高到理论的高度，而且在辩证法理论中加以通俗详细的论述，这是从毛泽东开始的。正如毛泽东以往的关于普遍的认识同特殊的认识的关系的论述一样，其意义在于，他是阐明新的研究的指路人"。① 再次，松村一人论述了"'过程'的'根本矛盾'及'阶段性'"。松村一人提出："当毛泽东把'矛盾的特殊性'的研究推进到'过程'时，他把这一问题进一步引申到了一个过程中的各个阶段的特殊性问题。……毛泽东这里提出的问题是有着普遍的意义的问题，是有其理论上的认识的。它完全是哲学中的一个创造，尤其对具体的研究与实践都有着重大的意义。"② 最后，松村一人研究了"主要矛盾"。松村一人分析认为："主要矛盾及矛盾的主要方面的问题同矛盾的特殊性问题并不是两个问题，而且矛盾特殊性的问题中包括了主要矛盾及矛盾的主要方面的问题。"③ 一方面，主要矛盾没有超脱根本矛盾的范围，只要主要矛盾不发生变化，那么主要矛盾与根本矛盾就是完全一致的；另一方面，"主要矛盾和根本矛盾并不是完全一致的，根本矛盾虽然不变，但主要矛盾变了"。"我们可以清楚地看到，'根本矛盾'与主要矛盾的关系往往是很复杂的；主要矛盾不是存在于'根本矛盾'以外的东西。"④

此外，日本学者在有关《矛盾论》的研究中还出现了一些

---

① 广州地区高等院校哲学教研组编印《日本学者论〈实践论〉、〈矛盾论〉》，王乐夫译，1981，第 82 页。
② 同上书，第 86 页。
③ 同上书，第 94 页。
④ 同上书，第 97、99 页。

针锋相对的论争。例如，针对山崎谦认为《矛盾论》只是把过去的理论加以技术化而已（也就是说毛泽东在《矛盾论》中的辩证法理论迄今不变，它只不过是在实际中使用的理论的看法），松村一人指出，山崎谦未能充分理解毛泽东辩证法的理论内容。而在这一点上，松村一人与撰写了《唯物论与辩证法》的马克思主义哲学家莫里斯·康福斯（Maurice Cornforth）的看法是完全相同的。他们认为，毛泽东的《矛盾论》"集中了中国革命的重大经验，使之理论化，并自觉地把它提高到理论的高度来认识，从而在马克思主义哲学中谱写了'伟大的新篇章'，而不仅仅是认为只把过去的理论加以'技术化'而已"。① 对于大井在《〈矛盾论〉研究的现阶段》一文中对自己《辩证法的发展》的责难，即"在这本著作乃至松村从来的著作里，辩证法的根本法则同政治论的混合不分是很明显的。这是例证主义的必然结局。……而兼乎历史唯物论的诸原则，社会发展史经济学的诸命题的一般的基础知识的政治论，既不是唯物论也不是辩证法"②，松村一人回应说，毛泽东《矛盾论》的诸概念主要是放在中国革命的现实中来说明的，这一点却被大井误解为辩证法的根本法则同政治论混合不分。对此，松村一人说："我感到他的态度是想把哲学仅仅放在以对世界的基础的法则到具体的事物的系统方面来进行理解。当然，这是辩证唯物论的要求，但是其要求并不限于此。它是对各种各样的阶段，各种各样的领域研究的指针，就是对一次罢工斗争进行正确的分析，也有必要掌握整个辩证唯物论的基本概念。"③ 但是，大井先生似乎

---

① 广州地区高等院校哲学教研组编印《日本学者论〈实践论〉、〈矛盾论〉》，王乐夫译，1981，第111页。
② 同上书，第139页。
③ 同上书，第141页。

并没有意识到这一点。

竹内好在《如何理解毛泽东思想?》中研究了《矛盾论》的翻译问题。他提出,有关《矛盾论》的日文翻译存在严重的问题,其主要表现如下:一是存在单纯的误译,二是存在不正确的翻译或引申过头,三是轻视中国的思想表达方式,四是译语不统一,五是文体和修辞与原文风格相距甚远。因此,竹内好指出:"日本的马克思主义者连诡辩家都不够。因为他们在马克思列宁主义的同一条直线上来理解毛泽东。把他作为它的学说的解释者来安排,这只不过是为了自己也能利用这个解释者的权威称号而已。"① 对于竹内好的观点,松村一人专门写了《兼听则明——答竹内好先生》一文来商榷。松村一人指出:"竹内好的译文,其他不说,因为它没有很好地抓住《矛盾论》的根本的诸概念的联系,而产生了一系列的重要错误,至少在这一点上,作为哲学论文的翻译是致命性的缺陷。""竹内好先生从毛泽东的'中国特点'出发,提出的同马克思主义的质的差异,其实只不过是他在随意理解马克思主义的辩证法和《矛盾论》的基础上,把他自己的意见强加给毛泽东而已。""凡是站在把毛泽东作为创造性的马克思主义者来理解的方向上的人都当然要被他看成教条主义者,而被这样看的人都是光荣的。"②

(三)《矛盾论》在欧美国家的哲学影响

在欧美国家学者中,较早把毛泽东作为思想家、哲学家进行介绍的是美国的著名记者埃德加·斯诺。欧美许多人通过他

① 广州地区高等院校哲学教研组编印《日本学者论〈实践论〉、〈矛盾论〉》,王乐夫译,1981,第203页。

② 同上书,第208、226页。

的《红星照耀中国》这本书了解了毛泽东及其哲学思想，尤其是毛泽东的《矛盾论》等著作吸引和影响了欧美人。例如，挪威一位人士说："《矛盾论》打开了我们对事物的新认识。"英国的一位名叫琼斯的读者也指出，从《矛盾论》等著作中能看出毛泽东"是一位历史上最伟大的哲学家"。[1]

一些学者研讨了毛泽东《矛盾论》的价值地位。例如，英国哲学家莫里斯·康福斯在他的著作《唯物主义与辩证法》一书的序言中说："由于中国革命的领导者毛泽东的努力，在马克思主义著作里增写了伟大的新篇章。"毛泽东的《矛盾论》对"马克思主义作出了重要贡献"。[2] 1956 年，康福斯出版了经过修改的俄文版，在该书中他直接引用《矛盾论》的论述有 9 处。书中称，《矛盾论》对"矛盾特殊性""这个概念作了现实马克思主义著作中最为完备的探讨"。[3] 1937 年巴黎出版了法文版《实践论》，法国学者米歇尔·卢瓦在为该书写的前言中指出："《实践论》、《矛盾论》是为反对中国党内的教条主义倾向所写的，发展了马克思和列宁的思想；它们和苏联人著作相比，'有其独到之处'。"[4] 美国学者霍勒布尼奇认为，《矛盾论》"不论是从文体还是从哲学的内容方面，同马克思和恩格斯的大多数同样的著作相比，都不见逊色"。[5]

一些学者论述了《矛盾论》中辩证法理论的本质，其中的代表人物是美国波士顿大学哲学教授费朗西斯·苏（Francis Sue）。他在《毛泽东的辩证法理论》中通过比较文化进行分析，

---

① 赵永茂等：《毛泽东哲学思想研究在国外》，中共中央党校出版社，1993，第 150 页。
② 许全兴：《为毛泽东辩护》，当代中国出版社，1996，第 391 页。
③ 〔英〕康福斯：《辩证唯物主义》，独鲁译，生活·读书·新知三联书店，1958，第 115 页。
④ 许全兴：《为毛泽东辩护》，当代中国出版社，1996，第 394 页。
⑤ 同上书，第 402 页。

提出："'辩证法'的本质是'相互作用关系'或'相关性';所有的辩证关系都受'可转化性'和'条件性'这个最普遍的原则所支配;毛泽东的辩证法理论既是马克思主义的,又是中国式的,而且明显地更倾向于后者。"①

一些学者探究了《矛盾论》的内容。他们对《矛盾论》中的矛盾概念做了五点概括:其一,"毛泽东在自然、社会和人或认识这三个不同的情况下使用了矛盾一词"。其二,"从矛盾的这几种不同的用法得出它的主要含义是:'相互作用的动态关系'或'动态关系本身'或简称'关系或相关性'"。其三,"除了其主要含义外,矛盾还在具有细微差别的三种不同的含义上被使用:分别用差异、问题或困难和对抗来表示'相互作用的动态关系'"。其四,"毛泽东的矛盾概念的哲学含义不仅包含对立而且包含相互补充,不仅有斗争而且有同一"。其五,"毛泽东的矛盾概念不仅是研究毛泽东的辩证法理论的关键,而且是它的最核心的东西。如果我们用一个词来说明毛泽东的辩证法理论,这个词就是'矛盾',即'矛盾即现实'或'现实即矛盾'"。至于《矛盾论》中的辩证法理论,"它包括三个要素:矛盾的普遍性、矛盾的特殊性和辩证性。作者对普遍性、特殊性、对立而统一和斗争均作了分析。作者特别把'转化和条件'与统一性、斗争性并列加以论述,突出了'转化和条件'的重要性"。② 其中,特别是矛盾的斗争性,"总有着一种独特的中国特色、这种特色在他关于斗争普遍性这一概念的论述中特别明显,通过这一概念,用斗争这一共同特性把自然、社会和方法

① 赵永茂等:《毛泽东哲学思想研究在国外》,中共中央党校出版社,1993,第163页。
② 同上书,第165~166页。

联结了起来"。① 其实，只要进入《矛盾论》中的视界，就"一点也不用惊奇毛泽东的斗争本能。我们已经看到他如何屡次主张斗争是一条绝对的自然界的规律，受到列宁的很大影响。毛泽东认为辩证法是斗争的或物体本质的矛盾的学问"。②

也有学者揭示了《矛盾论》中辩证法思想的理论贡献。有学者认为："毛泽东对马克思主义辩证法的主要贡献在于他恰如其分地阐述了对立统一规律，即矛盾普遍性规律。毛泽东认为，辩证法所有其他规律和法则都是对立统一这一根本规律的演绎。——《矛盾论》中这样的阐述在马列主义文献中还是前所未有的。恩格斯把对立统一规律作为辩证法的规律之一，而黑格尔和列宁将其视为辩证法的主要规律之一，唯有毛泽东将对立统一规律作为辩证法的唯一大法和根本规律。在毛泽东以前只有黑格尔曾详细探讨过对立统一规律。毛泽东大概并没有读过黑格尔的原著，但他却明确地表明了自己的辩证法与黑格尔唯心主义辩证法的差异，他认定现实和矛盾决不是人脑的产物，而具有物质客观性。""毛泽东对矛盾问题的研究本身也是对唯物辩证法的一大贡献。他对不同矛盾的差异性及同一矛盾双方的不同地位和不平衡性的阐述，更是标新立异。"③

1968 年法国"五月风暴"前后，西方左翼理论家阿尔都塞、阿里夫·德里克（Arif Dirlik）等人也论及了《矛盾论》。例如，德里克将对《矛盾论》的分析和马克思主义中国化的阐释结合

---

① 〔美〕J. B. 斯塔尔：《继续革命：毛泽东的政治思想》，《毛泽东哲学研究动态》1987 年第 1 期。

② 〔美〕弗雷德里克·韦克曼：《历史和意志：毛泽东思想的哲学沉思》，《毛泽东思想研究》1981 年第 2 期。

③ 〔美〕弗·霍勒布尼奇：《毛泽东对辩证法的贡献》，《毛泽东邓小平理论研究》1990 年第 8 期。

起来，突出体现了被西方左翼阐释的中国马克思主义呈现的理论面向。他提出，毛泽东的《矛盾论》在《实践论》之后对革命解释学做了进一步阐释，作为统一整体的组成部分，两次论述在文本上彼此照应、互相印证。而"矛盾"的概念（被辩证地当成"对立统一"）则为毛泽东提供了一种知识集成的工具。这种解读能从毛泽东1937年的演讲和论文中得到印证。这些演讲和论文为毛泽东的马克思主义理论家和哲学家称谓，也为他终生关注的"矛盾"概念提供了基本依据。因为对立统一的存在，所以《矛盾论》的世界就是一个对立统一存在的世界，在那里统一本身可能只有依照无时不在的矛盾才能得以理解。在那里没有一个实体是永恒的，因为矛盾之外没有存在，甚至在矛盾关系之外连矛盾自身都不存在。但是，由于革命实践是矛盾结构的一部分，因此在一定程度上它能有效地将矛盾同革命目标紧密结合起来。以革命斗争化不利为有利，这实际上就是毛泽东矛盾分析的组成部分。运用这种矛盾分析方法，毛泽东寻求从日常生活维度将马克思主义在国家层面进行定位。而毛泽东这方面的观念表达方式，是对矛盾关系内涵进行整合与分解的详尽阐述：整合是因为万物依据其他事物的存在而存在，因而呈现同一性的状态；分解是因为凡事皆有其不可化约的特殊性，因而呈现区别或对抗的状态。在这种整合与分解的双向作用下，结果是遵循中国差异性关系，将中国化马克思主义设定为马克思主义具体化的体现。①

---

① 〔美〕阿里夫·德里克：《毛泽东思想与第三世界》，《毛泽东研究》2016年第2期。

附录一 中国化马克思主义哲学新形态当代构建前提探析*

余满晖　张小兰

摘　要：马克思主义哲学形态并不是一成不变的，有一个从原生形态到次生形态再到当代形态的转变。与此相关，在不同时期，甚至从不同的构建者视角来看，中国化马克思主义哲学新形态也有随之而变的所指。检验一种理论形态是否马克思主义的标准不是实践，而是马克思主义文本自身。追问如此问题，对"在场者"有重要启示。

关键词：中国化；马克思主义哲学；新形态

近年来，我国思想文化界围绕中国化马克思主义哲学新形态当代构建问题的讨论很多，然而，众多研究者并没有认真地去反思构建中国化马克思主义哲学新形态的前提。因此，当下非常有必要去追问这个问题，以进一步推进中国化马克思主义哲学新形态的当代构建。

---

* 本文原载于《学术交流》2011年第11期，收入本书时有所改动。

一　中国化马克思主义哲学新形态是什么

　　要构建中国化马克思主义哲学新形态，一个重要的前提条件是要知道中国化马克思主义哲学新形态是什么。否则，新形态的构建就会由于失去目标而不能具体付诸实行。"新"是相对于"旧"而言的，没有旧形态就无所谓新形态。因此，要追寻中国化马克思主义哲学新形态是什么，首先必须清晰地理解我国马克思主义哲学体系的发展过程。

　　概而言之，在中国，马克思主义哲学体系发展大体经历了三个阶段：20世纪80年代以前是苏联哲学教科书体系即传统的"辩证唯物主义"体系一统天下。"它的根本缺点是没有把实践观作为马克思主义哲学的根本理论基础，它的唯物主义仍然具有某种直观性。它认为马克思的新唯物主义在唯物主义发展史上所引起的变革主要在于实现了唯物主义和辩证法的结合，而不是在唯物主义原则本身的理解上实现了变革。在它看来，辩证唯物主义和旧唯物主义（例如费尔巴哈的唯物主义）在唯物主义原则的理解上是没有什么重大区别的。"[①] 为此，80年代中后期，学界在认真反思苏联哲学教科书体系之后提出了重建新的教科书体系的争论。争论的结果是从原来的"辩证唯物主义"体系中发展出一个比较公认的"实践唯物主义"体系。到了90年代后期，随着对外开放的不断扩大，各种西方思想不断传入，尤其是西方马克思主义思潮及东欧的马克思主义哲学，它们为我国马克思主义哲学体系的改革提供了有益的借鉴和启发。与此同时，这种西学东渐也对马克思主义在中国的指导地位构成

---

　　① 王金福：《实践的唯物主义》，苏州大学出版社，1996，第41页。

了挑战，导致传统的马克思主义哲学的解释力被削弱，社会影响力也急剧下降。为巩固和加强马克思主义哲学的指导地位，中国哲学界再一次出现了哲学体系问题的争论热潮。然而，"一切都有待于今后的努力"①的现状，决定了众多学者的工作都还处于开始阶段，其成果也大都是对未来的设想，不能说是非常具体和深入。

由此可见，在 20 世纪 80 年代，因为此前中国马克思主义哲学界只存在苏联哲学教科书体系一种形态，因而"新""旧"马克思主义哲学体系之争实际上是"辩证唯物主义""实践唯物主义"两种理解体系之争。争论的结果，就如高清海教授所言："哲学发展，应以哲学范式的及早转换为根本主题。哲学范式转换即哲学的思维方式、观念系统、理论格局、社会功能的总体性变迁。最能够替代传统苏联教科书体系的是实践唯物主义。"②所以，这个阶段中国化的马克思主义哲学新形态就是依据当时中国现实进行创新和发展而形成的具有中国作风、中国气派的"实践唯物主义"。

20 世纪 90 年代后期，因为已经从传统的"辩证唯物主义"体系中发展出了具有中国特色的"实践唯物主义"体系，因此有学者指出："如果说在过去的革命战争时期和计划经济时期，作为政治和宣传的统一性居于首要和突出的地位，那么在计划经济转向市场经济、从封闭建设转向开放性竞争的今天，更加注重理论多样性通过大力创新来积极推进马克思主义哲学的发展，就应成为一种更具有优先性的选择。因此，当前最主要的，

① 赵剑英、孙正聿主编《中国化马克思主义哲学新形态》，社会科学文献出版社，2006，第113页。
② 高清海等：《我们如何走近马克思》，《求是学刊》2000 年第 3 期。

与其说是组织全国力量来搞出一个权威性的中国化马克思主义哲学的'定本',不如说在于创建一种能够促使马克思主义哲学理论创新的机制,创建出一套使理论研究工作和宣传教育工作合理配合、相互促进的体制和制度。"[1] 这样,世纪之交的中国化马克思主义哲学新形态就不再是具有中国作风、中国气派的"实践唯物主义"等"定本"。"可以预见,在马克思主义哲学中国化的总前提下,出现的肯定是具有不同特点甚至在个别观点上还相互批判的马克思主义哲学理论。"[2] 因此,在将来,中国化马克思主义哲学新形态是多样呈现的。至于多样呈现的中国化马克思主义哲学体系到底有哪些,目前还是一个未完全解决的问题,有待学者们继续研究。不过,由于"辩证唯物主义"理解中有许多合理的东西、符合马克思主义的东西,完全否定"辩证唯物主义"不利于正确理解马克思主义哲学;强调马克思主义哲学是"实践唯物主义",也并不是否定它是辩证的唯物主义,而是要改变过去传统理解的"辩证唯物主义"的一种思维方式(这种思维方式强调从物质一元论的世界观出发来理解哲学理论问题),坚持从实践出发来解释一切哲学理论问题。在做出这一转变时,绝不是要抛弃辩证法,而恰恰是要为辩证法找到一个合理的说明基础。实际上,从内容来看,马克思主义哲学既是"辩证唯物主义"也是"实践唯物主义"。因此,可以说,未来中国化马克思主义哲学新形态除了一脉相承具有中国作风、中国气派,是依据中国现实进行的创新和发展之外,也一定与"辩证唯物主义"和"实践唯物主义"不会存在质的对立。这是因为,如果出

---

[1]　赵剑英、孙正聿主编《中国化马克思主义哲学新形态》,社会科学文献出版社,2006,第77页。

[2]　同上。

现质的对立，那所谓的"中国化马克思主义哲学新体系"实际上就已经不是马克思主义性质的理论体系。

二　马克思主义哲学形态的检验标准

当下学界在研究构建中国化马克思主义哲学新形态方面虽然成果众多，然而，研究者如何判断自己构建出的理论体系是否属于马克思主义，也即马克思主义哲学形态的检验标准是什么，显然是在构建过程中必须解决的一个前提性问题。如果不能顺利解答这个问题，人们就会由于不能断定自己构建出的新体系是不是马克思主义性质的哲学形态而造成理论和实践上的混乱，进而致使构建马克思主义哲学新形态成为一句空话。

在《关于费尔巴哈的提纲》中马克思提出："人的思维是否具有客观的……真理性，这不是一个理论的问题，而是一个实践的问题。人应该在实践中证明自己思维的真理性，即自己思维的现实性和力量，自己思维的此岸性。"[1] 许多研究者据此认为，要判断一种理论体系是不是马克思主义性质的体系，只需要用实践标准把这种理论体系检验一下就可以达到目的。

这样做并不能达到目的。事实上，研究者们构建的理论形态是以文本的形式存在的。一方面，它具有意义方面的规定性，是包含意义的客观存在。这种意义既与写作文本的作者的精神密切相关，是被文本传达的创作者的精神，但又不是作为文本创作者的精神本身，因为精神活动只存在于人们的头脑之中，人头脑之外的文本里不可能有精神。另一方面，文本又具有物质方面的规定性，表现为一定的物质形态，以符号的形式外显

---

① 《马克思恩格斯文集》第 1 卷，人民出版社，2009，第 500 页。

出来。这些符号，以及符号与符号之间的排列组合是由文本的作者选取和规定的。之所以这样选取与规定而不那样选取与规定，是文本的作者认为只有这样选取与规定才能恰到好处地通过文本的符号传达自己的精神。所以，文本的物质方面即符号系统是为传达作者的精神服务的。作者在创作文本时，不是为了文本而创作文本，而是要通过文本传达自己的精神。由于人头脑中的精神看不见、摸不着，因此当它被传达给他者时就需要一个物质性的承担者，担当这个物质性的承担者的就是文本中的符号系统。

由此可见，文本的本质不是它的物质方面的规定性，不是组成文本的符号，而是它内含的意义。在哲学层面，存在是根本之"有"，是唯一的，没有两个或两个以上不同的存在。例如，唯物主义者认为根本之"有"是物质，精神是物质派生的，唯心主义者认为根本之"有"是精神，物质是精神派生的，但在日常话语中，只要"有"就是存在。因此，可以把人脑的机能——主观意识称为精神存在，同时相应把外在的客观世界命名为物质存在。这样，文本中的意义就既不是精神存在，也不是物质存在。但是，文本中的意义又确确实实是被传达的文本创作者头脑中的主观意识，又不可能是虚无。那它是什么呢？它仅仅是精神的代表而不是精神本身，也即不是作为存在的存在，不是存在物或某东西。因为只要是存在物或某东西，就可以成为认识的对象，所以文本的意义不是认识的对象，为此也不会关涉到认识论中的真理观所要面对的"对不对"的问题。这样，检验认识"对不对"的标准实践也就当然不能成为评判一种理论体系是不是马克思主义的标准。要断定我们构建的某一种新的理论形态是不是马克思主义的理论形态，需要解决的是"是不是"的问题。这就要求把这种理论形态所传达的意义和马克思主义文本传达的意义进行比较，如果它与马克思主义文本传达的意义的本质具有一致性，那它就是马克思主义性质的文本，否则就是非马克思主义的文本。

三　对马克思主义哲学形态单一存在
与多样展现的追问

马克思主义哲学形态是单一存在、凝固不变的还是多样呈现、发展变化的，同样是人们在构建中国化马克思主义哲学新形态的过程中面临的前提性问题。因为马克思主义哲学新形态是相对旧形态而存在的。没有旧体系，就没有新体系；而要有新体系，就必须存在另一个（或几个）作为对立面的旧体系。所以，当马克思主义哲学体系仅仅是"这一个"时，就必然由于没有作为对立面的旧体系的存在而无法创建出一个相对于旧体系而言的新体系。

从马克思主义哲学发展史来看，"马克思主义哲学经历了由原生形态到次生形态再到当代形态的演进过程，哲学形态的演进过程从总体上看是一个由正统转向非正统、由单一转向多样、由经典转向平权的过程。当代哲学形态的最重要特征就是非正统化、多样化和平权化"。[①] 从中国现实来看，中国化马克思主义哲学理论形态的发展也是一个"化了又化"的过程，其中既有已在历史中完成了的旧体系，也有正在发展和建构中的新体系。因此，只要我们以开放的心态与各种形式的"马克思主义

---

① 欧阳康：《全球化与马克思主义哲学的当代发展——前提、问题域及研究思路》，《哲学研究》2005 年第 9 期。

哲学"开展积极对话，在对话中探讨马克思主义的当代发展，就一定会建构出我们解读中国化马克思主义哲学当代形态的模式。

四　追问中国化马克思主义哲学新形态当代构建前提的启示

进入 21 世纪以后，追问构建当代中国化马克思主义哲学新形态的前提，对"在场者"有重要启示。第一，审视中国化马克思主义哲学新形态当代构建的前提，凸显了马克思主义哲学体系在当代中国的发展，从而让"在场者"看到，马克思主义哲学理论形态并不是一成不变的，有一个从原生形态到次生形态再到当代形态的转变。因此，在构建马克思主义哲学体系时，绝不能认为只能有一种正确的马克思主义哲学形态构建结果而把自己认可的结果看成唯一正确的，其他的则是有意无意的歪曲。要清醒地认识到，人们的构建活动总是在一定的历史条件下进行的，都是在一定的理论和实践的推动下的活动，因而对马克思主义哲学形态各种不同的构建是一种正常的现象。无论哪一个人，无论哪一个时代，都不可能实现对马克思主义哲学形态绝对完善的构建。不仅马克思主义哲学教科书体系如此，当下比较公认的"实践唯物主义"体系也如此，即使到了将来，人们构建活动的结果也是如此。第二，正如有学者所言："在 50~80 年代的哲学发展中，中国哲学和西方哲学都是被当作马克思主义哲学产生的前史来研究的，在话语系统上，统一于马克思主义哲学。""而现在，马克思主义哲学、中国哲学和西方哲学的对话又都统一于西方哲学……目前各种不同的哲学都使用西方哲学的范畴和思维方法。"① 通过追问中国化马克思主义哲学新形态当代构建的前提，人们不难发现，如果与马克思主义文本传达的意义进行比较，所谓普遍真理的理论体系正是马克思主义者所反对的。例如，在《德意志意识形态》等著作中，马克思就提出自己对客观世界的抽象"与哲学不同，它们绝不提供可以适用于各个历史时代的药方或公式"。② 如此"一把万能钥匙"，只会给他"过多的侮辱"。③ 为此，人们像这样使用马克思主义哲学指导自己的行动，"那是永远达不到这种目的的"。④ 这就表明，当代中国化马克思主义哲学新形态绝不会是关涉普遍真理的理论体系，从而避免了构建者的理论和实践活动受到诸如此类的非马克思主义的影响而陷入混乱。

---

① 赵剑英、孙正聿主编《中国化马克思主义哲学新形态》，社会科学文献出版社，2006，第87~88页。
② 《马克思恩格斯选集》第 1 卷，人民出版社，2012，第 153 页。
③ 《马克思恩格斯选集》第 3 卷，人民出版社，2012，第 730 页。
④ 同上。

附录二　社会主义核心价值观培育
与践行的哲学向度[*]

欧阳恩良　余满晖

摘　要： 人类社会发展客观规律的作用使社会主义核心价值观成为"经验"的存在，而当下激荡的时代风云也迫切需要人们去培育和践行这种"崇高"。毋庸置疑，在培育与践行社会主义核心价值观的过程中，既要坚持大众化的方向，也必须注意到其对社会实践的依赖关系。

关键词： 社会主义核心价值观；规律性；时代性；大众性；实践性

党的十八大报告中指出："倡导富强、民主、文明、和谐，倡导自由、平等、公正、法治，倡导爱国、敬业、诚信、友善，积极培育和践行社会主义核心价值观。"① 习近平总书记在全国宣传思想工作会议上强调，加强党的意识形态工作"要加强社会主义核心价值体系建设，积极培育和践行社会主义核心价值观，全面提高公民道德素质，培育知荣辱、讲正气、作奉献、

---

　　*　本文原载于《南京政治学院学报》2013 年第 11 期，收入本书时有所改动。

　　①　《十八大以来重要文献选编》上，中央文献出版社，2014，第 25 页。

促和谐的良好风尚"。① 这些重要论述在科学揭示社会主义核心价值观深刻内涵的同时，也凸显了在我国进入全面建成小康社会决定性阶段广大人民群众的根本价值取向。关于如何培育与践行社会主义核心价值观，学界已从不同角度开展了多层面的探讨。本文拟从规律性、时代性、大众性、实践性四个基本的哲学向度进行一些思考，试图使相关理论更加彻底，从而更好地发挥其正确导向作用，提高其引导能力。

一 社会主义核心价值观培育与践行的规律性向度

社会主义核心价值观体认着人类对崇高的追求，但是，这种崇高绝不是脱离人类社会实践的独立冥想，而是生产力、社会分工和内部交往发展的产物，也就是人类社会发展客观规律作用的结果。社会发展规律的作用使社会主义核心价值观成为"经验"的存在。

在人类刚刚通过自身的劳动将自我从一般动物中提升出来时，人口数量很少，基本上以血缘关系为基础，采取平均主义的分配办法，对社会的控制则靠传统和家长制来维系，如有争执就按照约定俗成的准则进行调停。在这个时候，各个原始人群、氏族或部落内部人与人之间的关系是平等、和谐的，人们相互友爱，彼此都是兄弟、姐妹。然而，这种平等是一种与当时极不发达的生产力相适应的、臣服于大自然的威力之下的天然的平等。拥有或坚守如此平等和谐的人并没有因为他们保有

---

① 《习近平谈治国理政》，外文出版社，2014，第154页。

的这种"财富"而快乐无忧；相反，他们时时受到饥寒的威胁、疾病的折磨与野兽的袭扰。这种表面令人希冀而实际上无比艰辛的"桃花源"式生活，一方面表征了先民们远未达到真正的自由平等，另一方面也确证着人类社会必须以此为阶梯继续向前跃迁。随着生产力的进一步发展，劳动生产率有了一定的提高，社会产品除维持人们的生活必需以外，开始有了剩余。剩余产品的出现是人类开始迈入阶级社会的经济基础。而无论是奴隶社会，还是依次发展的封建社会和资本主义社会，都是以生产资料私有制为基础，因而也都是人剥削人的社会。在这种社会里，作为被统治者的人（如工人）尽管"劳动生产了宫殿，但是给工人生产了棚舍。劳动生产了美，但是使工人变成畸形。劳动用机器代替了手工劳动，但是使一部分工人回到野蛮的劳动，并使另一部分工人变成机器。劳动生产了智慧，但是给工人生产了愚钝和痴呆"。① 因此，"在国民经济的实际状况中"②，工人是异化了的"非人"。当然，"凡是在工人那里表现为外化的、异化的活动的东西，在非工人那里都表现为外化的、异化的状态"③，因而"有产阶级和无产阶级同样表现了人的自我异化"。即使"有产阶级在这种自我异化中感到幸福，感到自己被确证，它认为异化是它自己的力量所在，并在异化中获得人的生存的外观"④，也不能否定在这种现实中不仅无产阶级不是真正的人，而且资产阶级也不是真正的人的事实。这实际上也说明，在私有制的奴隶社会、封建社会和资本主义社会里，被统治阶级是异化的，统治阶级也是异化的。而正是在这种双重异

---

① 《马克思恩格斯文集》第 1 卷，人民出版社，2009，第 158~159 页。
② 同上书，第 157 页。
③ 同上书，第 168 页。
④ 同上书，第 261 页。

化的强力束缚下，先前的无阶级社会——原始社会中人与人之间的天然平等关系也被彻底颠覆。由于尖锐的阶级利益冲突，整个社会被撕裂成不同的部分，进而即使资产阶级也大声疾呼自由、平等、博爱、民主、公正、法治等，但那完全不具有包容全体社会成员的意义。对被剥削阶级而言，剥夺者许诺的那些所谓自由、平等、博爱、正义、公平等只不过是维护剥夺者自身阶级利益的宣传口号，建立在剥夺基础上的一切言论和行动都不可能具有名副其实的正义和公平。在《德意志意识形态》中，马克思、恩格斯曾专门谈到了强制性分工导致的异化的消灭。他们指出："这种'异化'（用哲学家易懂的话来说）当然只有在具备了两个实际前提之后才会消灭。要使这种异化成为一种'不堪忍受的'力量，即成为革命所要反对的力量，就必须让它把人类的大多数变成完全'没有财产的'人，同时这些人又同现存的有钱有教养的世界相对立，而这两个条件都是以生产力的巨大增长和高度发展为前提的。"[1] 当然，这个前提只有到了未来的共产主义社会才会达到。不过，与当下我国生产力水平相适应的以公有制为基础的社会主义建设毫无疑问是整个共产主义运动的一个组成部分，因此，它也是"绝大多数人的，为绝大多数人谋利益的独立的运动"。[2] 与此相联系，它始终高度重视先进文化建设和人的价值观建设，重视用人类文明发展的先进成果武装自己。早在 1945 年，毛泽东在《论联合政府》中就提出"将中国建设成为一个独立、自由、民主、统一和富强的新国家"。[3] 1949 年新中国成立后，面对一穷二白的实

---

① 《马克思恩格斯文集》第 1 卷，人民出版社，2009，第 538 页。
② 《马克思恩格斯文集》第 2 卷，人民出版社，2009，第 42 页。
③ 《毛泽东选集》第 3 卷，人民出版社，1991，第 1053 页。

际情况，尽管中国共产党的工作重点和治国方略主要放在社会主义经济建设方面，但同时在全社会也大力开展以集体主义为主要内容的社会主义思想道德建设，形成了爱祖国、爱人民、爱劳动、爱科学、爱社会主义，为人民服务、大公无私、艰苦奋斗、廉洁奉公等道德规范。社会主义建设新时期以来，中国共产党逐步明确把"富强、民主、文明"作为建设我国社会主义现代化国家的重要目标。随着对社会主义现代化建设规律的认识逐步深入，又把"和谐"纳入进来，使我国社会主义现代化国家建设的目标从"富强、民主、文明"三个维度扩展为"富强、民主、文明、和谐"四个维度。在此基础上，党的十八大报告对社会主义核心价值观的科学内涵做出了进一步明晰，提出要在全社会"积极培育和践行社会主义核心价值观"①，这就开辟了人类价值取向的新纪元，意味着以富强、民主、文明、和谐，自由、平等、公正、法治，爱国、敬业、诚信、友善等为主要内容的社会主义核心价值观成为真正的"经验"的存在。

二 社会主义核心价值观培育与践行的时代性向度

在人类历史发展过程中，任何理论都不可能游离于其赖以产生的时代之外，社会主义核心价值观也是如此。培育和践行社会主义核心价值观既是时代的要求，也必须符合时代的需要、引领时代的发展。

首先，全球化是当今时代的一个重要特点。随着科学技术的推动，人类解决自我与自然矛盾能力不断提高，人们生活于

---

① 《十八大以来重要文献选编》上，中央文献出版社，2014，第25页。

其中的世界联系日渐紧密，人类社会也越来越在全球规模的基础上发展。在所有异化的他者因素皆被同化为全球因子进而构成世界总体意义上的"地球村"的同时，人类社会运行状态的不确定性和脆弱性逐渐增强，从而使人类生存世界逐渐向风险社会转化。"各个领域都存在危及全人类生存的混乱无序的不确定性，都存在危及全人类的巨大风险，人类为了防范和化解风险而不停地忙于改进和更新各种专业系统程序，忙于解决各种问题，可是旧的问题解决了，新的问题又出现了，各种问题花样翻新，层出不穷。"[1] 新疾病、核污染、资源匮乏、生态恶化、恐怖主义、道德沦丧、精神荒芜等，都使人们处于极度焦虑之中。虽然这种焦虑暂时或能通过抽象艺术、肉欲展览、虚拟网络等形式和途径得到一定程度的释放和慰藉，但探寻一种科学的和合理的价值理念，以引导人们并消解人类普遍面临的全球性问题，始终是一个迫切的时代性诉求。

其次，国际金融危机宣告了新自由主义的破产，西方霸权主义的言行昭示了资本主义宣扬的自由、平等、人权价值观的虚伪本质。因此，德里达等学者大声疾呼："不能没有马克思。没有马克思，没有对马克思的记忆，没有马克思的遗产，也就没有将来。"[2] 但是，包括西方政治、经济、文化领域的众多"权威"正在不遗余力地唱衰社会主义中国及其指导思想马克思主义。面对西方资本主义阵营的强势挑战，中国开启了一系列深刻的改革，持续快速的经济发展显著提高了中国人民的生活水平，大幅提升了中国的综合国力，创造了东方社会主义建设的伟大奇迹。

---

[1] 〔英〕斯科特·拉什等：《风险社会与风险文化》，《马克思主义与现实》2002年第4期。

[2] 〔法〕德里达：《马克思的幽灵》，何一译，中国人民大学出版社，1999，第21页。

最后，伴随中国改革开放进一步向全方位、多层次发展，西学东渐的步伐也在不断加快。各种各样的西方社会思潮通过和国内其他话语体系的激荡碰撞，丰富和深化了我国思想文化的形式与内涵，在一定程度上为我国思想文化走向现代化提供了有益的借鉴和启发。然而，不可否认的是，民主社会主义、新自由主义、历史虚无主义等众多社会思潮带着明显的政治目的，时时刻刻尽其可能吸引民众的眼球，努力扩大各自的市场份额，以争夺意识形态领域的话语权，强调自己的普遍性和主导性，从而对当下马克思主义在我国的指导地位以及社会主义主流意识形态构成了严重的挑战。

上述激荡复杂的时代背景无一不内在地要求社会主义核心价值观的"出场"，以其倡导的"富强、民主、文明、和谐，自由、平等、公正、法治，爱国、敬业、诚信、友善"等积淀凝成的"一"能动地去引导众声喧哗的"多"，从而使广大中国特色社会主义建设者面对新的形势、新的任务、新的起点能始终站在时代的最前沿，从时代的高度来判断中国社会的历史方位，澄明社会发展的价值前提，反思未来发展的可能道路，从而不茫然、不懈怠，"更加奋发有为、兢兢业业地工作，继续推动科学发展、促进社会和谐，继续改善人民生活、增进人民福祉，完成时代赋予的光荣而艰巨的任务"。①

三　社会主义核心价值观培育
与践行的大众化向度

在《神圣家族》中，马克思、恩格斯指出："思想本身根本

---

① 《十八大以来重要文献选编》上，中央文献出版社，2014，第2页。

不能实现什么东西。思想要得到实现，就要有使用实践力量的人。"① 由此可见，尽管我们倡导的社会主义核心价值观精神崇高，然而它毕竟还是属于思想领域里"形而上"的内容，如果不将其与具体的物质生活相联系，不被"有实践力量的人"理解和把握，那么也就失去了应有的价值。也就是说，在培育与践行社会主义核心价值观的过程中，绝不能追求去建造高高在上与群众相脱离的"象牙塔"，而是要通过深入开展群众性的学习教育，不断推进社会主义核心价值观走向大众化，使之"渗透到群众的意识中去，渗透到他们的习惯中去，渗透到他们的生活常规中去"②。这样，"理论一经掌握群众，也会变成物质力量"③，从而最大限度地发挥其教育人民，凝聚社会共识，把广大人民群众团结凝聚在中国特色社会主义旗帜之下的作用。

由于社会主义核心价值观必须借助语言符号来表达，所以，在社会主义核心价值观大众化的过程中，一方面，作为一种物理存在的表达社会主义核心价值观的语词和这种语词传达的意义会出现矛盾。人们只能通过语词这一物理存在去把握语词内含的意义或被其传达的思想，而语词这一物理存在和精神性的语词的意义并不是直接同一的。另一方面，作为理解社会主义核心价值观的主体，人民群众也有自己的语言形式，他们只能通过自己的语言才能够理解以对象身份出场的表达社会主义核心价值观的语言符号。因此，人民大众理解和把握社会主义核心价值观的过程，一般也是把作为对象表达的社会主义核心价

---

① 《马克思恩格斯文集》第 1 卷，人民出版社，2009，第 320 页。
② 《列宁全集》第 39 卷，人民出版社，2017，第 100 页。
③ 《马克思恩格斯文集》第 1 卷，人民出版社，2009，第 11 页。

值观的语言翻译或转换成自己的语言的过程。这种翻译的过程，表面上是一种语言符号形式向另外一种语言符号形式的转换，实质上是在不同语言符号系统之间寻找等价词和句子的过程。而在现实生活中，相异的语言符号之间，在宗教、认知、风俗、习惯、地域、情感等多种因素的共同作用下绝对同义的词和句子的比例很低。这种情况在社会主义核心价值观大众化的过程中表现得尤为突出。因为人民群众的大多数是普通劳动者，他们的文化水平普遍不高，所以将表达社会主义核心价值观的语言转换成群众的自我语言一般是通过知识分子这一中介完成的。为此，原生形态的表达社会主义核心价值观的语言实际上要经过两次翻译的过程才能成为人民群众自己的语言，因而更加拉大了社会主义核心价值观和大众理解的"间距"，强化了两者之间的疏远状态。

由此可见，培育和践行社会主义核心价值观的大众化向度，就必须彰显新闻媒体的"主流引导"功能，打开核心价值观的通俗化渠道。同时，必须从民众的"生活点滴"入手，培育核心价值观落地生根的土壤，增强民众对核心价值观的情感认同。此外，还必须大力褒扬身边的"模范人物"，充分发挥榜样的示范作用。社会主义核心价值观的大众化是一项艰苦而长期的工作。习近平总书记在全国宣传思想工作会议上的讲话中指出："关键是要提高质量和水平，把握好时、度、效，增强吸引力和感染力，让群众爱听爱看、产生共鸣，充分发挥正面宣传鼓舞人、激励人的作用。"①

---

① 《习近平谈治国理政》，外文出版社，2014，第155页。

四 社会主义核心价值观培育
与践行的实践性向度

在《实践论》中，毛泽东曾批判马克思以前的唯物论"不能了解认识对社会实践的依赖关系"。[①] 由于社会主义核心价值观也是人们在自己的认识活动过程中积淀下来的优秀精神文化成果，因此，在培育与践行社会主义核心价值观时也必须注重其对社会实践的依赖关系。

其一，社会主义核心价值观是一个理想目标与现实目标有机统一的整体，因而其既包含理想性追求，又必须立足于现实性基础，既要以最高价值为理想目标，闪烁理想性的价值光芒，又要以我国广大人民群众最广泛的价值认同和价值诉求为现实基础，将中国共产党的最高纲领和最低纲领有机统一起来，才能切实增强其作为社会主义意识形态的感召力、吸引力和凝聚力，为全面建成小康社会，加快推进社会主义现代化，实现中华民族伟大复兴提供强有力的思想保证和精神支撑。

其二，培育和践行社会主义核心价值观，关键在于在实践中贯彻落实。王进喜曾有一句名言："光想不干，半点马列水平也没有。"[②] 当今积极培育和践行社会主义核心价值观，如果仅仅停留在思想宣传层面，那么不管口号喊得多响亮、宣传多到位，也体现不出"半点马列水平"。换言之，社会主义核心价值观也不可能真正发挥出自己的作用与功能。唯有在学习好习近平新时代中国特色社会主义思想，深入研究中国特色社会

---

① 《毛泽东选集》第 1 卷，人民出版社，1991，第 282 页。
② 孙宝范：《铁人传》，石油工业出版社，2000，第 77 页。

主义实践，日渐提升我们对社会主义核心价值观研究和理解水平的条件下，真抓实干，不断推进社会主义核心价值观与其对接，才能切实地利用社会主义核心价值观引导生活、服务社会、推动发展。"人的思维是否具有客观的……真理性，这不是一个理论的问题，而是一个实践的问题。人应该在实践中证明自己思维的真理性。"① 社会主义核心价值观来源于实践，但作为一种思想理论，它也只有再次回到实践，经历第二次飞跃，才能在实践中证明自己的"现实性和力量"，亦即自己的真理性。由此可见，要凸显和确证社会主义核心价值观的真理性力量，就必须在实践中有效贯彻落实。

其三，社会主义核心价值观不是凝固僵化的教条，它定会与时俱进，随着实践的发展而发展。作为一种精神文化存在，社会主义核心价值观当然有其相对稳定性。但是，历史总是以其无限的丰富性挣脱逻辑的把握，而实践也总是以其不断的发展变化突破理论的局限。因此，随着我们正在建设的中国特色社会主义不断向着人类未来的理想社会——共产主义社会的趋近，当下正处于积极培育过程中的社会主义核心价值观也一定会在新的形势、新的条件下，为了解决新的问题不断发生跃迁与自我扬弃而获得新的内容。

---

① 《马克思恩格斯文集》第 1 卷，人民出版社，2009，第 500 页。

附录三 解释学视阈下的"马克思主义基本原理概论"课程教学[*]

余满晖 王金福

摘 要:"马克思主义基本原理概论"课程是对原生的马克思主义经典的理解,因而作为对这种理解的理解,其教学一方面"必须唤醒并且保持清醒的诠释学意识",以克服理解的自我遗忘;另一方面也必须进行解释学视阈自我"剪辑"即扬弃现代哲学解释学的相对主义立场以及古代专门解释学、近代一般解释学。这样,在进行"马克思主义基本原理概论"课程教学时,通过考察教学的目的、马克思主义著作的定位、理解教材的条件和所得结果的性质等,既能厘清相关问题,又可凸显解释学视阈"在场"的重要价值。

关键词:马克思主义基本原理概论;课程教学;解释学视阈

党的十八大报告提出要"推进马克思主义中国化时代化大

---

[*] 本文原载于《清远职业技术学院学报》2015年第7期,收入本书时有所改动。

众化"①，而探讨"马克思主义基本原理概论"课程（以下简称"原理课"）教学的解释学视阈，正是对这一现实要求的具体回应，因而是一个值得讨论的问题。

一　"原理课"教学应当走进自觉的解释学视阈

解释学又被称为诠释学、阐释学、释义学等，是从"hermeneutik"一词翻译而来，意为以理解为对象的特殊学科，也"可以简单地规定为对理解的理解"。② 通常，尽管人们都会去进行理解活动，不过他们一般不对理解自身进行理解，这在解释学视阈中被称为"自我遗忘"现象。在日常生活中，"自我遗忘"是我们行为正常进行的必要条件。例如，一个真正有感召力、说服力的演说家、教育家或艺术表演家，是必须把注意力集中在其演说、教育、表演的内容上而把自己行为的性质遗忘的。一个总是想着"我是在教育别人的人"，并不是一个好的教育者；一个总是想着"我是在表演的人"，并不是一个好的演员；一个在写作中老是想着语法、逻辑规则的人，并不是一个好的作者；一个在做好事时想着自己是在做好事的人，并不是处于道德最高境界的人；一个对说话本身缺乏自我理解的人，不是一个好的说话者；一个对语言缺乏理解的人，不是一个好的演说家；一个对艺术缺乏理解的人，不是一个好的艺术家；一个对教育缺乏理解的人，不是一个好的教育家。同样，"一个对理解本身没有科学理解的人，并不能算是一个好的理解者"③，

---

① 胡锦涛：《坚定不移沿着中国特色社会主义道路前进　为全面建成小康社会而奋斗》，人民出版社，2012，第 31 页。
② 王金福：《马克思的哲学在理解中的命运》，苏州大学出版社，2008，第 1 页。
③ 同上书，第 3 页。

真正好的行为者，是对自己的行为有反思理解的人。而解释学由于关注对理解本身进行自我反思，因而能有效地帮助人们克服理解的自我遗忘，使之成为好的理解者。

按照 2005 年发布的《中共中央宣传部　教育部关于进一步加强和改进高等学校思想政治理论课的意见》（教社政〔2005〕5 号），"原理课"是高等学校向大学生宣传普及马克思主义的四门必修课之一，它旨在通过阐释"马克思主义的基本立场、基本观点和基本方法"，使广大大学生"学习和掌握马克思主义基本原理"。① 因此，相对于《马克思恩格斯全集》《列宁全集》《毛泽东选集》《邓小平文选》等著作中原生的马克思主义经典，"原理课"关于马克思主义的阐述是第二手的资料，即对原生的马克思主义经典的理解。这样，广大师生关于"原理课"的教与学就是对理解的理解，这实际上就意味着我们已经进入了解释学的视阈。然而，较长时期以来，虽然我们讲授学习"原理课"的过程是对理解的理解，但是我们一直缺失清醒的解释学意识，没有自觉认识到我们这种独特的视阈的存在。因此，尽管我们按照传统视阈的要求，一遍又一遍地反复阅读"原理课"教材，不断探寻诸多马克思主义基本原理的含义，持续追问其价值，我们还是时常感到迷惘、困惑。作为特定的文本，如何理解或规定"原理课"的意义以及它是否有固定不变的意义等问题，常常让我们不知所措。这种现象的存在严重影响了广大师生对马克思主义基本原理的理解与把握。由此可见，我们在教学实践活动中"必须唤醒并且保持清醒的诠释学意识"②，以克服理解的自我遗忘，最大限度地厘清关涉理解"原理课"的

① 本书编写组：《马克思主义基本原理概论》，高等教育出版社，2010，第 18 页。
② 〔德〕伽达默尔：《真理与方法》上，洪汉鼎译，上海译文出版社，1999，第 16 页。

诸多问题，从而利用更为彻底的理论掌握群众，推动马克思主义大众化的各项工作。

二　解释学视阈的自身"剪辑"：
"原理课"教学的前提

从发展史来看，解释学大体可分为"古代专门解释学、一般解释学、现代解释学"。[①] 古代专门解释学是解释学的萌芽阶段，它以特定的理解领域为研究对象，还没有上升到把一般的理解作为研究对象；近代经过施莱尔马赫（Schleiermacher）和狄尔泰（Dilthey）的努力，"解释学从专门解释学发展为一般解释学"[②]，也即把一般的理解作为研究对象，至此解释学这门关于理解的学科才算真正诞生。因为古代专门解释学和近代一般解释学致力于寻找正确理解的方法，所以它们被称为"认识论的解释学"或"方法论的解释学"。[③] 现代解释学家海德格尔（Heidegger）和伽达默尔（Gadamer）等完成了由方法论的解释学向本体论的解释学的转变，从致力于理解的方法转向致力于对理解本性的研究，因此他们的解释学又被称为"本体论的解释学"。当下，我们讲授和学习时代精神的精华——"原理课"中的诸多基本原理，当然要站在时代的高起点上与现实对接。因此，尽管我们必须关注古代专门解释学、近代一般解释学，坚持本体论与方法论的统一，但是解释学的意义主要不是方法论的，这表明"原理课"教学活动中古代专门解释学、近代一

---

① 王金福：《马克思的哲学在理解中的命运》，苏州大学出版社，2008，第 2 页。
② 同上。
③ 同上。

般解释学的批判性"退场"。

但是，即使现代解释学也并不是"一整块钢"。① 其中持客观性立场的解释学家肯定作品的意义是作者赋予的，是作者通过作品表达的一定的思想感情，它不依赖于读者，是作品自身固有的，不会随时代的变化而变化。变化着的东西只有两个方面：一是作品对读者和时代的意义即价值关系，二是读者理解到的意义。这两者都不能离开读者而存在，是依赖于读者的，因而既不能把作品对读者和时代的意义和作品自身的意义混同起来，也不能把读者理解到的意义和作品自身的意义混同起来。与此相联系，他们把理解的目标规定为对文本意义的把握。这种把握是一种历史性行为，因而必然受到一定历史条件的制约。与坚持客观性立场的学者不同，以伽达默尔等为代表的哲学解释学者认为，作品的意义不是由作者赋予而是由读者赋予的，所以"作品没有自身固定不变的意义"②，作品的意义是随着读者、时代的变化而变化的。他们深入研究理解的条件，提出理解的目的不是要去发现原意，而是为文本创造意义，这使他们对理解性质的阐发带有浓郁的相对主义倾向：否认正确理解文本意义的可能性。

毋庸置疑，如果关于"原理课"的教学只是一场晚餐会，作者带来材料，读者带来意义，那么我们组织"原理课"教学活动时就不能正常地进行讲解、讨论、争论、批评，甚至连考试这样非常平常的活动也将难以实施。这是因为这些活动的进行至少要有两个条件：一是"原理课"意义的客观性，二是"原理课"意义的可理解性。"原理课"意义的客观性是评判理

---

① 《列宁全集》第 18 卷，人民出版社，2017，第 341 页。
② 王金福：《马克思的哲学在理解中的命运》，苏州大学出版社，2008，第 2 页。

解、讲解或考试等是否正确的重要依据。而正是认为自己把握了"原理课"的意义同时其他人远离了"原理课"的意义才会发生争论、批评等。所以,"原理课"教学确实必须进入解释学视阈,但是也必须扬弃哲学解释学的相对主义立场。

三 解释学视阈中"原理课"教学的问题域

在解释学视阈中进行"原理课"教学,主要要考察以下三个方面的问题。

第一,关于马克思主义著作的定位问题。在传统观念中,马克思、恩格斯、列宁、斯大林、毛泽东、邓小平、江泽民、胡锦涛、习近平等的著作和"原理课"教材等都被理解为马克思主义的著作,但是在解释学视阈中,"原理课"等是广大马克思主义工作者根据对马克思等经典马克思主义者的著作的理解编写而成的,因而它们是对马克思主义经典著作的理解,都只是原著的副本,而副本作为理解者的理解,其在创作过程中会发生意义上的失落或增加,因而总会和作者的原意有差异,所以不能把作为副本的"原理课"教材作为理解马克思主义基本原理的最终文本,只有马克思主义经典学者的著作才能作为理解马克思主义基本原理的最终文本。另外,由于经典马克思主义者的思想都有一个发展过程,像马克思本人就并非"天生就是一个马克思主义者"①,在其思想发展的"哲学信仰"时期,他还是一个非马克思主义者,所以不能把经典马克思主义者的所有著作都作为理解马克思主义基本原理的最终文本,只有他们成为马克思主义者后的著作才是理解马克思主义基本原理的

---

① 王金福:《马克思的哲学在理解中的命运》,苏州大学出版社,2008,第48页。

真正文本。

第二，"原理课"教学的目的是什么。从理解者和理解对象的关系来看，因为作为理解对象的"原理课"有独立于理解者——参与"原理课"教学的教师与学生的意义，所以"原理课"教学的目的就是正确把握"原理课"的意义①或是达到对"原理课"意义的"复原"。这也意味着作为对特定文本的理解，我们对"原理课"的理解是存在正确与错误之分的：我们的理解是否与对象——"原理课"意义相符合以及不同理解之间哪种理解更为正确。而从理解与行为的关系来看，进行"原理课"教学则是为了实际应用，也就是达到培养合格的社会主义建设者和接班人等实际的目的。由于我们总是为着一定的生活需要才去理解文本，因此，实用是"原理课"教学的最终目的，"原理课"教学是为现实需要服务的手段。离开现实需要去进行"原理课"教学，"原理课"教学活动就没有根本的动力，就会变成纯学术的行为。但是，为了服务于现实的需要，面对"原理课"教材，又必须以正确理解"原理课"的意义为目标，离开这一目标，就实现不了实用的目的。由此可知，把握"原理课"的意义与进行"原理课"教学的实用目的并不互相排斥，而是互相依赖、相辅相成的。我们既不能把这两个不同视角上所说的目的混淆起来，也不能用一个方面的目标去排斥、否定另一个方面的目标。

第三，在"原理课"教学中要把握"原理课"的意义需要什么条件以及在这些条件的影响下我们对"原理课"理解所得的结果具有什么样的性质。根据解释学的研究成果，"原理课"教学是在一定历史条件下进行的具体历史性行为，因此必然受

---

① 王金福：《马克思的哲学在理解中的命运》，苏州大学出版社，2008，第8页。

这些历史条件的制约而使我们对"原理课"意义的理解具有相对性：

其一，在"原理课"教学活动中，众多参与者是作为"原理课"的理解者而存在的，因而都不可避免地呈现出一定的与理解有关的主观因素，如经验、情感、信仰、价值观、世界观、人生观、生活观、历史观、思维方式和科学知识等。它们相互交融在一起，为参与者理解和把握"原理课"的意义提供了一个"看"的视阈。如此视阈没有对和错的区别，然而它总是以其宽或窄形成一个"看"的局限，使作为理解者的参与者在理解和把握"原理课"意义时具有挥之难去的"偏见"。从方法论的角度来看，理解者可以更换视阈，克服原来的"偏见"，即不固守"偏见"。不过从根本上来说，理解者的"偏见"是不可能克服的。克服了"偏见"，理解者就没有了视阈，不仅理解活动根本不可能发生，遑论去把握"原理课"的意义。所以，只要现实地发生理解"原理课"的活动，以价值观念、思维方式等凝聚而成的与理解相关的一切主观因素就会时时刻刻地萦绕在参与者的心头，与他们分分秒秒地同在，制约着他们的理解，从而让关于"原理课"意义的理解一直"走在途中"。

其二，虽然从根本上来说，马克思主义理论来源于实践，但马克思主义理论本身的本质是马克思主义者对外在客观世界的抽象，是其头脑中的思想。它们既看不见也摸不着，所以必须借助"原理课"教材等物质载体，通过其内含的意义才能把自己传达给广大大学生。由于"原理课"的意义内含于文本中，无形无相，所以不是客观的物质存在。当然它也不是人头脑中的思想——主观意识也即精神存在。因为精神活动只存在于人们的头脑之中，在人头脑之外不可能有精神。那么，"原理课"

的意义是什么呢？它仅仅只是被"原理课"传达的马克思主义者头脑中的精神，是精神的代表而不是精神本身，也即不是作为存在的"存在"，不是存在物或某东西。由此，参与者在理解"原理课"的意义时，他们的理解活动不能也不是直接指向不是存在物或某东西的"原理课"的意义，而是以间接的方式，先借助"原理课"的局部来理解和把握"原理课"整体，再借助"原理课"整体来理解和把握"原理课"的局部。这就表明，对"原理课"意义的理解"是一个不断循环的过程"①，参与者每一次具体的理解活动只是整个循环运动中的一个片段或一个环节，因而是不完善的和相对的。

其三，"原理课"的意义是由语言符号表达的，为此一方面作为一种物理存在的表达"原理课"意义的语词和不是作为存在的"存在"，也即"原理课"传达的意义会出现矛盾。参与者只能通过语词这一物理存在去把握"原理课"内含的意义或被传达的作者的思想，而语词这一物理存在和"原理课"的意义这一不是作为存在的"存在"不是直接同一的，语词和意义之间的这种不直接同一的矛盾决定了我们对"原理课"意义的理解过程具有相对性。另一方面，作为理解"原理课"意义的主体"原理课"教学活动的参与者也有自己的语言，他们只能通过自己的语言去理解以对象身份出场的"原理课"的语言。因此，参与者理解和把握"原理课"的过程，一般也同时是把作为对象"原理课"的语言翻译或转换成自己的语言的过程。否则，"原理课"的语言就会由于不是参与者自己的语言而不能被参与者所把握和理解。翻译的过程，表面上是一种语言符号形式向另外一种语言符号形式的转换，实质上是在语言符号系统

---

① 王金福：《马克思的哲学在理解中的命运》，苏州大学出版社，2008，第14页。

之间寻找等价词和句子的过程。而在现实生活中，相异的语言符号之间，在宗教、认知、风俗、习惯、地域、情感等多种因素的共同作用下绝对同义的词和句子的比例很低。① 因此，翻译总体上都是对出发语言的近似表达。

在"原理课"教学中，虽然对"原理课"意义的理解因为诸多条件的影响而具有相对性，但是这些条件在规定我们理解相对性的同时，也规定了它的客观性、绝对性。首先，在讲授和学习"原理课"的过程中，诸多参与者虽然只能在由自己经验、情感以及价值观念等组成的有"偏见"的视阈中"看""原理课"，但是，视阈有"偏见"并不等于没有视阈。正是因为这种有"偏见"的视阈的存在，才保证了参与者能够"看"到"原理课"，由此能够建构起沟通自己和"原理课"之间的桥梁，理解和把握到"原理课"的意义。并且，随着参与者不断地理解和把握到"原理课"传达的意义，他们有"偏见"的视阈也会越来越宽广，因而对"原理课"的理解也就越广泛和深刻。其次，在一定的语境中，以一种物理存在的语词的"所指"并不是任意的，而是具有相对的确定性。这表明，在"原理课"中，物理存在的语词和其传达的无形无相的意义尽管存在不直接同一的矛盾，但是只要通过一定的语境，语词表达的马克思主义作者的思想感情就一定可以得到相对的确定。这样，使用物理存在的语词"恰如其分"地传达不是存在的"存在"的意义就具有绝对性。另外，"原理课"的语言和参与者自我语言之间存在差异并不排斥它们仍可属于同一语言体系。在这种情况下，两者由于遣词造句等个人使用方面的不同使"原理课"的

① 欧阳恩良等：《论社会主义核心价值观培育与践行的哲学向度》，《南京政治学院学报》2013年第6期。

语言需要经过翻译才能转换成参与者的自我语言。不过，在同一语言体系中，语言的意义单位、句法结构、形式功能、交际环境以及影响该种语言体系的生态环境、物质文化、社会习俗等方面肯定具有共同性。由此也决定了一个人的语言，无论是口头语言还是书面语言，也必须与属于同一语言体系的他人的语言具有共通性。借助这种共通性，参与者就能够把"原理课"的语言翻译成自己的语言，达到对"原理课"意义的理解。当然，即使当"原理课"的语言和参与者的自我语言属于不同的语言体系时，因为"语言是人类思维的物质外壳"①，而人的思维活动既有个性或差异性，又有共性或一般性，思维活动的共性或一般性决定了不同语言之间也有共性因而存在相互翻译的可能性，所以属于他者语言体系的"原理"的语言也一般可以翻译成参与者的自我语言。同时，随着人类交往活动的发展，各种文化之间的接触会更加频繁，因而会推动依托这些文化的语言生成更多的相似性，进而使以往语言之间的难以翻译部分现在变得容易翻译，不能翻译部分变成能够翻译。这样也就表明，只要不断地增加"原理课"的语言和参与者自我语言之间的接触，参与者也必然能够更加顺畅、更加忠实地把作为出发语言的"原理课"的语言翻译成自己的语言，从而更加深入地理解其传达的马克思主义。最后，"原理课"教学活动的参与者在理解和把握"原理课"意义的过程中，从理解局部到理解整体再从理解整体到理解局部的循环，并不是原地循环的转圈活动，而是一种螺旋式的前进上升运动。他们"对整体的正确理解保证了对局部的正确理解，而对局部的正确理解又保证了对

---

① 〔德〕伽达默尔：《真理与方法》上，洪汉鼎译，上海译文出版社，1999，第18页。

整体的正确理解"。① 理解的每一次循环，从总体上来说，不是使理解远离"原理课"的意义，而是使理解更接近"原理课"传达的精神。

四　探讨"原理课"教学解释学视阈的启示

追问"原理课"教学的解释学视阈，对进一步推进这一门课程的教学活动有重要启示。

（1）"原理课"教学当然要重视教材本身，但也不能以教材为唯一依据。要把"原理课"教学和马克思主义经典著作相关内容的解读有机地对接起来，在两者之间相互碰撞、不断扩展张力的过程中让诸多马克思主义基本原理得到最为彻底的阐发。这样，理论彻底了，它才能有力量，也才能掌握群众。

（2）既然无论哪一个人、哪一个时代都不可能达到对马克思主义绝对正确的理解，那我们在"原理课"教学过程中就不能一直固守某种解读方式并把它唯一化，从而在以自己的解读模式为标准的同时也自我筑起一道遮挡外来"和煦的阳光"的藩篱。这必然会让处于藩篱中的我们处于被动接受的地位，因而此时我们对"原理课"的解读，也就必然呈现一种千篇一律的样态。

（3）虽然"只要发生理解活动，理解总有差异"②，不仅理解者的理解与理解对象总会有差异，而且理解者之间的理解也会存在差异，但是这些理解都提供了它们独特的视野，提供了理解对象思想的一些成分。因此，我们在进行"原理课"教学

---

① 王金福：《马克思的哲学在理解中的命运》，苏州大学出版社，2008，第23页。
② 同上书，第17页。

时应特别注意从马克思主义理解史上关涉马克思主义基本原理的多种理解——"不论是传统理解还是现代理解，不论是西方马克思主义者的理解还是东方社会主义国家的理解"① 中汲取这些理解所捕捉到的马克思主义基本原理的本真意义。

（4）"原理课"教学当然要把理论讲透，但绝不是为了理论而去理解理论，实际应用才是它的最终目的。因此，在"原理课"教学过程中要注重把关于马克思主义基本原理的理解和我国社会主义建设实践结合起来，利用案例教学和当下生活实践等，既训练和提高广大大学生分析问题和解决问题的能力，同时不断坚定他们的共产主义理想信念从而培养出一代又一代合格的社会主义建设者与接班人。

---

① 王金福：《马克思的哲学在理解中的命运》，苏州大学出版社，2008，第26页。

参考文献

一 著作

《马克思恩格斯全集》第 18 卷，人民出版社，2017。

《马克思恩格斯文集》第 1~10 卷，人民出版社，2009。

《马克思恩格斯选集》第 1~4 卷，人民出版社，2012。

《列宁全集》第 55 卷，人民出版社，1959。

《列宁选集》第 1~4 卷，人民出版社，2012。

《毛泽东选集》第 1~4 卷，人民出版社，1991。

《毛泽东文集》第 2 卷，人民出版社，1993。

《毛泽东著作选读》上，人民出版社，1986。

中共中央文献研究室编《毛泽东年谱（一九四九~一九七六）》第 1 卷，中央文献出版社，2013。

中共中央文献研究室编《毛泽东哲学批注集》，中央文献出版社，1988。

中共中央党史研究室：《中国共产党的九十年·新民主主义革命时期》，中共党史出版社、党建读物出版社，2016。

中共中央党史研究室：《中国共产党历史》，人民出版社，1991。

中共中央党史研究室：《中国共产党的七十年专题讲座》，

中共党史出版社，1992。

中共中央文献研究室：《论群众路线——重要论述摘编》，中央文献出版社、党建读物出版社，2013。

北京大学哲学系外国哲学史教研室编译《十八世纪法国哲学》，商务印书馆，1979。

北京大学哲学系外国哲学史教研室编译《十八世纪末~十九世纪初德国哲学》，商务印书馆，1975。

北京大学哲学系外国哲学史教研室编译《西方哲学原著选读》上，商务印书馆，1981。

北京大学哲学系外国哲学史教研室编译《古希腊罗马哲学》，生活·读书·新知三联书店，1957。

李达：《〈实践论〉解说》，生活·读书·新知三联书店，1978。

孙伯鍨等：《马克思主义哲学的历史和现状》，南京大学出版社，2004。

夏甄陶：《认识论引论》，人民出版社，1986。

徐崇温：《保卫唯物辩证法》，人民出版社，1980。

王金福：《马克思的哲学在理解中的命运》，苏州大学出版社，2003。

王金福等：《实践的唯物主义——对马克思"新唯物主义"哲学的一种理解》，苏州大学出版社，1996。

张一兵：《文本的深度耕犁——西方马克思经典文本解读》，中国人民大学出版社，2004。

张一兵等：《西方马克思主义哲学的历史逻辑》，南京大学出版社，2003。

赵敦华：《西方哲学简史》，北京大学出版社，2001。

许全兴：《为毛泽东辩护》，当代中国出版社，1996。

赵永茂等：《毛泽东哲学思想研究在国外》，中共中央党校出版社，1993。

马特编《马克思列宁主义经典著作家论逻辑》，高等教育出版社，1958。

萧延中：《西方学者评毛泽东》，中国工人出版社，1998。

夏景才等编《世界现代史》，吉林文史出版社，1985。

黄修荣：《共产国际与中国革命关系史》下，中共党史出版社，1989。

方连庆：《现代国际关系史》，北京大学出版社，1987。

宋平：《蒋介石生平》，吉林人民出版社，1987。

刘吉等：《中国共产党七十年》，上海人民出版社，1991。

齐春风等：《抗日战争与中国社会变迁》，团结出版社，2015。

胡德坤等：《中国抗战与世界历史进程》，社会科学文献出版社，2015。

姜廷玉主编《解读抗日战争》，解放军出版社，2016。

李勇等：《抗日民族统一战线大事记》，中国经济出版社，1988。

章嵚：《中华通史》上，东方出版社，2014。

荣元明编《中国历代博学文选》，中华书局，1963。

辛敬良主编《马克思主义哲学导论》，复旦大学出版社，1991。

赵剑英、孙正聿主编《中国化马克思主义哲学新形态》，社会科学文献出版社，2006。

李慎明等：《马克思主义中国化与全面建设小康社会》，社会科学文献出版社，2005。

赵德熙：《中华人民共和国经济史 1985～1991》，河南人民出版社，1999。

胡福明等：《马克思主义实践论与邓小平理论的哲学基础》，

南京大学出版社，2000。

孙云等：《新编哲学大辞典》，哈尔滨出版社，1991。

〔英〕培根：《新工具》，许宝骙译，商务印书馆，1986。

〔荷兰〕斯宾诺莎：《伦理学》，贺麟译，商务印书馆，1983。

〔德〕康德：《纯粹理性批判》，蓝公武译，商务印书馆，1960。

〔德〕黑格尔：《自然哲学》，梁志学等译，商务印书馆，1980。

〔德〕黑格尔：《小逻辑》，贺麟译，生活·读书·新知三联书店，1954。

〔德〕黑格尔：《法哲学原理》，范扬等译，商务印书馆，1961。

《费尔巴哈哲学著作选集》，荣震华等译，生活·读书·新知三联书店，1962。

〔意〕葛兰西：《实践哲学》，徐崇温译，重庆出版社，1990。

〔南〕马尔科维奇等：《南斯拉夫"实践派"的历史和理论》，郑一明等译，重庆出版社，1994。

〔法〕路易·阿尔都塞：《保卫马克思》，顾良译，商务印书馆，1984。

〔英〕康福斯：《辩证唯物主义》，独鲁译，生活·读书·新知三联书店，1958。

〔苏〕罗森塔尔·尤金编《简明哲学辞典》，中央编译局译，人民出版社，1958。

苏联科学院哲学研究所编《马克思主义哲学原理》，中国人民大学出版社编译室译，人民出版社，1959。

《列宁〈哲学笔记〉研究》，王先睿译，生活·读书·新知三联书店，1964。

〔美〕埃德加·斯诺：《红星照耀中国》，董乐山译，人民文学出版社，2016。

〔法〕克里斯蒂娃：《诗性语言的革命》，张颖等译，四川大学出版社，2016。

〔英〕乔纳逊·伯内斯：《亚里士多德》，余继元译，中国社会科学出版社，1989。

〔瑞士〕K. 巴特：《教会教义学》，何亚将等译，生活·读书·新知三联书店，1998。

〔苏〕安·安·格列奇科：《苏维埃国家的武装力量》，厦门大学外语系俄语专业 1972 级工农兵学员译，上海人民出版社，1976。

广州地区高等院校哲学教研组编印《日本学者论〈实践论〉、〈矛盾论〉》，王乐夫译，1981。

二　论文

夏甄陶：《再谈实践的含义和要素》，《哲学研究》1980 年第 11 期。

高清海等：《我们如何走近马克思》，《求是学刊》2000 年第 3 期。

王金福：《实践本质问题与对马克思主义哲学的理解》，《探索》1996 年第 5 期。

田心铭：《〈实践论〉对推进马克思主义中国化的几点启示》，《毛泽东思想研究》2012 年第 2 期。

李维武：《毛泽东“实践论”的创立与 20 世纪上半叶中国认识论的开展》，《武汉大学学报》（哲学社会科学版）2020 年第 4 期。

桁林：《〈实践论〉及其版本研究的当代价值——深化对真理标准的认识》，《学术界》2020 年第 12 期。

汪行福：《"西方马克思主义"已经终结了吗？——与张一兵教授商榷》，《学术月刊》2006 年第 10 期。

刘书林：《毛泽东〈实践论〉的新时代解读》，《党建》2020 年第 10 期。

胡敏中等：《基于创新实践视角重新解读〈实践论〉》，《湖南科技大学学报》（社会科学版）2021 年第 2 期。

胡为雄：《毛泽东怎样修改〈实践论〉》，《理论视野》2013 年第 12 期。

郭清等：《风格、成因和启示：〈实践论〉话语特色的三重考量》，《理论导刊》2020 年第 6 期。

孙宜芳：《〈实践论〉中毛泽东的理解观——基于伽达默尔诠释学视角的分析》，《求索》2015 年第 5 期。

徐浩然：《从〈反对本本主义〉和〈实践论〉看马克思主义中国化的发生逻辑》，《科学社会主义》2018 年第 5 期。

陈红娟：《从文本到方法：〈实践论〉话语创新及其当代启示》，《广西社会科学》2020 年第 1 期。

桑明旭：《毛泽东哲学：在辩证唯物主义和实践唯物主义之间——基于〈实践论〉和〈关于费尔巴哈的提纲〉的比较研究》，《毛泽东思想研究》2016 年第 1 期。

罗朝远：《〈实践论〉〈矛盾论〉：实践唯物主义辩证法与认识论》，《学术探索》2017 年第 2 期。

赵士发等：《〈实践论〉与〈矛盾论〉的内在关联及时代价值》，《江西社会科学》2017 年第 7 期。

肖虹：《论实践的目的与实践的结果》，《江汉论坛》1981 年第 2 期。

张颖：《实践的主体与主体的实践：茱莉亚·克里斯蒂娃论

毛泽东的〈实践论〉》，《文艺理论与批评》2019 年第 2 期。

梁家贵：《抗日战争时期日本利用操纵山东会道门述论》，《抗日战争研究》2003 年第 3 期。

姜秀荣：《马克思主义在中国最早翻译之梳》，https：//share. gmw. cn/www/xueshu/2018 – 11/06/content_ 31915464. htm，最后访问日期：2021 年 11 月 16 日。

后　记

　　本书"上篇"由余满晖单独撰写，"下篇"由唐圆梦和余满晖两人合作完成，全书由余满晖统一修改定稿。

　　本书是在余满晖的硕士学位论文《论毛泽东的〈实践论〉及其影响》和唐圆梦的硕士学位论文《毛泽东的〈矛盾论〉及其影响研究》的基础上进一步修改完成的。毋庸讳言，在撰写过程中，因为本书立足的是中国新民主主义革命的现实，以毛泽东《实践论》和《矛盾论》的基本内容、创新特质、学术影响为基本架构，既论述"两论"的理论展开及其跃迁发展，也揭示"两论"在国内外的学术影响，所以一是与现代相关的政治等方面少有关注（原学位论文中的相关内容也未收入书中）；二是在阐发过程中除了"引言"部分进行了必要的学术研究现状介绍以外，其他部分未论及当代中国。另外，全书在对两篇学位论文的内容整体进行了充实的同时，鉴于原学位论文中《实践论》和马克思主义中国化等部分的研究比较单薄，因此在修改时这些内容论述的字数增加较多，相关问题也做了进一步展开。本书与先前的学位论文难免有一定内容相同的地方，本书的诸多章节如"《实践论》与马克思、恩格斯、列宁视域中的实践观""《实践论》与西方马克思主义思潮的实践观""《实践论》在语言形态上推进了马克思主义哲学中国化""《实践论》

对国外哲学的影响""传统与自我辩证跃迁：《矛盾论》中的辩证法思想""《矛盾论》的哲学价值"等与原学位论文相关部分大不相同。因此，在一定程度上可以说，本书的撰写相对于原学位论文也是一项新的工作。

当然，尽管本书在充实原学位论文内容方面已经做了诸多工作，但诸如"《实践论》的写作背景""《实践论》的基本内容""《实践论》对现代中国知识分子知行观的影响""《实践论》对现代中国非知识分子知行观的影响""《矛盾论》的生成背景""《矛盾论》中的马克思主义唯物辩证法"等部分还是有进一步展开的学理空间。这也是笔者今后需要加强研究的方面。

特别需要提及的是，在本书撰写过程中，贵州师范大学马克思主义学院院长汪勇以及其他各位同人提供了诸多帮助。他们对本书选题提出的参考意见，以及撰写时间等方面提供的便利，促使本书及时成稿。家人亦为撰写本书营造了不可或缺的写作环境。社会科学文献出版社曹义恒编辑也为本书撰写提出了诸多宝贵意见，如选题的修改确定、篇章结构的调整优化、有关文字表述的斟酌修订等，让本书在出版过程中得到了进一步完善。谨向以上提供帮助的所有人致以衷心的感谢！

图书在版编目（CIP）数据

　　《实践论》《矛盾论》及其哲学价值研究 / 余满晖，
唐圆梦著 . --北京：社会科学文献出版社，2022.4（2024.8 重印）
　　ISBN 978-7-5228-0002-8

　　Ⅰ.①实…　Ⅱ.①余…②唐…　Ⅲ.①《实践论》-
毛泽东著作研究②《矛盾论》-毛泽东著作研究　Ⅳ.
①A841.24

　　中国版本图书馆 CIP 数据核字（2022）第 090536 号

《实践论》《矛盾论》 及其哲学价值研究

著　　者 / 余满晖　唐圆梦

出 版 人 / 冀祥德
责任编辑 / 曹义恒
责任印制 / 王京美

出　　版 / 社会科学文献出版社 · 马克思主义分社（010）59367126
　　　　　　地址：北京市北三环中路甲 29 号院华龙大厦　邮编：100029
　　　　　　网址：www.ssap.com.cn
发　　行 / 社会科学文献出版社（010）59367028
印　　装 / 唐山玺诚印务有限公司

规　　格 / 开　本：787mm×1092mm　1/16
　　　　　　印　张：17.25　字　数：201 千字
版　　次 / 2022 年 4 月第 1 版　2024 年 8 月第 2 次印刷
书　　号 / ISBN 978-7-5228-0002-8
定　　价 / 98.00 元

读者服务电话：4008918866